张建军摄

图书在版编目（CIP）数据

　　问道：周韶华访谈录 / 黄诚忠著． -- 武汉 ：湖北
美术出版社， 2022.2

　　ISBN 978-7-5712-1295-7

　　Ⅰ．①问… Ⅱ．①黄… Ⅲ．①周韶华－访问记 Ⅳ．
① K825.72

　　中国版本图书馆 CIP 数据核字（2022）第 001544 号

策　　　划：吴军和　袁　飞
责任编辑：刘　姗　王玉兰
版式设计：老　赫　金　菊
技术编辑：李国新

出版发行：长江出版传媒　湖北美术出版社
地　　址：武汉市洪山区雄楚大街 268 号 B 座
电　　话：(027)87679525（发行）　 87679530（编辑）
传　　真：(027)87679523
邮政编码：430070
印　　刷：湖北新华印务有限公司
发　　行：全国新华书店
开　　本：787mm×1092mm　1/16
印　　张：29.25
版　　次：2022 年 2 月第 1 版　 2022 年 2 月第 1 次印刷
定　　价：180.00 元

问道
周韶华访谈录

黄诚忠 著

长江出版传媒 | 湖北美术出版社

CONTENTS 目录

问道——周韶华访谈录

序

　　口述史作为一种记述历史的独特方式，古代早已有之。我国先秦典籍《尚书》《诗经》《论语》，藏族的《格萨尔王传》，还有古希腊的《荷马史诗》等，都可视为口述史文本。19世纪以前，口述史一直被视为历史研究的史料来源而受到重视。然而，德国兰克学派的兴起改变了这一状况。在兰克学派那里，档案文献被作为最可信的史料来源，口述史则遭遇冷落。直至20世纪初，兰克学派的治史主张受到质疑与批判，口述史才又重新受到重视，并逐渐发展成为一种重要的史学方法，乃至专门学科。

　　访谈录作为一种独特的口述史文本形式，近年来在艺术史研究领域得到了较为广泛的运用。以问答、对话的方式记述艺术家身临其境与耳闻目睹的艺术事件及观点，有助于人们深入了解艺术事件的真相和本质，从而为艺术史研究提供真实、鲜活、可靠的文献资料。其作用和意义，正如英国著名口述史学家P.汤普森所说："它给了我们一个机会，把历史恢复成普通人的历史，并使历史与现实密切相联。口述史凭着人们记忆里丰富得惊人的经验，为我们提供了一个描述时代变革的工具。"

　　黄诚忠的《问道——周韶华访谈录》，正是这样一部以访谈录的形式，"把历史恢复成普通人的历史，并使历史与现实密切相联"的口述艺术史。

　　周韶华是中国现代水墨的奠基人和领航者。多年来，他以其高瞻远瞩的视野、牢笼古今的气魄、独辟蹊径的风格，探索中国水墨的现代之路，对这样一位极具大师风范的艺术家进行访谈，以展示其波澜壮阔的人生历程与现代水墨道路，无疑具有重要而深远的艺术史意义。

在内容上，该访谈录以时间为经，以艺术事件和思想观念为纬，纵横交织地将周韶华所经历的时代风云和心路历程一览无余地展现在读者面前。具体而言，其经线安排为："我的人生入场券（1929—1949）""怕有什么用（1950—1979）""掀起'85思潮（1980—1989）""探索现代语言（1990—1999）""点亮心灵之光（2000—2009）""革新永在路上（2010至今）"。这些具有标志性的时间节点，既井然有序、具体详尽地展示了画家个人的生平事迹，又前后一贯、全面深入地呈现了中国画发展演进的时代图景；同时，访谈录又以"中国画的革新探索"为纬线，将众多生活细节、创作场景、作品解读、艺术事件、美学观念等穿插其中，而其主旨犹如草蛇灰线，伏脉千里，大气磅礴地展现了现代中国画发展演变的广阔背景与精神逻辑。

在该访谈录中，口述与对话，不仅成为艺术史文本得以展开的基本途径与方式，而且还成为艺术史研究的成果形式，乃至一种全新的史学叙事方法。在极高的意义上，它突破了以往中国现代绘画史著述偏重于政治叙事与"自上而下"书写艺术史的传统惯性，而将"自下而上"的个人化叙事方式与"自上而下"的政治化叙事方式相结合，从而将周韶华的生活经历、情感变化、艺术观念、绘画创作、社会交往，以及他对艺术发展演进的观察、思考和认识，全方位地引入到艺术史领域。身临其境的历史场景，触手可及的历史人物，鲜活生动的现场感受，使访谈录成为一部有温度的信史。披文入情，仿佛瞥见周韶华的举手投足、一颦一笑与笔耕不辍、天机独揽的高迈形象，亦能窥视到现代中国波诡云谲的社会景观，以及当代中国画澎湃不息的时代浪潮。

尤其值得称道的是，通过访谈与对话，访谈录成功地建构起以"道"为旨归的美学价值观。访谈录以"问道"为标题，不但意在突出

"访谈"的意味，更重要的是旨在探索中国画发展创新的"大道根源"。众所周知，周韶华不仅是卓有成就的画家，而且是思维缜密、视野开阔、思想深邃的艺术理论家。作为从传统中国画向现代水墨画转向的艺术家，周韶华在谈话过程中，以洞彻古今、纵横捭阖的文化视野，重点阐释了自己曾经提出的一系列艺术理论命题。这些理论命题，旨在解决如何植根民族文化传统，如何超越时空融通古今，如何在中西互鉴中创新等一系列重大美学课题。围绕这些课题，周韶华建构起一套体大思精的艺术思想体系：从具有宇宙观意味的"大美"论和中国文化元典精神论，到"横向移植和隔代遗传"的方法论，再到"全方位观照论"和"新东方艺术建构论"的艺术观，直接为中国画的现代转型提供了理论依据。上述诸论，是周韶华在当代水墨创作实践中辨彰清浊、掎摭利病的思想结晶。其艺术精神，可谓寻真赏于荒径，发睿思于凡听；而其美学价值，可谓高屋建瓴，阃约深美，直指鹄的。我相信，假以时日，访谈录所展现的文化取向与美学精神，将内化为当代水墨的文化自觉与路径意识，由此展示出这个文本所具有的实践性价值。

随着当代艺术史研究的不断深入，访谈录式的口述史必将受到愈来愈广泛的关注和重视。《问道——周韶华访谈录》无疑为口述史的撰述提供了成功的范例。故值其付梓之际，欣然向广大同道推荐。

是为序。

张晓凌

2018年7月9日

张晓凌，中国国家画院副院长，《中国美术报》总编辑，华东师范大学美术学院院长，教授、博士生导师。

我的人生入场券（1929—1949）

周韶华 〔碧涯涌泉 （局部）〕

把艺术当作自己心灵情感的投影

在中国悠久的历史长河中，名震画坛的宗师巨匠灿若繁星，不可胜数。但能够将天地大观、文化史观、人文之助和艺术革新集于一身者，却极为少见。周韶华就是这样一位有胆识的中国现代水墨的奠基人和领航者，一位有情怀有担当的艺术大家。在他身上，我们不仅能感受到牢笼古今的大师风范，更为他无所畏惧的创新欲望所动容。几十年来，他全心致力于中国画转型，建构中国画的新时代坐标，用自己的探索精神震撼了文化界，也震撼了每一颗热爱艺术的心。

［黄：黄诚忠；周：周韶华］

黄：周先生，现在是2017年，按照中国人的传统习惯，明年就是您的九十华诞。从1949年南下来到武汉，至今也已六十八年。回顾您的一生，什么让您最满意？

周：最满意的有两件：一是当小八路，写写画画，说说唱唱，打游击，驱日寇，很受战士与领导们的青睐；二是掀起"'85思潮"，解放思想，艺术革新。最大的收获是使一代美术青年崛起，使得一批杰出青年画家和理论家涌现出来，成为当今美术舞台的主角。我自己也是创作、理论双丰收。

黄：那么，什么又是您最大的遗憾呢？

周：最大的遗憾也有两个：一是所有的前辈、亲人、长者都不在世了，没有机会行孝；二是由于受到客观的阻力和压力，未能把一些杰出人才提拔到相应的岗位。

黄：在您的生命中可能遇见过很多"贵人"，有没有这样的人，如果没有这个人就没有后来的周韶华？

周：我一生最幸运的是，一路走来都有人给我发力与推力，这种条件更要靠自己去创造，并非老天爷所赐。我觉得是一个时代的文化大背景在支撑我，是一群人在帮助我，在最困难的时刻，只能说他们是暗中保护，与落井下石者完全不同。

黄：张晓凌说您是二十世纪八十年代"先知先觉"式的人物。他还说——让我在这里引用他的原话："中国画一直面临现代性的转换问题，而周先生是改革开放以来中国现代水墨的奠基人和拓荒者，是开宗立派式的大师之一。"

周：把中国画向现代转型，是我的破题之举的核心话语。首先是看到了文人画传统的缺失与短板，其次，我针对其缺失与短板提出理论根据，并且拿出解题方案，端出践行效果。

黄：在您看来，文人画的缺失与短板表现在哪些方面？

周：文人画至少有两大短板：第一，它是个封闭系统，拒绝别的东西渗透，拒绝开放包容，反对跨界超越。没有跨界超越，艺术只会越搞越窄、越搞越小、越搞越死。老子讲大象无形，大方无隅，意思是最大的形象没有形迹，最方正的东西看不到它的棱角，其核心是兼容百态。大象无形就好比宇宙，大方无隅好比是地球。宇宙是无边无际的，地球和时间是无始无终的，从什么时间开始到什么时间结束都很难说。思维和视野只有这个样子，才能不拘泥于一定的事情和格局，而表现出气象万千的面貌和场景。第二，从王维提出来"画道之中，以水墨为最上"之后，笔墨开始一统天下，拒绝色彩，反对色彩，排斥色彩，特别是到了元明清，中国画完全走向一个单一的道路，形成了一个公式化、概念化、单一化的东西。其实，唐朝鼎盛时期的绘画是金碧辉煌、五光十色的，宫殿、庙堂辉煌无比，展现的是盛唐气象。安史之乱以后，唐代开始走下坡路，文人们仕途无望，心态非常消极，对庙堂表现冷落，并排斥色彩。孟子讲"充实而有光辉之谓大"，光辉与色彩是分不开的，没有色彩哪来的光辉？表现大美，没有色彩怎么能行呢？

　　此外，文人画的媒材都是软性的，没有硬度，没有钢铁一样的东西，比如，毛笔的头是软的，水是柔和的，宣纸也是软的。我为什么会有这个感觉？因为每到一个大型展览会，最抢眼的是雕塑，它是立体的，是硬质材料的，所以它非常突出。其次就是油画和版画，它的结构讲块面，块面也是有力度的。而中国画在里面是软飘飘的、灰溜溜的，不管画多大，都没法与雕塑和油画相比，因为中国文人画中缺少强度和力度。

黄：对您而言，绘画意味着什么？或者说，艺术家应该具有什么样的特质？

周：绘画是我的生存方式，作品就是我的第二生命。我认为，艺术的生命在于创新。新艺术沿袭旧艺术，艺术家之间相互模仿，艺术家的自我重复，同这个充满着生机和创造力的时代是不相符的。艺术家应该是在前人未曾考虑过的问题上大作文章，探索前人没有走过的道路。要实现艺术的创新，不仅要进一步唤起艺术个性，更重要的是要拆除一切不利于艺术发展的路障，要敢于打破封闭的艺术系统，要敢于超越前人和大师，要敢于掀起新思潮的波澜。

黄：那您自己又是如何做的呢？

周：我个人主张"两条腿"走路：一条是跨越元明清文人画的传统，从先秦和汉唐艺术中去追根溯源；一条是横向移植国外优秀的绘画遗产，作为中国画变革的催化剂。具体一点说，我对中国绘画史做过一些分析研究，发现秦岭、大巴山、横断山以东的三山五岳，前人们大都已画过了，并且形成了他们一整套表现套路和程式规范，我如果再那样照着葫芦画瓢就会和他们撞车，撞车是不会有好结果的。所以秦岭、大巴山、横断山以西才是我要走的一条路。更重要的是，西部的大山大水也最切合我的艺术气质、性格和个人爱好。其中最大的好处是不会与前人撞车，并且可以自由自在地进行表现，不为成法所囿。

黄：范迪安曾这样评价您：周韶华的艺术作品汇集起来，是分量非常丰富，内涵极为多样的长篇画卷，体现了祖国自然山河的文化气象，象征着中华民族自强不息的奋斗精神，展现了大气磅礴、雄伟壮观的艺术风格。他的艺术思想和语言体系，为促进中国水墨画的发展，复兴中国画艺术语言和构建中国当代美术的人文精神，提供了重要的启示和宝贵的经验。

周：范迪安是位有世界眼光的美术评论家和策展人，他能这样认为我感到很欣慰。

黄：您从艺几十年，致力于艺术革新三十多年。您如何评价自己的艺术？

周：在艺术革新的三十多年中，前十年，我注重艺术精神的表现，以呼唤民族大灵魂为文化使命；后二十年更注重图式转型和语言转换，从古典形态转变为现代形态，在优化融合中确立自己的运行轨迹。尽管我已年近九十，但自认为仍处在从开拓中完善和完善中开拓的过程，并未最终定型，难以对自己的艺术作出评价。只是一步步地意识到，特别是画山水画要"浴天地之道，发自然精魂"，把齐鲁文化的"浩然之气""至大至刚"之美与荆楚文化流观宇宙的动态美感和"道法自然"化为自己的艺术灵魂，在这个基础上创立新的东方艺术形态，把艺术当作自己心灵情感的投影。看起来战线很长，实际上切入点和突破点是很集中的，其实就是艺术革新。

黄：说到艺术革新，就不能不提您的第一个展览"大河寻源——周韶华画展"，因为是这个展览使您名扬全国。这个展览为什么会有如此大的影响力？

周："大河寻源"画展是1983年夏天推出的，当时还是改革开放的初期。简单地说，那个时候艺术界普遍还处在观望状态，信息比较封闭，思维比较僵化，人们都有一些迷茫，又都在寻找突破方向。"大河寻源"的出现，让人们似乎看到一丝光亮，尤其是搞艺术和搞文学的人，显得格外兴奋。"大河寻源"的本意是以文化寻根，用大传统对付小传统，用大传统呼唤民族大灵魂，奠定中国画的主体精神，促使那些搞小传统的人的文化觉醒。

黄："大河寻源"展览之后，中国画坛掀起了一股强劲的革新浪潮，由此，中国画转型的步伐开始加快。

周：所以我必须拿出解题方案，即开放包容，跨界超越，中西融汇，古今贯通。撰写了多篇文章，如：《全方位观照论》《横向移植与隔代遗传论》《艺术观与方法论》《三面体结构论》等。

黄：著名艺术史家阿诺德·豪泽尔说过，艺术史不关心延续，只关心转折。从这个意义上讲，您就是一位具有转折意义的艺术家。

周：社会的历史发展规律就是转型，如农耕文明转换为工业文明。不是周而复始的圆圈运动，而是历史性的大转折。文艺不仅应追寻时代，并且应该发出时代先声，如像欧洲文艺复兴那样。

黄："大河寻源"之后，您又相继推出了"世纪风""梦溯仰韶""汉唐雄风"　"荆楚狂歌"　"大风吹宇宙"等展览，每个展览都引起不小的波澜。我很好奇，这些创作母题从黄河、长江、大海到宇宙，可谓是包罗万象，不光是在中国，世界上搞创作的人恐怕很少有您这个思维。

周：我涉猎的范围比较广泛，每个题目也很庞大，天上、地下、人间，纵横数万里，上下几千年，创作的思维空间、视觉空间都不是一丁一点，一草一木，与有的艺术家盯的东西不一样。有的艺术家一辈子就盯着竹子或者梅花，思维空间比较单一，固定在非常小的一个范围内。当然，这个东西完成得怎么样，只能说是见仁见智。

黄：我很想知道您的这种思维是从何而来？又是怎么样彰显的？

周：我的创作思维不是一个点、一个面、一个线，它是浑然一体的大东西，这个大东西就是源于宇宙本体，大象无形就是宇宙本体。要获得这种体验，就要去别人没有去过的地方，看别人没有见过的现场，尽管要付出很多的代价，但也会得到相应的收获。譬如我到了长江源，才知道什么是万籁俱寂，大声一喊远处都有回音，好像到了宇宙一样。四周一片寂静，静得让人感到恐惧。在走进西部的过程中我找到了自己的生活现场，对创作具有决定意义的艺术气场。最现实的收获是取得了新的生活经验，艺术创造依靠这些，才能一气运化，建构出一种灵奇的意象世界。也只有在这个场中，才能搜妙创真，妙创神奇，实现对物的实体性超越，对主体的自我超越，再回到人与万物一体的自然本原状态，回到人生的自由境界，一个充满意味和情趣的意象世界。这一切都发功于场，成功于场。我把这个场视为终极宇宙观之场。它给我的最大恩典是：永远不要离开大自然；我所面对的这个大自然就是我的艺术生命元素。为此，我采取先难后易，先远后近，趁身体条件可能的时候先做以后做不到的事。先到巴颜喀拉山、喜马拉雅山、三江源头、可可西里，再到帕米尔高原，从昆仑山脉东端走到西端，整体地把我国山河的雄伟壮丽走出一个整合性的大思维和大视野，以形成自己的艺术价值观并激活自己的艺术灵感。也就是说，你不付出这样的努力，你就很难博览天地大观，得天地之道、人文之助。

黄：您讲长江探源找到了艺术场，这个"场"与老子讲的"道"有关联吗？还有，您一直强调艺术家要"思接千载，视通万里"。为什么？

周：我觉得场与道有关联，这个场应属于道的范畴。我们知道，老子谈道最经典的是他的《道德经》。其中的"道可道，非常道"，大家都熟悉，也能意会，但要说清楚并不是那么容易的。他讲的"道生一，一生二，二生三，三生万物"到"万物"后还要归一，叫天人合一。用通俗的语言来解释，这个一就是大宇宙，二就是阴阳，三就是阴阳结合产生万物，生命不断繁衍。老子的"道"又称为"无"，"天下万物生于有，有生于无"，这与后来佛家讲的色空、心物不二是同等层面的精神境界。道家另一个代表人物庄子所述的境界是"自由"，他的《逍遥游》，是精神的逍遥，是排除一切杂念之后使思想在无穷的心灵环宇中任意翱翔。他这种以自由心灵感悟人生，以诗性的审美来超越人生，以精神自由为审美的本知，正是一个艺术家应该具有的美学思想和审美境界。

"思接千载，视通万里"是刘勰《文心雕龙》里的摘句。当时我读到这部巨作非常感兴趣，作者的思维就是思接千载，其他的东西都是眼前的。思想真要活跃起来，艺术创作真正进入一个高度就是要思接千载、视通万里，不然就不可能神与物游，不可能以神法道。所以艺术家最后精彩的地方就要学会以神法道、神与物游，要跟它一起运动。不管是顾恺之讲的迁想妙得也好，还是黄公望讲的随机应变也好，都与这个东西有关系。

艺术的终极追求就是自由，那么如何达到"自由"呢？艺术家的思维就应该是"思接千载，视通万里"。这不仅是观念和思想上的涅槃，而且由此才能找出到达"自由"之门的路。联系我自己的艺术思想和艺术实践，我所涵盖的问题和谈论的题目与此是非常相通的，包括以前所提出的全方位观照论，当时我的解释是过去、现在、未来连成一线，天上、地下、人间连成一片。这也还是大宇宙的东西，不是单纯的哪个时间哪个人，全方位观照实际上讲的也是道。

黄：我个人觉得，您在绘画上已经进入自由境地，在平面上彻底解放了绘画，并将绘画推到了一个新的高度。尤其是您把色彩引入中国画是对中国美术的重大贡献。

周：在很多人的印象中，我的画有张力有气势，邵大箴称我是"气势派"。其实我的语言创新是从色彩切入的。我感到五彩缤纷的光色世界，具有无穷无尽的魅力。在绘画中有光彩即有生命；无光彩，生命就变暗、变灰。尤其是艺术色彩产生的心理效应、音乐通感以及色彩组合与色彩调和所产生的令人心醉神迷的魅力，最能动人心扉。所以水墨画不能没有对色彩的引入。但自元明清以来笔墨成为中心，"笔墨情结"成了创新的最大障碍，与欧洲同期绘画相比，中国画完全牺牲了色彩。所以我便选择了从色彩入手来革新中国画。我觉得把光色引进中国画，是给水墨画造血。因为色彩与形的结合是无止境的，它很可能会给水墨画带来一场革命。我不仅使用夸张的、响亮对比的色彩，更多的是运用统一和谐的色调给画面造成一种音乐合声和韵律感，组合成一种有秩序的美。

黄：但我又不得不说，有人说您的画"确实很美，就是看不懂"。对此您怎么看？

周：据说有人也这样问过毕加索："你的画怎么看不懂啊？"毕加索说："你听过鸟叫吗？""听过。""好听吗？""好听。""你听得懂吗？"也有人说这是毕加索在诡辩，是不是诡辩我们暂且不论，限于专业和知识背景，有的世界我们确实不懂，这也很正常。看不懂或听不懂不要紧，只要看着好看听着好听也就够了。

黄：艺术方面的细节留在后面再谈。如果我没记错的话，当时，引领中国画革新浪潮的还有两位先生，一位是吴冠中，另一位是刘国松。

周：没错。当时台湾有报纸称："吴冠中、刘国松、周韶华是三点一线，同吹一个调。"

黄：您和吴冠中、刘国松在中国画革新方面有什么不同？

周：吴冠中把在法国学的抽象油画语言对接成中国水墨写意语言，空灵洒脱，独创一格；刘国松把视野推向宇宙，把地球和日月浓缩在一幅画中，并且画出时间在移动，改变了中国画的视觉空间，也是独创一格。我与他们俩不同，我所崇尚的是超大灵魂和浩然之气，具体一点说，就是推崇革命英雄主义和革命理想主义。因为英雄是我们时代的脊梁，理想是我们时代的精神支柱。这是我的艺术价值取向，是我在艺术上的核心价值观。

黄：据我所知，您与吴冠中、刘国松还有一点不同，就是您有军旅生涯，他们二位没有。

周：是的。除此之外，我和他们二位最大的不同是：其一，我是从草根中成长起来的一株草，本土意识很强；其二，我尊重中华文化大传统，不反传统。但是，我们致力于中国画转型的目标是一致的，所以，我们是同一个战壕里的战友，总是遥相呼应，唱的是一个腔调。

黄：您是一位抗战老兵，今年又逢抗日战争胜利七十周年。据您所知，真正参加过抗战仍还健在的美术家还有几位？

周：可能还有两位，一是宋韧，一是肖峰，他们二位的长辈都是革命先烈，牺牲于抗日战争。他们俩是否赶上抗日战争，没有深问过。

黄：您十二岁就参加了八路军，又亲历了解放战争全过程，这段革命经历对您的艺术人生意味着什么？

周：我出生在民族危难的艰苦岁月，从参加革命的那一天起，就把民族的命运和个人的命运系于一身。国家落后挨打，生灵涂炭，在出生入死中度过了大半生，苦难深重的历史对我最刻骨铭心的教育就是："国家兴亡，匹夫有责。"我深深体验到，只有国家繁荣强盛了，社会才能发展，人民才能安居乐业。过去的担当就是与民族同命运，与人民同命运，为这种大命运而抗争。这种"革命长征"是更深层次的艺术生命。

爱好是最好的老师

山东荣成，地濒黄海海岸北沿，与渤海湾连接，正东与韩国的首尔遥遥相对。优美的自然环境并没有改变周韶华童年的悲惨命运：父亲在他出生后不久出外谋生，生死不明；八岁时，母亲也因病撒手而去，他成了一个乱世孤儿。但不幸与苦难并没有压垮这个小小少年，他要"靠自己的两条腿走出一条血路"。周韶华说："是大海培养了我的天性，生成了我体内艺术创作的基因。"所以，他感谢大海，是大海给予他力量；他感激母亲，是母亲教他如何去面对人生的挑战；他也感谢上苍，是上苍赐给他一块磨刀石，要他反复接受磨砺，直至成为一名真正的战士。

黄：现在，就让我们回到您的童年时代。您是1929年10月21日出生于山东荣成一个叫青木寨的小渔村。祖父是位渔民，后来闯了关东。父亲在您出生不久就到高丽国打工，从此杳无音信。给您取名周景治的是本村的一位老秀才，后来才知道"景治"是指西汉的"文景之治"，而后才有汉武雄风。

周：我没有见过爷爷，也没有见过父亲。我出生后，只有我和母亲二人。后来听别人说，祖父靠打渔为生，是位很棒的渔民舵手，后来因为还不起债而去了关东。祖母去世后，姑姑沦为童养媳。为了挣脱桎梏，姑姑很早就参加了革命。在我的印象中母亲一直身体不好，有时我和母亲到姥姥家住些时日。祖上留下二亩地，几间海草房。农忙时舅舅过来帮种帮收。

黄：母亲给您说起过有关父亲的事情吗？

周：没有，我怕她伤心也不敢问。至于父亲是怎样漂洋过海的，我还是听别人讲的，说是本村有个绰号叫二狗子的人，他从高丽仁川回来，鼓动村里的年轻人跟他去高丽发大财，吹得天花乱坠，我父亲就是第一个上当的，跟他一起到了高丽国。下船到仁川，才知是当长工，为他种菜园子，干了两年，分文不给，父亲气愤之下，说要打官司辩理，从此就下落不明了。之后传回来许多不可信的消息，有的说是被人害了，有的说是去当兵报仇，死在战场上了。总之这场异国冤案恐怕永远是个谜了。

黄：母亲留给您什么样的印象？

周：从我记事起，母亲精神上就极为痛苦，没有丈夫的任何消息是最大的打击，病重不能理家，是双重打击。她病倒在炕上，一连好多年，也不知得的是什么病，肚子肿得很大，肚皮青青的，像是一触即破的样子。邻居的婆婆、婶婶们看了都害怕。

黄：母亲卧病在床，您怎么办呢？

周：在母亲病重期间，我虽年纪很小，没有其他人可以帮忙，但凡喂鸡、喂猪、推磨、拾草、砍柴、赶海，只要拿得起的活都得包下来。只有在农忙时舅舅才赶来帮种帮收。母亲心疼我，怕我太累，先是卖猪，再卖鸡鸭，但捡柴、挑水等活儿还是少不了。我有时也贪玩，经常在海滩上摸爬滚打，六岁时，我就敢下海游泳，在大风大浪里穿梭。这种危险的行为倘若被母亲看到了，会吓疯的。由于没有受家长的管教和约束，我在这方面的自由度，远比村里其他得宠的孩子要多得多。也许是大海培养了我的天性，成为我的艺术基因，这是我很幸运的一面。

黄：说到艺术基因，你们家族里是不是出过画家？

周：没有。我们家族不是渔民就是农民，别说没有出过画家了，连识字的人都很少。我的童年，只有苦难，没有光彩照人的东西。说实在的，那时候我觉得自己处处不如别人，做梦也没想到当画家。只是到后来，才渐渐意识到，现在的结果是以往的原因（造成的）。其实，童年生活的无情与残忍，悲剧性的意识，早在娘胎里便开始孕育，出世后的命运似乎也已有了定数。

黄：那么，您的绘画兴趣是怎么产生的？

周：我经常到村办小学的窗外偷听教师讲课和学生朗读。虽然进不了校门，什么《三字经》《百家姓》《千家诗》，也能背得。有时把学生剩的纸头拣来画画，儿时就有这个爱好。为了使病卧不起的妈妈高兴，常常把学来的秧歌小调唱给她听。还画了不少戏剧脸谱、萝卜、白菜或鱼虾海贝之类的东西给她看。母亲有时会露出一丝笑容，点头称赞。母亲点的这个头就好像给我的命运设下了一条伏线。这是母亲给我印象最深的慈爱和鼓励，由于母亲的首肯，由爱好变成自信，再由自信变成坚定的信念，相信自己在这方面是会有出息的。有人说"爱好是最好的老师"，一点都不错。

黄：母亲的点头认可给了您莫大的信心。但不幸的是，1937年的夏天，母亲还是走了。这对您意味着什么？

周：母亲的去世，对只有八岁的我来说，如同天塌地陷，乾坤崩裂。让我不能释怀的是，当时家里穷请不起医生，母亲生病期间没吃过一副药，我就这样眼睁睁地看着她去了。就在当天半夜，堂伯父领着我到村外土地庙里替妈妈向土地爷报到。伯父叫我边走边喊："妈妈跟我来！"还不让我回头看，怕撞着鬼魂。特别是在走进树林时，枝叶摇曳作响，吓得我毛骨悚然，浑身打颤。第二天姥爷、舅舅都来了，说得赶快埋，阴历七月天气太热，怕出事，便草草埋葬了。为了给妈妈办丧事，舅舅作主，把仅有的两亩地典当出去买了一口棺材。母亲走了，从此家破人亡，孤苦伶仃。从另外一个角度来讲，残酷的现实也要求我尽快成熟，一切要靠自己去努力奋斗，靠自己的两条腿走出一条血路。现在想来，我要感激母亲给予我的这笔遗产。虽然未立遗嘱，但却教我学着怎样自立，建立自信，培养自尊，如何去面对人生的挑战。京剧《红灯记》里有句唱词叫"穷人的孩子早当家"，确实如此，这些苦难与磨炼对我后来的成长很重要，不管到那里都不怕吃苦，勤劳在先，这种习惯一直保持至今。

黄：母亲不在了，您怎么办？

周：姥姥和舅舅们收养了我。

黄：您的二舅好像对您不错，还说服姥爷供您去上学读书？

周：二舅怜悯我，也对我好。有一次听到二舅对姥爷姥姥说："我八个姐妹，都不在人世了，唯独留下这个后裔。这孩子很聪明，没上学就会背《三字经》《百家姓》，听别人唱歌唱一遍他就能记住，咱家再穷也得供他上两年学，长大也好混口饭吃。"这话正中姥姥的心怀，姥爷点头说："好。"舅舅对我说："你要懂事，别人两年读的书，你得一年读完，别人读四年的书，你必须两年读完，时间长了咱可供不起。"我高兴得只差没给舅舅下跪叩头了，喉咙里却像是哽住似的，激动地说不出话来。舅舅又说："你必须从孔圣人的《论语》读起。"我使劲地点头答应："好！"

黄：您去的这个小学是个什么样子？都学了些什么？

周：这个小学是村民自己筹办的，请的老师是本村的一位只会教"四书"的张万亨老先生。老先生的教学方式很简单，就是认字与死背书本，法器是一把硬红木做的戒尺。村里的老头也常到学校给他出主意，讲

周韶华姥爷家的海草房（张建军 摄）

什么"教不严，师之惰"，"玉不琢，不成器"，"板子底下出高徒"……所以只要有一个学生触犯了老先生的"王法"，每个学生都得挨戒尺的惩训，对每人都打板子，决不漏掉一个。我也因此挨了许多次打，有时很想把那戒尺偷出扔到粪坑里。我入学的第一天便越过了一年级，从孔子的"子曰：学而时习之"开课，三个月把《论语》背得滚瓜烂熟。不理解的也不敢问，因为那戒尺是不吃素的，对那老头打人，只能恨在心里，反抗是没有好下场的。虽然如此，我还是要感谢这位老先生，是他给我上了第一课，让我跨进了文化的门槛。

黄：您在这里上了几年学？

周：三个月。我的文化基础就是这三个月。

黄：为什么不读了？

周：1940年闹春荒，没有粮食吃，老百姓走投无路，村里小学也办不下去

周韶华的姥爷

了。二舅家里有十六张口吃饭，尤其赶上这大灾之年，确实够他们作难的。最让我受不了的是，每当我端起碗吃饭的时候，舅妈就不时地嘟哝："这孩子真能吃。"也许她是无意的，但她的话就像锥子刺在我的心上。姥姥听了也禁不住流泪，我心里更加难过。初次尝到了寄人篱下的滋味，心想这毕竟不是我的永久栖身之所，自己也长着两只手，为什么自己不能挣饭吃呢？于是，下定决心去自谋出路。

黄：您好像才十一岁，十一岁的孩子能干什么？

周：还不是生活逼的呀！我先到了石岛，这里没有适合自己的活儿，不得已跟着舅舅村子的一位大哥去了大连。我们是从海上坐船过去的，船到威海的时候，那里已经被日本人占领了，在那里要办"良民证"，有了"良民证"才有了合法身份，因为去的地方也是日本占领区，所以我印象特别深刻。办"良民证"要照一张照片，那是我有生以来第一次照相，可惜这个东西没有保留下来。威海当时很小，就是靠海边的一条街，都是海草盖的小房子，房顶上还有很多海苔草，不像现在发展得这么好。

黄：到了大连落脚在哪里？做什么工作？

二十世纪三十年代的威海

周：我大舅、四舅都在大连重工业工厂当工人，托人好不容易才把我安排在
大连西岗一家糕点厂当童工，条件是只给饭吃，没有工钱，也不管穿衣
和其他什么的。说白了就是当跑腿儿，干小工，厂里没人干的脏活都由
我包下来，还要给老板端、洗尿壶。最可恨的是那个老板娘，整天指手
画脚不说，还动手动脚，几次都想反抗，但最终还是压住心头的怒火。
还有，说是在糕点厂工作，却常常是吃不饱，夏秋时就跑到苹果园里，
去捡掉在地上的烂苹果，有的苹果没有完全烂，把烂的削掉，剩下的拿
来煮熟充饥。入冬后的一天，我从楼梯上一下子绊倒了，腿上摔了一个
大口子，老不愈合。老板不管不问，还一个劲地让我干这干那，稍慢一
点就是一顿训斥，后来忍无可忍，心想即使回去要饭，也坚决不在这里

干了。

黄：在糕点厂干了多长时间？

周：差不多一年时间。那里不是人待的地方，我要先回家乡，然后再去寻找自己并没有想清楚的新世界。

黄：在外闯荡了一年，回到家乡感觉有什么变化？

周：我回到家乡的时候，正好遇上八路军游击队挺进到我们家乡。有关八路军武工队的神奇传说很快在村子里传开，这深深地激荡着我的心灵。当时抗日烽火四起，民众的热情也从沉睡的土地里迸发出来，到处都可以听到抗战的歌声和欢乐的笑声。村民们或许以为我是闯过关东，见过世面的人，也没有别人扯后腿，就把我推出来当儿童团团长。这可把我给乐坏了，我扛上红缨枪，站岗放哨盘查行人，送鸡毛信，同成年人一样参加反扫荡的抗日斗争，还在墙上写大标语，画漫画，进行抗日宣传，一天到晚忙得不亦乐乎，自己感到神气得不得了。这样干了一段时间，还觉得不过瘾，梦想着当上一名正规的八路军，扛上钢枪那该多好啊！

黄：您想参加八路军，姥姥、姥爷能同意吗？

周：我跟姥姥说："我想参加八路军。"姥姥是死活不同意。我姥爷更是脸一沉，说："你要去当八路，我把你抓回来去扛活。"扛活就是给地主家当长工。无奈之下，我只好不再作声。等到夜深人静他们都休息后，我就偷偷溜出去，一人摇着舢板，越海投奔八路军。

黄：您当时只有十二岁，部队能要吗？

周：部队领导问我："你多大了？"我因个头高就谎报道："十五岁了。"他上下打量一下我的体格，然后拍拍我的肩膀说"好！"就这样我当上了小八路。

革命不是请客吃饭

1941年春天，抗日战争进入最为艰苦的时刻，第二次反共高潮也席卷全国各地。华中、华北各抗日根据地的八路军和新四军，在遭受日军"扫荡"的同时，还要遭受国民党军队的进攻。许世友回忆道："国民党九区专员蔡晋康，首先趁日寇'扫荡'我大泽山地区之际，占领了我胶东军民坚持抗战的心脏阵地牙山，切断了我东西的联系。接着，他们又以牙山为依托，分兵三路，向我东海根据地发动了全面的进攻，妄图把八路军消灭在东海地区，严重地威胁着胶东我军和抗日民主根据地。就在这时，山东分局决定要我带清河独立一团，由清河地区去胶东，统一指挥胶东我军第五旅和第五支队。"而此时，十二岁的周景治所参加的八路军，正是许世友所属的第五支队。

黄：1941年，敌后抗日斗争进入最困难的时期。您所在的部队情况如何？初到部队做什么工作？

周：当时日本为准备对美作战，对国民党推行以政治诱降为主、军事打击为辅的政策；对共产党领导的敌后根据地则是进行大规模的"扫荡"，实行残酷的"三光"政策。因日军的疯狂"扫荡"，物资极为匮乏，抗日根据地处于极端困难时期。我初到部队是一名普通战士，直接受班长领导，站岗、放哨，帮助村民挑水、扫地，甚至帮助村民种地。我们就住在老乡的家里，但不拿群众一针一线，是真正的军民鱼水情。当时大部分是游击队，海阳、莱阳那边也有正规部队。在敌占区主要是游击队。因为日本鬼子在三四十里内就设一个据点，所以我们都是晚上行军，让他找不着你。

黄：当时，八路军多半是在敌后开展工作，很少与日本鬼子正面交锋。这期间，您有没有遇到过什么险情？

周：有过。那是我在连队当勤务员时，我们连指导员有一个心爱的小皮包，里面装一些文件和资料，爱惜得不得了。他把这个小皮包交由我保管，叮嘱我千万不能丢了。一天黎明时分，我们连队突然被日本鬼子包围在一个村子里。当时，我还在睡梦中，班长周大盛（和周韶华同一个村子）一把把我从床上拽起，拖拉着迷迷糊糊的我翻过院墙，快步蹿进村外的麦地。当时麦子差不多齐腰高了，趴在里面很难被发现。等我缓过神来，发现指导员的小皮包没有拿，顿时就慌了。我说："坏了坏了，指导员的小皮包忘记拿了。"周大盛瞪了我一眼，说："一个包包有什么当紧的？"我说："指导员说了，包里的东西非常重要，千万不能丢了。我得回去拿！"周大盛一把摁住我，说："你不能去，就趴在这里不要动。小皮包放在什么地方？"我告诉他就挂在炕边的墙上。他猫着腰快步朝村子里跑去。这时天已蒙蒙亮，村子里传来一阵狗的狂吠声，我的心悬在嗓子眼里，两眼直盯着村子的方向，生怕周班长有什么闪失。不一会儿，看见一个黑影飞奔过来，他把小皮包递给我，喘着粗气说："以后可要长记性，重要的东西不能离身。"

黄：真是有惊无险啊。

周：是。后来我进一步体会到，八路军很特别，不仅官兵之间亲如兄弟，注重军民关系，而且还很重视和爱护有文化的人，就连我这样只有三个月文化基础的人也被当成宝贝疙瘩。尤其是后来我当了文化教员之后，连长和指导员指定班长保护我，特别交代："以后不管是突围还是过封锁线，别人出事，他都不能出事。"因为当时的文化人太少了，他们把我当成了一个很重要的文化人给保护起来。

黄：在敌后开展斗争，也难免有打仗，还记得第一次参加战斗吗？

周：当然记得。那时我在县领导的游击队，心里还常嘀咕："什么时候才能成为正规的八路军呢？"没想到游击队也能打决战，而且还能取得全胜。就在我参军不到四个月的时候，参加了第一次战斗。那是一次伏击战，也是充分发挥民兵的人民战争力量的战斗。枪声一响，漫山遍野呼喊着："冲啊，杀啊！"一时间杀声四起，震天动地，将一股日本鬼子生生逼赶到大海边。"缴枪不杀，优待俘虏！"有的日本鬼子举枪投降，有些顽固的日本鬼子被射杀，还有的跳入海中逃命。尽管消灭鬼子的数量不算太多，但这一仗我们是大获全胜。有两个漏网的日本兵，沿海岸线跑回石岛的据点去通风报信。没过几天，日本鬼子开始报复，飞机、大炮进行狂轰滥炸，实行烧光、杀光、抢光的"三光"政策。我家乡的那个区成为一片火海，我祖上留下的几间海草房全部烧成灰烬，一点遗物也没留下。这是我革命生涯中的第一次战斗洗礼。

黄：第一次参加战斗，您当时害不害怕？

周：说实话，开始很紧张，心砰砰直跳。但真正打起来了反而不害怕了。

黄：这是您第一次面对面对日作战，战斗中有没有令您难忘的细节？

周：有，就是周大盛。他身体强壮，作战十分勇敢。当我们把日本鬼子赶到大海边时，周大盛看到一个日本鬼子斜挎着一支三八大盖枪逃向海里，他也跟着扑向大海，快速游了过去。他想夺取那支三八大盖，日本兵不干，两人在水中撕打起来。周大盛水性好，那鬼子根本不是他的对手，扑腾了一会儿，就被周大盛摁在海里淹死了。周大盛如愿以偿地得到了那支三八大盖，如获至宝，爱不释手，别提有多神气了。那个时候八路军武器奇缺，别说有一支日本的三八大盖了，就是有一支汉阳造也是牛气哄哄的。我入伍很长时间都是背着一把大刀片，做梦都想得到一只真枪。让周大盛万万没有想到的是，这支用生命换来的三八大盖，还没来得及打一枪过过瘾就要被组织上收走了，这让本来就倔强的他怎么都想不通。组织上反复给他做思想工作，讲部队有纪律"一切缴获要归公"。不管怎么讲，他就认准一个理：你组织上不发给我武器，我自己缴获来的武器还要上缴，这不合理。无论组织上如何给他做工作，他就是转不过弯来，说什么都没用，坚决要求回家。没办法，他就这样离开部队回家去了。

黄：真是太可惜了。您后来见过他吗？

周：新中国成立后回老家专程看过他，我问他："大盛叔，还记不记得当年您还救过我？"他嘿嘿一笑，说："记得。"

黄：周大盛算是一个特例，更多的民众还是愿意跟着八路军干的。

周：对。因为八路军的官兵都是来自贫苦大众，纪律又非常严明，秋毫无犯，所以每到一地很快能与群众打成一片。群众也非常信任八路军，抗战热情非常高，都自愿跟随八路军和游击队干。每个村都有类似信号树一样的目标，这个目标倒向哪个方向，人们就向哪个方向转移。老百姓什么都不要了，无怨无悔，一心跟着共产党干革命。

黄：您是什么时候去的正规部队？

周：后来没多久，我就去了正规部队，是八路军山东纵队，算是许世友的部下。从此我就成了八路军山东纵队第五支队二团十三连的一名战士。这支部队就是后来的华东野战军，归陈毅和粟裕领导。

黄：领导是如何发现您有绘画才能的？

周：因为年龄小，组织上就让我跟肖平团长当勤务员。我热爱绘画，喜欢唱歌，被团长发现。有一天团长对我说："你画个画给我看看好不好？"我说："画什么？"他想了想，说："就画个洋船吧。"因为我小的时候在海边看过英国的航空母舰，就用团长的红蓝铅笔凭着印象画了一艘，团长很满意，就对我说："让你到连队去当文化教员，你敢不敢干？"我说："只要领导信任我，我就敢干。干不好我还回来给你扫地打水。"从此开始我就成了一名文化兵。

黄：当时连队的文化状况是怎样的？文化教员都干些什么事情？

周：八路军是农民的队伍，大多数没有文化，不识字，识字的水平也不高。连队里近百名战士，个个都比我年纪大，我毕竟只有十三岁。面对"群山"，教大家唱歌、识字，办墙报，讲时事，做宣传鼓动，组织文艺生活，当指导员的助手，一天到晚忙得很。现在已想不起来当时都讲了些什么，但在我的记忆中，连队里这些大哥哥们没有一个人故意给我出难题，或者轰我下台，对我还是很"捧场"的。

黄：您在当文化教员期间，就没有遇到过什么难题？

周：当时还真遇到一个很麻烦的问题，那就是每天都要教大家唱歌。我都是先听别的连队教，听一遍，回来再教我们的连队，就总是落在别人的后头。因为要教唱很多歌儿，现炒现卖不够用，不识简谱是一大障碍。我就去其他连队请教，再加上自己的努力，很快掌握了简谱。从此，在全团开大会啦啦队赛歌时，便立于不败之地了。

黄：除了教歌、赛歌外，还有什么？

周：抗战时期，除了我们自己娱乐外，有时也有针对性编排一些新戏。比如说我们为了争取伪军，事先约好，他们穿着便装偷偷地溜出来，我们就到靠近石岛的地方接上他们，坐着舢板过来看戏，看完戏再送回去。记得我当时还演过《赵二嫂寻夫》。剧中赵二嫂的丈夫就是一个伪军，她寻找自己的丈夫，劝其改邪归正，不要为鬼子卖命。戏的本身还是很有现实意义的。我们在台上演，伪军们坐在台下听，他们都不敢抬头看。

黄：《赵二嫂寻夫》是京剧吗？

周：不是京剧，是胶东农村的小调。当时那个区长是我姥爷一个村的，他会编戏，他一编完，我们马上就排练，当天排，当天晚上就演。

黄：你们的效率很高啊。

周：效率确实很高，但水平如何就难说了。那个时候没有什么娱乐的，战斗之余说说唱唱，在娱乐中还能有一些教育作用，大家还蛮高兴的。有时也演一些古装戏，古装戏都是些很有名的戏。那时候胆子很大，无所顾忌，只要大家愿意看，什么都敢演，什么也都敢唱。这一爱好从抗日战争、解放战争，一直保持到新中国成立后很长一段时间。那是一种解放的心态，一天到晚地穷快活。

黄：您是什么时候喜欢上京剧的？

周：我们老家有唱京剧的土壤，从小耳濡目染。到了部队后，你还别说，部队中有很多能人，别看他们来自农村，戏曲方面懂得很多，吹的打的、唱的念的都还是那么回事，他给你指导纠正一下就很管用。那个时候脑子好使，一晚上都能记住一部戏。当时我的装备有一把胡琴，一支笛子，一支箫，都带在身上，一直跟着我到了武汉。

黄：抗日战争中，让您最难忘的是什么？

周：我入伍后的这段时间，是抗日战争最艰苦的岁月，日寇实行穷凶极恶的"三光"政策，拉网式的大"扫荡"，很多村子被日本鬼子烧为灰烬，我的家乡也被夷为平地。我们经常在敌占区出没，不少同志牺牲了。也可能是早先吃惯了苦的原因，我倒觉得当时的艰苦也没有什么，战友之间亲如兄弟，工作忙得干不完，睡着觉了也不知醒。1943年，组织发展我为中华民族青年抗日先锋队员，当时只有一个念头，希望多打胜仗，抗战早早胜利。

黄：抗战胜利时，您在哪里？听到胜利的消息您的第一反应是什么？

周：当时在东海军分区武装部。听到日本投降的消息，我们都高兴坏了。与老百姓狂欢、游行，敲锣打鼓，鞭炮齐鸣；老百姓杀猪宰鸡慰劳部队，联欢数日不散，比过年还热闹。

黄：除了高兴之外没做点别的什么？

周：你还别说，高兴之余，还真有隐忧。尽管那时我才十几岁，但几年来的战火洗礼让我对大形势有一个分析。蒋介石一直都想消灭共产党及其部队，即便在国共合作抗战期间，也多次出现围攻我军的事实，比如说"皖南事变"就是典型的惨痛事例。日本投降了，中国胜利了，那接下来蒋介石会安于现状吗？因此，我认为将来内战是不可避免的。

黄：短短几年，您就有了这种觉悟，由此可见，部队真是能锻炼人呐。

周：没错。残酷的斗争很能磨炼人，最主要的是锻炼出不畏艰险的意志和人格力量。革命不是请客吃饭，个人的经历也非一帆风顺，后来遇到的许多麻烦事，如果没有这种锻炼恐怕是很难挺得住的。走上社会是要交入场券的，为取得这张入场券，饱经磨难，不管自愿不自愿，在不知不觉中为日后的事业奠定了最深层的根基。

黄：1946年，您加入了中国共产党。也是这一年，您由周景治改名周韶华，为什么要改成这个名字？

周：当时大家的爱国热情高涨，很多人改名叫爱国或叫爱华的，我改叫韶华就不易重名，并且富有诗意和文学意味。

黄：部队行军打仗期间，还有时间画画吗？

周：因为我自己喜欢画画，但那时画画不像现在这样的纯绘画。那个时候春夏秋冬都有政治攻势，我画的是战地宣传。也有的是战士生活，是光荣榜什么的，领导经常用我，所以我就有机会锻炼，那个时候没有印刷条件，当时的奖状啊什么的，好多东西都是我画的。

黄：没有老师，您是如何坚持的？

周：爱好就是最好的老师。有时候看到哪里贴着一张画，自己就回去默写下来，当时没有老师，也没有什么好的参考材料，不像现在，以前的状况就是这样。真正的学习是到新中国成立进城后，进入到知识界，到了文艺界这个圈子以后，慢慢充实提高。

黄：1947年您立了一等功。我很好奇，您一直是从事战地美术和战地宣传工作，您是因为什么立功的？

周：抗日胜利后，蒋介石邀请毛主席去重庆谈判，蒋介石对共产党提出的要害问题是军队国有化，如不国有化就必然发动内战，消灭解放区。毛主席、党中央对此早有清醒的认识和高度的警惕，回到延安就

1947年，
周韶华在山东
东海军分区司
令部工作

进行部署，一是主动撤出分散的八个解放区。这八个解放区都是在南方，国民党随时都有可能收拾你，所以，主动撤退，保存实力，不至于遭受毁灭性打击；二是准备转入内线作战，即"关门打狗"才能主动消灭敌人，让敌人始终处于被动地位。但必须集中优势兵力，依靠人民优势，除了发动人民战争，即后来看到的《车轮滚滚》，还必须发展扩大军队，以优势兵力打歼灭战。对此，我有一定的觉悟。当时，我在胶东军区武装部工作，直接领导我的是于得水部长。在抗日战争时期他曾是我的司令员，对我颇为喜爱。我那时对民兵工作很有热情，我们的民兵打起仗来，在有些方面不亚于主力部队。我请命的第一件事是发动民兵参军，专选优秀分子参军，发动妻子骑马挂红送郎参军，老子送儿子参军。当时正在组建十三纵（第三十一集团军的前身），我们就一个连接一个连地为十三纵输血补充兵源，很受领导看重。经验推开后，使参军成为热潮。

我请命的第二件事是带领爆炸营执行诱敌深入的任务。1947年8月，国民党范汉杰兵团沿胶济铁路以东向我军发起强势进攻，南从即墨，中由高密、平度，北至掖县（今莱州），采用稳扎稳打的战术全线向东推进。根据许世友司令员的命令，采用穿梭拉锯战术，在敌人占领区来回穿梭拉锯，撕破敌人的阵营，然后想办法让他们把战线拉长，选择有利时机再歼灭敌人。我挑选了子弟兵团的一个爆炸营，到敌军所在地实施爆炸，与敌人巧战，主要任务是且战且退，诱敌深入。在诱敌过程中，也使敌人受到不少的死伤。我们把敌人引到离烟台约一百公里处，我主力部队已绕到敌人的背后，发起攻击，我们的任务也就完成了，主动撤离了战场。虽然敌人后来占领了烟台与长山岛，但结果是被打得稀里哗啦，溃不成军，最终逃离到锦州。根据以上两次请命，于得水部长在表彰大会上宣布："周韶华荣立一等功。"

黄：您不仅有做战地宣传的本领，还有机智勇敢的一面。

周：立功不是偶然的，是根据自己对大形势的认识，主动选择自己应当在什么事情上发挥自己的觉悟，发挥自己的创造力。

黄：当时您的那些老领导、老战友，后来都怎么样了？

周：大部分牺牲了，剩下的只有很少几个。我所在的部队后来在日军投降的时候，就调到了东北。因为林彪去东北的时候，没带多少部队，主要是靠山东和晋察冀加上东北抗日联军，山东调了很多主力部队去组成了后来的东北野战军。解放战争时期仗打得很惨烈，在黑山、大虎山等阻击战中，我的许多战友没能活着回来。

连环画燃起了我画画的热情

随着战争形势的发展，中原野战军急需大量干部补充。一万名干部被从华东野战军中抽出组成中原总队，周韶华就名列其中。他们几经辗转，

1948年，
郑州解放后，
周韶华在中原
日报社

抵达河南宝丰。周韶华先是被送到大学新闻系学习，毕业后却被分配到机要部门工作。枯燥的工作之余，作为消遣，休息时他信手画起连环画来，配上文字，组合成一个故事，取名《买辣椒》。抱着试一试的想法，他将《买辣椒》寄给《新华画报》，没想到《新华画报》发表了，这一下子燃起了他画画的热情……

黄：1948年，您是如何跟随部队辗转到了河南的？

周：我在华东野战军随营军政干部学校学习后，正好一万名干部被分出组成中原总队，我在第五支队参谋处，当了一名小参谋，开始启程南下。都是干部，没有作战任务，且绕过战区，保存实力，要安全渡过黄河，去支援刘邓大军开辟豫西解放区。从濮阳出发，不是向南，而是直向西北，绕过敌占区安阳，直向邯郸，再向西南，经武安进入

中原大学（河南）老校址

太行山安全地带南下，直奔长治，经孟津渡黄河，从洛阳到豫西宝丰。在这里听了刘伯承和邓子恢的报告，也见到了邓小平。随后组织上让我到中原大学新闻系（在汝州）学习。

黄：您一直不是喜欢美术吗？怎么去新闻系学习了？

周：组织安排的。中原大学当时在河南，校部在开封，新闻系在豫西的汝州，很多系不在一起。中原大学的底子是河南大学左翼师生和华北联大南下的这一批人，当时校长是范文澜。新闻系直属中原局宣传部领导，系主任由副部长兼新华社中原总分社社长陈克寒担任，副主任是谢冰岩，教授有李普、张铁夫、李蕤等，都非常棒。

黄：您当时好像很崇拜范长江？

周：是的。当时年轻，脑子里充满各种梦想，我就想做一个类似范长江那样的记者，深入不毛之地去采访，像他那样写出不被人知领域的报道，还有华山和刘白羽"三下江南"那种类型的特写。结果毕业以后，不让我当记者，却让我搞机要了。当时中原局、中原军区为了掩护保密机构，对外使用新华社、中原日报社的名称，实际有七十多架电台都是给中原局、中原军区的机要工作服务的。组织上看我成分好，没什么历史问题，就让我搞机要工作。

黄：中原局当时在哪里？机要工作都做些什么呢？

周：在郑州。我的工作就是抄写一些重要的机密文件，很多我经手的文件，我的上级领导都不能看。那时淮海战役已经打响了，很多东西我们都看得很充分，但是我们的直接领导还不能看，他们虽然领导我们，但保密制度规定他们只负责管理工作。机要人员给家里写信，或者是给外面哪里写信都要先给领导看，领导看了以后才能发出去；外面来信，也是经他们看了以后，自己才能看。机要工作对个人要求很严，要绝对地对组织忠诚。当时中原局的领导就对我们说："你们这个工作高度机密，任何东西都不能外传，领导让你知道你可以知道，不让你知道的也不能打听，对谁都不能说。你们又都是年轻人，工作之余可以拉拉胡琴、唱唱歌，也可以画个画什么的，总之要学会自我娱乐，不然工作太枯燥了，太辛苦了。"我画的连环画《买辣椒》就是这一期间创作完成的。

黄：《买辣椒》好像是发表在当时的《新华画报》上。

周：是。这套连环画其实就是一个晚上画出来的，画得都像豆腐块那么大，没想到投稿给《新华画报》居然发表了，我简直是高兴坏了。随后，我看到报纸上有郑州妇女做军鞋支援淮海前线的报道，又画了《做军鞋》的连环画，结果又给我发表了，这一下子燃起了我画画的热情。我当时就做了一个梦，梦到新中国成立了，我什么都没干，就一门心思画画了。这样的梦我以前从来没有做过，你说奇怪不奇怪？也就是从那个时候起，我立志要进入美术界，已想好等解放武汉后要求进入美术界，从事专业画画。

黄：武汉是什么时间解放的？

周：是1949年5月中旬。当时白崇禧的部队把岱家山以外的桥都给炸掉了，我们的工兵立即抢修被炸毁的桥梁，抢修的速度很快。我们就在那里休息待命。一路行军，没有洗过澡，身上臭得要死。宿营的旁边就是一条河，当时也没想那么多，我就一个猛子钻到河里去了。你知道，我是在海边长大的，从小就敢在大海里游来游去，在这内陆河里游泳那简直是小菜一碟。别人都不敢下水，他们多半是旱鸭子，只能看着我在河里上下翻滚。我不光能在上面游，还能潜到底下去游，大家都高兴地为我鼓掌叫好，我在水里游得更欢快了。万万没有想到，这河里竟有尾蚴（血吸虫的幼体），在我畅游时，它已悄无声息地钻入我的皮肤，我却浑然不知。

黄：您当时一点感觉都没有？

周：没有。进城的前一天，我们集结在岱家山一带。当时组织工作做得非常细致周密，哪个单位住在哪条街道，电话号码、门牌号码是多少，都交代得清清楚楚，武汉地下党的工作做得真是好得不得了。领导告诉我们："明天早晨要进城，今天晚上我们都不要暴露目标，因为城里东西南北，住在哪里都搞不清楚，今天晚上我们就按兵不动。"当晚，我第一次领教了武汉蚊子的厉害。别的地方的蚊子是一只一只的，这里是一群一群的，很吓人。像我们老家的蚊子能听到嗡嗡的叫声，还能有个防范，武汉的蚊子不叫，却能叮死你。我被蚊子咬得浑身是包，实在没有办法，只好用衣服蒙住头，结果它能把衣服叮透。你说武汉的蚊子厉不厉害！

黄：进城后，接管工作千头万绪，您画画的热情有没有受到影响？

周：没有，热情高得不得了。进城以后，先是分到长江日报社（当时还没有成立文联），还没有进入工作，我就跟报社领导提出："我想去美术单位工作。"当时长江日报社的领导都非常熟悉，我们都是一起南下的。领导说："哪里有美术单位？我们这里没有美术单位。"他后来就打了个电话，打完电话就对我说："中南局宣传部有个出版科，出版科下面有一个美术组，组长是师群同志。"那时候领导都很亲切，都有水平，解决问题非常痛快，工作雷厉风行。他说："你去出版科，我给你打个电话，你去找谁谁谁。"就这样去了美术组。

黄：进了美术组，算是完成了最初的愿望。之后有什么具体打算？

周：那个时候我雄心勃勃想要创作一套大型连环画，反映从南昌起义到新中国成立，我军英勇奋斗二十二年的光辉历史。当时都有些轮廓了，师群同志还非常支持我。现在回过头来看，那时就是胆子大，什么都敢想，什么都敢干。严格来说我那时都不会画画，至少说还很不专业。自己也没有想一想，如此宏大的题材，涉及很多重大军事斗争，又是军事画，一个人是很难驾驭得了的，更何况要表现的好多东西我都没有经历过。

黄：当时出版科美术组的办公环境和生活条件怎么样？

周：办公和住的地方都好得很，以前是程潜的公馆。外面有一个花园是邓子恢住的，旁边一个花园是钱瑛大姐住的。再外面就是白崇禧公馆，是林彪在那里住过的。宣传部部长赵毅敏、副部长熊复也都是在那条街上。这么好的地方，唯一闹心的就是蚊子多，特别是到傍晚，那蚊子多得简直没法形容。

黄：对了，您是什么时候知道自己得了血吸虫病的？

周：没过多久，我开始头发昏、发烧、恶心、抬不起头来。我以为是得了脑膜炎，别的病咱也没听说过，看那个症状非常像脑膜炎。开始怎么查也查不出来，瘦得两个脚只剩皮包骨头，我感觉实在不行了，就跟师群同志说了，师群同志让熊复的秘书孙传四送我到利济路医院。当时我住的是个大病房，里面有几十号病人，大部分都是血吸虫病，人都很瘦，肚子肿得很大。那时的老百姓得了病都是硬撑着，到了快不行了才送到医院来看，所以每天都要抬出去好几具死尸。我住院后十二天都解不出大便，痛苦得简直不行。当时大家都忙着军管会接管，也没人管我。再者看到病房里每天都有死尸被抬走，死者家属趴

1949年，周韶华在武汉市利济路医院（现武汉市一医院）治疗血吸虫病

在地板上不停地哭喊，心里还是有些瘆得慌。无奈之下我给孙秘书写了一封信，我俩是一起南下的战友。我在信里说住在这个地方没有任何人管我，十几天没解出大便了，医生护士也不管。我现在的情况非常不好，希望你想个办法帮帮忙。孙秘书给我安慰了一番，又跟医院协调给我换了一个病房，住两个人，情况才慢慢开始有了好转。

黄：但治疗康复还是需要时日的，您又是如何打发时间的？

周：跟我住同一个病房的是武汉人民剧院的一位京剧演员，叫王洪福，是很有名的谭派老生，他是因过量吸食大烟被抬到医院来的。时间一长我们就熟悉了，他得知我也喜欢京剧很是高兴，问我都喜欢哪个派哪些人，我就说喜欢谁喜欢谁，其中谈到言菊朋。他说言菊朋学的是谭派，但他是谭派里最主要的保守者。他就反对言派，说言派怎么怎么不好。他说："谭派的演唱，从台前第一排到最后一排听到的声音是一个样的。言派就不行，虽然唱得非常委婉，但前面的人能听到，远处的人就听不清了。"后来我的病慢慢好了一些，我拉胡琴他就唱，一边唱一边给我指导。他跟我讲什么是板什么是眼，板和眼是不能乱的。一边讲一边哼唱，一边手拍着大腿做示范，说这个地方应该是在眼上不是在板上。板啊眼啊都抠得非常严格，真是让我大开眼界，获益匪浅。

黄：这应该是您第一次受到最规范的指导，而且是京剧名家的指导。他的指导对您今后的演唱和鉴赏都打下了很好的基础。

周：以前是唱野戏，都是老百姓教的。老百姓会拉胡琴又会唱的也不简单，现在我又遇到了一位好先生。自从受到他的悉心指导，也就吊起了我的胃口。我小时候就喜欢听戏、唱戏，甚至还登台演出，但很不规范。先生觉得我还不错，就是板眼有些不对。

黄：当时武汉好像也是京剧的重要码头。

周：没错。武汉可谓是人才济济，周信芳曾在这里长期演出，他的几个弟子也都非常有名，像高百岁、陈鹤峰等都和他一起唱戏，嗓子比他还好。还有李万春、赵燕侠、关肃霜、言慧珠等，很多有名的演员都集中在武汉。

黄：住院期间能得到京剧名家的言传身教也是您的福分，这对您的艺术素养是非常有益的。您是什么时候出院的？

周：在医院住了三个月，自己感觉好得差不多了，就想出院了。当时大家都忙得要死，我老在那住着心里面很不是滋味。准备要走的前一晚上，我去解大便，发现大便通红好像有血，我用棍子挑了一点到火柴盒里交给医生化验，化验结果三个加号，还有血吸虫卵，这一下就不能走了，只好留下来继续治疗。又治疗一个疗程后，医生叫我检查看看还有没有，检查后发现没有了，医生要我半年以后要复查，复查之后没有问题就好了。后面去复查发现还有，然后去武昌解放军四野第一后方医院。以前我吃的是美国的药，这个时候我们自己已经生产了一种替代药，只是吃了这个药非常难受，又吃不下饭又恶心。其实，在医院检查血吸虫病的时候，医生就怀疑我得肺结核了，还发现我心脏也有问题，左心房肥大。那时候自己没有这个意识要马上治疗，也就没有当回事，而且出院后立即投入工作。过了没多久，中南文联筹委会成立，我又调到中南文联筹委会美术部，就这样进了专业队伍了。当时美术部主任是黄铸夫，副主任是师群、张振铎。

为人生而塑造自己

1949年，中原大学由开封迁往武汉，学校规模和学科也进一步扩大，私立武昌艺术专科学校并入中原大学，后湖南大学（部分）也并入中原大学。此时的周韶华虽然已是中南局文联筹委会美术部专业干部，但他清楚地知道，自己与同事们相比，专业水平不在一条线上，且差距很大。于是，他主动向中南局文联筹委会领导提出想去学习深造的请求。

黄：武汉解放后，好像是先有华中文联，然后才成立中南文联？

周：1949年6月，随着中南各省解放，成立了中南大区（辖湖北、湖南、广东、广西、河南、江西、武汉、广州六省二市）。华中文联筹委会改为中南文联筹委会。中南文联筹委会办公的地方在黎黄陂路一个巷子里面，现在要是去那个地方我还能找得到。当时中南文联筹委会厉害得很，那真叫人才济济。那时候不叫美协叫美术部，美术部的主任是黄铸夫，后来是中央美院的教务长，他是个老同志，人也蛮好，后来我去北京还经常去看他。在中南文联筹委会的时候，除了黄铸夫、师群、张振铎，还有一个老同志叫洛井，大家一听他的名字就开玩笑说："早晚要掉到井里面去。"

黄：和这些名人一起工作，您是否感觉到自己专业上的差距？

周：当时我一看，这些人一个个水平高得不得了，我在他们面前算是个小不点，一个矮子，人家都是一座一座的大山。我就找到中南文联筹委会副主席于黑丁同志说："你看别人水平有多高，我在这里简直什么都不是。我是翻野跟头出身，没有受过科班训练，很想到专业学校去学习学习，你把我送去培养一下呗。"他说："你想去哪里培养？"我说："中原大学文艺学院有个美术系。"他说："好。我马上给院长崔嵬同志打电话。"随即跟崔嵬同志打了电话，崔嵬说："好啊，今天就来吧。"我说："我要交代一下工作，还得收拾收拾，明天去吧。"他说："行啊。"没想到如此之快，第二天就去了中原大学文艺学院美术系报到。

黄：一个电话就全部解决了？

周：当时就是这么简单。

黄：简直是不可思议。中原大学不是在开封吗？

周：以前在开封，后来搬到武昌，现在的武汉音乐学院就是中原大学文艺学院的旧址。不过现在的学院已不是原来的样子，当时那里还有个很大的池塘。文艺学院有戏剧系、音乐系、美术系，还有一个文工团。院长崔嵬是电影表演艺术家。中南五省过去的艺专，都合并到文艺学院，它们的教授都被接收过来了。那时美术系的老师有延安鲁艺的，有中南五省的，包括武昌艺专、华南艺专，还有湖南、广西艺专，还有江西集中来的，老师都很棒。

黄：您常说自己是"翻着野跟头过来的"，进了正规大学所学的东西和您想象的一样吗？

周：大不一样。我到文艺学院报到时，他们知道我是从解放区来的，虽然我才二十岁，在他们看来我就好像是一个年轻的老干部，一去就让我当文艺学院学生会主席和美术系学生会主席。我说不行，文艺学院学生会有主席，而且是接管武昌艺专的，有工作经验，主席还是叫他当，我可以当个副的。那时候学生会非常顶事，有几个月还被抽去到五里界、梁子湖一带去剿匪反霸。

黄：学生怎么还要搞剿匪反霸？

周：当时刚刚解放不久，社会还不是很安定，国民党潜伏人员与当地的土匪地痞相勾结，伺机滋事，破坏捣乱。

黄：这也就是说，搞剿匪反霸是有一定的危险性的。那你们有武器没有？

周：有啊。我开始有把盒子枪，进城后整天背着把盒子枪目标太大，就不常带。我们文联有个老同志，后来调到河北省去了，他有把小手枪，问我要不要，我说好呀。这是一把加拿大制造的手枪，小巧精致，可以装八颗子弹，我每次下去搞运动都带上它。

黄：搞剿匪反霸过程中，有没有遇到过险情啊？

周：有一天，听到老百姓反映一个情况，说有一个恶霸地主晚上偷偷溜回家了。我们迅速赶过去，把地主家的院子包围起来。大家都不敢进去，我第一个冲进去，把屋子搜了一遍没有搜到，又爬梯子上阁楼上去找，也没有。最后发现是一个老百姓光着屁股在地主的蚊帐里睡觉，稀里糊涂的还不知道是咋回事呢。结果是虚惊了一场。

黄：剿匪反霸会不会影响学习？

周：当然有影响。一天到晚搞运动，搞得热火朝天的，有些女同志一听到要执行任务都害怕。有的是城里的干部，没经历过这些场面，大家都不知道怎么搞。每次遇到什么事情都是我出头，后来还给我评了一个甲等模范呢。

黄：还是来谈谈您的学习吧。您以前习惯的那一套绘画办法在学院里还管用吗？

周：以前就是胆子大，什么都敢画，也没有什么方法。在部队的经历，养成了天不怕地不怕的性格，主要是没见过世面，总觉得自己还可以，从来都没有服过谁。进来学了以后，才知道自己太不知深浅了。看同学们画素描，画石膏像，抠得那么慢，我感觉他们搞得太麻烦了。我呢，上去之后，先画眼睛，再画鼻子，再画嘴巴，然后再画整个外轮廓，根本不是有序深入。首先比例就没搞准，也分不清哪是受光面，哪是反光面，这里头有好多复杂的关系都没搞清楚，我画了两个小时，就再也看不见别的东西了，画完了，就不知道该怎么深入了。人家都要画一个礼拜，我画两小时，你说可笑不可笑？老师是高明的，见我是半路插班进来的，顾及我的面子，当众也不作声。等下课后让我留下来继续画，在画的过程中，老师说："你还没有找到明暗交接线在哪儿？"然后，老师就给我耐心地做示范，我才知道这个东西里头的复杂关系，要懂得解剖，为什么人家一个礼拜画不完，因为人家看到的东西很多，很复杂，而我看不到里面的复杂关系，真是笑死人。我就是这样在老师的指导帮助下开始起步的。

黄：您还记得这个老师叫什么名字吗？

周：叫周大集，前几年才去世的。我每次到广州，都会去看他。除周老师外，还有程光哲、蒋翅鸣、张肇铭、崔巍、俞木等老师，他们都给我很大的帮助，我非常感念他们。

黄：您在美术系学了多长时间？

周：说是一年，真正的专业学习也只有半年多。

黄：有什么样的收获？

周：虽然学习时间不长，但对我至关重要，终身难忘。在学院属于基本功的东西都接触到了，主要是画素描，搞创作。记得当时总后要画军史画，布置给学校的任务，有一幅画叫《攻打孝感城》，老师和同学们都不知道攻打孝感城是怎么攻打法，因为他们没有见过真正打仗攻城，所以不知从哪里下手。那时候根本就没有分配给我任务，因为

1950年5月，中原大学文艺学院美术系欢送毕业后回襄阳的部分同学（第五排右起第七人为周韶华）

我刚去不久，技术都还不行。我说："我来画。"我对着油画布，做了框子，就开始画底稿。周大集教授看了很激动，看到攻城的场面已呈现出来，很有把握地说："韶华你别画了，别画了，留给我画吧！"周老师心里有数了，有人扛梯子，有人爬梯子，有人拿着炸药搞爆破，原来攻城是这样攻的。

黄：毕业的时候，您的成绩如何？

周：尽管我是半路插班进来的，好在有老师的帮助，加上自己的努力，毕业的时候我的成绩属于优等生。我的同学中坚持到现在还在搞美术的已为数不多了。所以说喜爱是最好的老师，因为我喜欢这个事业，老师一启发我就明白了，然后再去举一反三，扩大战果。

黄：您经过了大学的专业学习，但毕竟时间太短，与那些真正科班的人相比基本功可能还有一定的差距。

周：我深知自己的文化底子太浅薄，于是不放弃一切机会，挤出可挤的时间，进行文化补课，也知道自己的艺术无根，未受过正规训练，便从自己的实际出发，第一是选择自己能走得通的路；第二是补课，补课再补课，"咬定青山不放松"，以"虔诚敬业"为座右铭，择善而固执之，用爱迪生的一句名言"天才是百分之一的灵感，加百分之九十九的汗水"激励自己去进取。

黄：在您的履历里，除了这次专业学习外，好像没有传统意义上的师承关系？

周：我崇拜的老师是朱耷、石涛；心中的老师是傅抱石、石鲁、李可染；直接受影响的是徐松安、王霞宙等。

黄：您是如何看待师承关系？

周：要师承大传统，要通晓五千年的文化史，对文化大转折期的艺术转型，要有明确的认识，传承各个时期有典型意义的文化传统。

黄：新中国的诞生，让您对未来充满了什么样的期待？

周：虽知自己是从草根里发出的芽，但决定不改初衷，再怎么难也下决心做一名画家。

黄：当您再回望过去，特别是那苦难的童年和战火纷飞的岁月，您有何感想？

周：往事虽离我已很远很远了，但又时常会浮现在我的眼前。我觉得我现在的艺术心态和创作方式，大都是童心的复现；现在结的果子，也是以前播下的种子。我常以此为贵，不断呼唤童心，以保持艺术的青春活力。有人说："一个人的后半生完全是由他前半生养成的习惯构成的。"我相信此言很有道理。所以我现在仍然是在苦中求乐。每一个进展或突破都是相当艰苦的，苦在其中乐亦在其中。尼采曾经说过："如果一个人拥有他的生命之'为何'，就差不多能对付一切'如何'。"像我们这样的平凡人固然不能同圣贤相比，但应学习他们的处世态度，为发现而探险，为人生而塑造自己。

畢業證書

學生周韶華現年二十三歲

係山東省石島縣人在

本校文藝學院美術系

修業期滿成績及格准予

畢業此證

中原大學校長 范文瀾

副校長 潘梓年

院長 崔嵬 俞林

一九五零年十月十日

1950年10月10日，周韶华获中原大学文艺学院毕业证书

2

怕有什么用（1950—1979）

周韶华《满载落霞归渔村》（局部）

读书拓展了我的思维空间

1950年10月，周韶华从中原大学美术系毕业后，被分配到湖北省文联，先后担任文联秘书、文联文工团美术组长、共青团总支部书记、党支部委员；并跟随文联工作队参加土地改革。这次土地改革是中国共产党在解放战争时期对老解放区土地改革的继续，历经三年，除部分少数民族地区外，我国普遍实行了土地改革。土改后期，周韶华感到身体虚弱，到医院检查发现得了肺结核，住进了医院。但他没有专注养病，而是趁这个机会开始发奋读书。大量的阅读，使他的知识结构不仅具有专业性，而且还有系统性。这种文化准备对周韶华后来的事业帮助很大，为他后来坚持的创作实践与理论研究双向投入，准备了前提条件。

黄：1950年10月，您从中原大学文艺学院毕业。毕业后您被分配到哪里工作？

周：毕业时，已经成立湖北省文学艺术界联合会，我就直接到省文联报到。接着就跟随文联干部工作队到黄冈县参加土地改革。第二年又到洪湖县燕窝区搞土改。

黄：这次土改有多长时间？

周：前后差不多三年时间。

黄：这期间还能画画吗？

周：几乎没有时间画画。偶尔有的话，也是配合土改政策画些宣传画，或者画些连环画之类的。

黄：听说土改期间您因患肺结核住进了医院？

周：当时已是土改后期，我从省文联调到省委宣传部工作。我在孝感搞土改复查，回来进宣传部大楼门口时，部长看到我说："你脸色怎么是青黄的？"我说："不知道怎么搞的，有时还有点咳血。"他让我立即去医院检查，结果是肺结核。那个时候领导非常关心，部长马上让他的司机把我送到省里的东湖疗养院去康复治疗。

黄：当时的东湖疗养院是不是现在湖北省卫生防疫站那个地方？

周：对。我头一天晚上去的时候，疗养院已经开过晚饭。第二天早晨吃早饭的时候，医生让我吃中灶，中灶是每天十五块钱，小灶是三十块钱，那个时候简直是不得了。记得当时的早餐是两个肉包子，一个鸡蛋，一杯牛奶，炊事员挨个送到病房里。吃完了以后，炊事员问我吃饱了没有，我说，还有没有。他又给我拿来两个，吃完了他又拿，就这样前后共吃了八个包子。炊事员问我饱了没有，我说要有还可以吃两个。他说你真行，全给你吃光了，没有了。

黄：您当时的工资是多少？

周：新中国成立初期，是供给制与工资制并存。也就是党政机关工作人员是供给制，而旧有人员、民主人士则是工资制。供给制就是吃的住的用的都是按计划供应，此外每月按职级不同发一些津贴。我当时每月的津贴大概是五块钱。享受工资制的，在武汉每月多的也不过两三百块钱，普通的不到一百块钱。那时物价很便宜，大米也就一角二分钱一斤，蔬菜几分钱一斤，既便是在北京，请一顿"涮羊肉"也就两三元钱；在上海，两元钱可以吃一顿西式套餐。因此，每天吃十五元的中灶是很不得了的。

黄：住院期间，您好像读了大量的书，是什么动因让您如此发奋？

周：说起来好笑，因为自己的文化基础差，在工作岗位上读文件、读稿子时常念错别字，有人在下面偷偷发笑，我感到很尴尬，心里就暗下决心，一定要消灭错别字，要通读古今中外的经典名著。那时的中国文联里都是大文豪，郭沫若是文联主席，茅盾、田汉、夏衍都在那里，他们为青年文艺工作者列出了必读书目，有马克思、列宁、毛泽东的著作，大部分是中外经典名著，我就照着这些书目，一本一本地读。

黄：湖北文联当时都有哪些名人？

周：有于黑丁、陈荒煤、崔巍、李季、曾卓、姚雪垠、李蕤、郑思、伍禾、林漫、黄力丁，稍后有碧野、徐迟、骆文等。当时湖北美术界也是相当不错的，有中南美专，它的前身是中原大学的美术系，后来成立了中南文艺学院，再后来成立了湖北艺术学院。当时美术界有关山月、胡一川、黎雄才、阳太阳、杨秋人、张肇铭、王霞宙、张振铎等。应该说美术名家还是蛮多的，后来一部分去了北京，一部分去了广州。

黄：和他们在一起工作，心理上有没有压力？

周：心里对他们充满了敬仰，抱着虚心学习的心理，下定决心追赶他们。

黄：您读书是从哪一年开始的？

周：从1953年开始。因为1950年以后我要参加搞土改，一直到1953年土改复查才完，那个时候在下面搞运动，没有时间读书。现在住院治疗，正好有大块的时间，我就趁这个机会开始一本一本地读书，先是马克思、列宁、毛泽东著作，然后是哲学理论，当然，也读了不少小说。反正能借到的，像欧洲国家的、中国古代的经典名著通通都读了一遍。当时有几本书省图书馆没有，可能那个时候还没有出，像《红与黑》《唐·吉诃德》等，这些书当时就没有，都是后来读的。

黄：读书坚持了多长时间？有什么样的体会和收获？

周：差不多坚持了三年时间。每一次去省图书馆借书，都是把读完的书装一包先还回去，再按照事先列好的书单借一包提回来，读完了以后再还，还了再借，借了再读，就这样坚持了三年。以前读书是望文生义，常常误读。这次读书，我身上常带着小字典和一个小本子，似是而非的字就查字典，不放过那些容易读错的字。在文化补课方面，我的第一要义是"不耻下问"。对不认识的字决不囫囵吞枣，坚持翻字典，认一个记一个，积点成面。读书要有系统、有计划，还要有毅力，贵在坚持，持之以恒。多读名著，对一般的书可以一目十行，不求甚解，对重要的论述必须钻进去，沉下去，求知其然还知其所以然。文史哲都应涉猎，使知识的结构不仅具有专业性，而且还有系统性。这种文化准备对我后来的事业帮助很大，既拓展了思维空间，又丰富了视野，为我后来坚持的创作实践与理论研究双向投入，准备了前提条件。

黄：您从读书中受益，因此读书也成了您一辈子的嗜好。

周：是的。读书让我受益终身。所以后来我每次讲学都要把读书列为授课内容的重要一环，并且给他们列出必读的书目。

黄：您有没有统计过，三年下来您一共读了多少本书？

周：没有统计过。读得最多的是中国经典。俄国、法国的文学名著，德国的哲学、文学著作，英国的莎士比亚等，反正当时能借到的差不多都读了。那时我对契诃夫、巴尔扎克这些大作家的东西兴趣特别浓厚。当时，自认为没有文化不可能改变自己的命运，也不可能真正走进艺术，学文化、学理论，成为当时的主业，超过了对专业的研究，甚至想改换门庭当作家了。

黄：想当作家？这是哪一年的事儿？

周：大概是1954年前后。因为读了不少书，像屠格涅夫、高尔基、普希金、托尔斯泰等，后来就读法国的。也读了一些诗，感觉这些诗非常过瘾，我就有感而发，也洋洋洒洒地写了一些诗。省文联几个主席都是诗人，郑思是诗人，伍禾也是诗人。我就兴冲冲地拿给文联副主席、诗人伍禾同志看，他看了以后没有作声。我说："我将来想搞写作，当一个作家，您看我行吗？"结果伍禾同志把我痛骂一顿："好好的美术你不搞，你以为当作家容易？啊！"他这么一说就是否定了我当作家。从此之后，再也没有这种妄想了。

黄：我们还是回到您的专业上来。最初您好像是从事木刻创作，继而又改画水彩画。为什么没有直接选择中国水墨？

扩建　版画　1950年

周：当时解放区是平板印刷机，只有合乎标准的木刻板才能上印刷机，其他除木刻版画，年画也可以印刷，因此，木刻版画在解放区很盛行。所以，最早的时候搞过一段木刻版画，但自己觉得并不地道，就放弃了。之所以没有直接选择国画，是因为那时中国画处于一个低潮时期，大家普遍对中国画持异议，说中国画不科学，不能表现现实生活。搞木刻版画虽然是没出名，但是版画的黑白灰在我后来的国画里还是有所体现的，但凡学过的东西都还是有用的。

黄：战争时期创作的木刻作品有没有保留下来？

周：与延安不同，我们要行军打仗，限制负荷量。再者新中国成立初期找木刻板很难，那时心里还在准备对付老蒋"反攻大陆"，所以留下作品很少。加上后来的"文革"抄家，很多东西都被付之一炬。

黄：我没有看到过您战争时期的木刻作品，但看到过您五十年代初发表在

高山平湖　水彩　34.5cm×28cm　1961年

《湖北文艺》上的木刻作品。这个时期的作品与您早期的木刻作品除表现内容外，风格上变化大吗？

周：不太大。不过现在再看，那个时期的东西显得很幼稚。

黄：我最近还发现，1951年7月您在《湖北文艺》上还发了一组抗美援朝的连环画，题目是《共产党员张才树》。

周：我不光给《湖北文艺》画连环画，还给《青年报》等其他报刊画过不少。后来"文革"开始了抄家，我有些后怕，就在家里偷着烧了。不光烧了我自己的木刻、水彩、水粉画和连环画，还有傅抱石、李苦禅的毛笔书信，王霞宙、张肇铭等给我画的画也都烧了。

黄：这一时期，您更多的时间是在画水彩画。我看过您的一些作品，说实话，您的水彩画和西方的水彩画不太一样，您的水彩画里有中国水墨的味道。

周：我在五十年代大部分时间是画水彩画，那时水彩主要是步英国水彩的后尘，大家学的都是英国水彩，我觉得水彩要在中国落地生根，不能总跟在别人后面，应该首先从中国画里吸收营养，我用画中国画的笔、花青、墨去画水彩，有的老师看不惯，就跟学生讽刺我："他这是怎么画水彩？他把中国的墨、花青也用进去了，这叫什么水彩？"我也不管那么多，我感觉好就坚持。后来我画的水彩，把中国的笔墨神韵融合进去了，具有东方的韵味，也很好嘛，因为西方的水彩笔没法表现中国毛笔的感觉。

黄：画过水彩画对您后来的中国画最大的帮助是什么？

周：一个是对水的运用，一个是色彩。特别是色彩，我就没有老画家们那么多框框，只用石绿、赭石、洋红、藤黄等几种颜色。而我则水彩、水粉、丙烯等什么都用，这种对材料的自由运用同早年画水彩有许多关系。画水彩时我也很自由，甚至用国画的方式。这两种东西在我现在的画上仍然保留着相当多的成分。如果不是画过水彩画，我利

汉江沿岸　水彩　52cm×32cm　1963年

用水分可能不会像今天这样。特别是到北方去展出作品时，那里的画家感到很惊奇，说："你们湖北的国画都是水汪汪的，可能是受了张大千的影响吧？"

黄：您的画色彩非常丰富，是否也是得益于水彩画的影响？

周：是的，因为水彩画和中国的水墨写意画有很多相通的东西。我的水彩画在画国画的时候一点都没丢，我对水分的应用，对色彩的理解，特别是一些复合色我都没有丢。画画没有和谐的东西不行，和谐就是靠复合色。复合色要是用好了，在国画中是非常美的。很多画中国画的，没有色彩的陪衬就很吃亏，因为有些是很生硬的，形不成一个调子。我把画水彩的这些东西都用上了。还是要博取众长，画家的修养需要很多支撑点，不能把自己搞得那么狭窄，闭门造车。我觉得一个画家应该是视野非常开阔，心胸也要非常开阔，博采众长，每搞一个东西，心里一定有数，有一个质的规定性，我这个画里要强调什么东西，应该是非常明确的。比如我后来画的《大漠浩歌》系列，我就强调中国绘画的本体语言，它怎么走向现代。你强调呼唤民族大灵魂，你的整个表现里就要有这个精神，好比现在要强调文化表现力，你就要拿出货真价实的、原原本本的文化之源的东西，而且都应该非常清晰，非常明确。

黄：五十年代政治运动很多，这对艺术创作来说，特别是个性张扬等方面有没有抑制作用？

周：这要看个人对艺术规律的理解，恩格斯说："现实主义的观点愈隐蔽愈好。"我的作品从来不复制政治。

黄：1955年3月，全国文艺界开展批判胡风文艺思想，之后发展为"胡风反革命集团"的斗争，湖北省文联的一些领导受到审查，您受到影响了吗？

周：受到了，有人想把我与文联领导联系在一起。我找到文联党组书记曹建国同志谈话，幸好得到他的理解。

黄：1956年，您的文章《为美术工作者呼吁》发表在《美术》杂志第11期首页上，署名"海啸"。没署真名是怕单位的领导知道吗？

周：非也。"海啸"是语出惊人的，就是为了引起领导们的关注。

黄：但这篇文章为接下来的反右运动埋下了伏笔，让您吃到了苦头。

周：这篇文章是在反右前一年发表的，与反右言论毫无相干，是呼吁要加强对青年美术工作者的领导培养，那个批判者见到"呼吁"二字便无限上纲，硬是批了我三年。

我一生中最感激的是她

王秉华和周韶华都是山东荣成人。王秉华比周韶华长一岁，两家相距不过十一里，他们相识在青年抗日先锋队。正当两个少男少女情窦初开时（1946年），解放战争的序幕已经拉开，两人匆匆话别，各随各的队伍投入了战争。这一别就是六年，周韶华随刘邓大军转战中原，后到了武汉；王秉华则随海关大队，抵达江苏无锡。作战频繁的年代，两人几乎失去了联系。1948年，两人辗转打听对方的消息，得知下落后，各自向组织打报告，正式确定了恋爱关系，1951年相聚于武汉。重逢后的他们并没有缠绵于二人世界，而是相互鼓励，发奋学习，努力工作，直到三年后，才喜燃花烛。

黄：1954年7月，您与王秉华女士在武汉结婚。你们是组织介绍还是自由恋爱？

周：我和王秉华是在抗日战争胜利的时候认识的，我们都是青年抗日先锋队的成员，她在青妇队，平时见面不多。1947年我随刘邓大军渡黄河南下，王秉华分到石岛海关工作。后来她从东线随军渡长江到江苏无锡工作，偶有通信，但还只是同志交情。我在郑州做机要工作时，因为是战争年代，对机要工作管得很严，恋爱婚姻必须通过党组织的批准。恋爱对象的前提是出身成分好、政治可靠，否则绝无可能。当时，我先提出的恋爱对象，因为家庭成分不好，组织上不同意。后来提出王秉华，她出身成分好，中共党员，政治可靠，人品也好，又是贫苦农民家庭，1948年经组织批准，我俩正式确定了恋爱关系。之所以拖到1954年结婚，主要是为了能集中精力多读点书。严格地说，我们这对革命夫妻的初级阶段，一半是由党组织决定，一半是由自己选择的。

黄：你们确定恋爱关系时，王秉华女士还在江苏无锡工作。她是什么时候调到武汉的？

周：1951年调到武汉的。1950年我随省文联工作队到黄冈县搞土地改革，春节回武汉休息时，向组织提出要求把王秉华调到湖北来。当时文联党组的领导说："你把她的照片拿来给我们看看。"看了照片以后都说："文联文工团有这么多好看的女孩子，干吗还要从老远调一个来？"我说："这个是当初组织决定了的，也是我主动向人家提出的，不能违背自己的承诺。"领导说："你要考虑好，不要后悔，调她来并不难。"我考虑再三，咱不能出尔反尔、朝三暮四，要坚守信用，最终还是坚持把王秉华调来湖北。

黄：分别六年又重逢，恋爱的时光应该是最甜蜜的吧？

周：你说的是当下，那时候的环境和现在完全没有可比性，说出来都难以置信。我俩长期受党的正统教育，都严格要求自己，爱情只能在内心里燃烧，觉得拉拉扯扯是"流氓行为"，"只要未结婚，就不能越雷池一步"。当时我的上进心也很强，认为自己的当务之急是攻克文化堡垒，要攀登高峰，必须"读书破万卷"，于是，两人商议不急于结婚。说出来你可能不信，我们谈恋爱八年，没有逛过公园，没有到旅游胜地去玩耍过。

黄：真是不敢相信，谈恋爱八年没逛过一次公园？

周：你还别不信，还真的没有一起逛过公园。说来还是个笑话，那个时候武汉的男女青年都喜欢去中山公园约会，我俩都交往那么长时间了，还没有逛过公园，也想学学城里的年轻人那样，逛逛公园，赶赶时髦，我俩就约定好星期天上午十点在中山公园门口会面。可我看书忘记了约会的时间，等我十一点赶到那里时，左右不见她的人影，心想，她肯定是没有等到我就先回去了。我马上赶到她的住处，一问，果然如此。

黄：您是如何向人家解释的？

周：那还怎么解释？道歉呗。

黄：人家原谅您了？

周：原谅了，末了还说："我就知道你迷书胜过迷我，可我又偏偏喜欢你迷书。"

黄：人家对您多好啊。那看您如何弥补吧！

周：为了弥补第一次约会爽约，我特意借了一辆自行车，准备带她去公园兜风。平时我骑车的水平还是可以的，可能因为是第一次驮着个年轻姑娘，心里不免有些紧张，于是手忙脚乱，一下子就摔倒了。秉华刚换的干净衣服都给弄脏了，我也涨了大红脸，觉得好没面子。倒是秉华先问我："你伤着没有？"看来这逛公园跟咱"土八路"无缘，从此我们再也不赶这个时髦了。

黄：你们是7月几号举行的婚礼？

周：1954年7月10号，我俩的婚礼也是革命化的。当天吃过晚饭后我突然宣布："今天晚上我和王秉华要结婚了。"大家说："你怎么搞突然袭击，叫我们措手不及！"画家陈敬翔急中生智到街上摆小摊的那里

周韶华与妻子
王秉华（摄于
1954年）

买了一床竹编凉席，作为大家集体赠送给我们的结婚礼物。我们结婚
登记、检查身体、买糖果，总共花了四元钱，够"革命化"的吧？

黄：这一年秋天，你们俩好像还一同回了趟老家？

周：是的。参加革命后远走他乡，渡黄河、过长江、解放武汉，有很多年
没有回家了。当我步入石岛湾的海滩时，心血如潮，立即与阔别多年
的大海融为一体了。当我捧起一把湿漉漉的泥沙，呼吸到海水的咸味
和海腥味，那种亲切感是不可名状的。这种独特的感受，就像儿子回
到了母亲的怀抱，温暖而惬意。

黄：离别故土十几年，再次回到家乡有什么样的感受？

周：记得小的时候，趴在小小的窗口向外望，随时都可听到海浪轰鸣，看
到潮起潮落。这次看到的与童年看到的多少有些不同的感觉，一切都
如重新发现。到家后与亲人团聚，高兴得彻夜未眠。一连几天我都
是沿着海岸徜徉，要追回往昔的记忆。大海如此宽广无垠，美丽清
澈，无遮无拦，令人着迷，一切都如梦境一般。仔细想想，是它使我
的心胸开阔，是它为我解除痛苦，帮我解脱，缓冲了孤独。大海年复

一年，永不停息地呼吸，我也是年复一年地受它熏陶滋养。这是永远不能忘怀的记忆。

黄：结婚前，两个人各忙各的，结婚后生活有什么改变吗？

周：我仍是学习第一，艺术事业至高无上；秉华是工作第一，家庭的事仅占七分之一。我在美协工作，当时美协在汉口，秉华工作在武昌，一个在江北，一个在江南，每周六晚上她过江回家，星期天上午洗洗衣服，做一餐午饭，吃完中饭她就过江上班，年复一年，周周如此。秉华不埋怨我，我也不埋怨她，相互理解，相互支持，一切都感到是天经地义的。那时大家的生活都很简朴，没有奢望，不但没有单调乏味感，反而觉得活得很充实，我俩从未因生活问题翻过脸，虽然脾气性格不同，但从未因此吵过架。

黄：早年您在接受媒体采访时曾说过："如果我的艺术有什么成就的话，

1957年，周韶华与妻子王秉华在位于武汉市汉口解放公园路40号湖北省文学艺术界联合会的家中

其中有一半应该属于我的夫人。"这说明夫人为支持您的艺术事业作出过牺牲？

周：为支持我她牺牲的太多了。首先是放弃了进大学深造的机会。1957年，她在武汉大学附设工农速成中学读书，再有半年就毕业，毕业后即可进武大本科深造。这时上面下来一份文件，说是文联要设专业画家。这是我梦寐以求的。秉华为照料我的生活，让我潜心投入绘画创作，她毅然决然地办理了退学手续。不料，由于反右运动，我非但没有当成专业画家，而且还被连批了三年，落了个"留党察看一年"的处分。唉，害得她白白退了学。其次是她挑起了家庭生活的全副担子，我基本上是家里的甩手掌柜，什么油盐菜米，甚至连身份证、户口本放在哪，我都一概不知。可以说，她是我们家的顶梁柱。

黄：夫人也是一位老革命，长期从事组织人事工作，原则性很强；您从事的是艺术，讲究浪漫色彩，你们之间是如何协调的？

周：我们没有浪漫主义，只有现实主义。她也是忠于职守，关键时刻能挺身而出。"文革"期间，造反派要抢档案，她就拿出中央文件让造反派签字，戏校的学生造反派很粗暴，但还是都被她给挡住了。

黄：夫人对您的艺术创作产生过影响吗？

周：她是全心全意支持我的工作，家务事全由她一人担当，从来不分我的心，才使我能够一心一意搞创作，即便是下放到偏远山区，她也从不抱怨。因此，我一生中最感激的是她能与自己患难与共，分担痛苦。她在工作中长期没有得到提拔，也与我有一定的关系。

黄：夫人很有涵养，人缘又好，但凡接触过她的人都心存敬意。她好像是提前办理离休的？

周：是的，她提前离休除了身体不好外，更主要的还是为了照顾我的生活。她在离休后的二十年中，不仅承担了全部家务，而且帮我处理好各种事务，不让一切不义之物进入我们的家门。同周边的同志关系

1997年8月，周韶华与妻子王秉华在家中的小院里

相处得很好，主要是秉华的功劳。她能善待他人，决不亏待他人，助人为乐。因此，改革时期的这二十年，我能集中精力投入事业，没有秉华的支持与配合，会困难重重。我在事业上需要很大的投入，比如说添置什么器材和资料，她从不吝惜，非常理解和支持。如果说前二十年我们是"革命夫妻"，那么，后二十年可以说我们是"事业夫妻"，因为，她是我艺术事业的最大支持者。

黄：1999年6月21日，王秉华女士因病逝世，享年七十一岁。相伴四十五年，风风雨雨，荣辱与共，肝胆相照，夫人的突然离去，对您意味什么？

周：几乎是天塌地陷，家里的户口本、身份证、存单等放在哪里，全不知道。小宇还小，从来没有料理过家务，夫人的离世，我们一下子变成了傻瓜。

黄：夫人在时，家里的事情几乎不用您管，说不定有时还嫌人家啰嗦；现在夫人不在了，所有的事情都落到您这里了，您当时有什么感受？

周：非常大的失落感。

黄：按现在人的话说，她跟您的几十年中没享多少福，但却遭了不少罪。

周：我们结婚几十年，一次公园没有去过，搬到东湖边，也没有游览过东湖。有一次她约我到东湖去照相，我说照相有啥意思，她很生气。过后才想起来，那天是我们俩结婚四十周年纪念日。对此，我至今都深感愧疚。

黄：她给您分担了很多事情，也给您挡了很多人情。

周：是的。除了我搞工作和艺术她不干预，其他所有事务她都包了。但收入开支，她每个月报个清单给我，一切都是清清楚楚的，虽然我从未翻看。

黄：我觉得夫人爱憎分明，您以为呢？

周：她长期做人事工作，好坏是非她都毫不含糊。

黄：夫人在时，我和家人常去您家，庭院不大，但收拾得利利索索。记得当年夫人种的小金瓜和葫芦挂满了栅栏边临时搭建的棚架，一派生机盎然。特别是每年春天夫人总会送我们一把她摘的香椿芽，那味道已成了我们家的记忆。

周：她提前离休，一切都为支持我的工作，并且帮助我处理好周边关系。

黄：不仅仅是我们家，很多人都很怀念她！

周：告别仪式那天，老天为她哭泣，下了很大的雨，但她的朋友都如数到场。

我画画没有条条框框

二十世纪五十年代，是我国社会主义建设探索时期，无论是党内还是党外，无论是有才能的知识分子还是有长期合作历史的民主党派朋友，抑或是政治上不成熟的青年，都无一例外地紧随着历史舞曲的节拍而起舞。思想一向活跃的周韶华自然也在其列。在反右运动中他却没有逃脱厄运，尽管没被戴上右派分子的帽子，但被批了三年，即便身心受到伤害，但他并没有放弃手中的画笔。

黄：1957年，您协助师群筹备成立中国美术家协会武汉分会，并担任武汉美术家协会副秘书长、会员工作部主任。

周：师群同志是1938年的老党员，我和他随大军渡黄河南下到豫西，都编入新闻大队，自那时起，我们在同一条战线上共事了四十多年。他不仅是我的领导和前辈，也是我的良师益友。他的人格的内在力量是心地善良、品德高尚。他为人厚道，我也是全力支持他的工作。

黄：能否举些例子让我们对师群先生有个清晰的认识？

周：有两件事，是我永远不能忘怀的。第一件事，是1948年解放郑州后，作为一个业余美术爱好者，我的处女作——第一部连环画作品《买辣椒》就发表在师群同志主编的《新华画报》上。这对我的鼓舞是不言而喻的。从此以后，我便下定决心选择美术这一行为毕生事业。在解放了武汉之后的第七天，我要求调到由师群同志领导的中南局宣传部美术组，在专业的美术道路上我迈出了最重要的第一步。如果没有这第一步，就不会有以后的九十九步。这应归功于师群同志的发现和栽培。所谓"君子成人之美"，我将永远怀念和感谢师群同志的知遇之恩和提携之恩。

　　第二件事，是1957年的反右派斗争。全武汉市的所有单位都划有右派，唯独武汉美协没有划一个右派。我和美协的几位同志在厄难之际，虽然遭到严厉的批判和处分，但毕竟没有给我们戴上资产阶级右派分子的帽子。师群同志作为美协的领导人，他坚持认为美协没有资产阶级右派分子、没有敌我矛盾问题。他敢于实事求是，为保护他的部下过关，他个人付出了很大的牺牲，这在当时是很少见的。

黄：那个时候的领导干部，特别是有过革命经历的领导干部，对自己部下的关怀是出自真心的关怀，不是虚情假意，更不是阳奉阴违。

周：师群同志就是这样的好领导！

黄：您在反右派斗争中好像也受到了批判，为什么？

周：危险得很呐，差一点被划成右派，而我自己却不知道。1956年我给《美术》杂志写了一篇题为《为美术工作者呼吁》的文章，文章里引用了一句俗话"又要马儿跑，又要马儿不吃草"，意思是指一些领导对年轻干部只使用不培养。他们就拿这句话大做文章，上纲上线，差一点就给我打成了右派。幸亏当时有个省委副书记许道琦（曾担任过省委宣传部长），非常了解我，他听汇报该给谁戴帽子，谈到我的时候，也不敢包庇，他说了一句话："这个家伙就是骄傲自满，搞英雄主义，要狠狠地批他，好好地教训他。"他没有说戴帽子，只是说要狠狠地批，其实，这是领导在暗中保护我。因为他们说要"狠批"，所以就总是批我，没完没了。我自己怎么检讨也过不了关，诚心诚意地检讨也不行。在"百日整风"时期，没有出入证我不能回家，要换洗衣服，我就借别人的出入证。那个时候很多重要的人物都被批了，不光是我一个人，有的比我挨批得还厉害，所以这也算不了什么。

黄：武汉当时有不少知名的老画家，譬如徐松安、闻钧天等，您和他们接触多吗？

周：当然接触多了。我当时为党做了很多统战工作，参加了很多党外的活动，跟很多新老知识分子关系都很好。有些老画家，过去的经历比较复杂，不是有这个问题就是有那个问题，我都是偷偷摸摸地到他们家里去的。现在看来不算什么问题，但在当时就不得了。"文革"批判我的一条最大的罪状就是"招降纳叛，敌我不分，一贯右倾"。但毕竟没戴右派帽子，还算是幸运的。我下放山区八年，所在地区的同事有的看了我的档案，给我很友好地提意见，说，"韶华同志，我看你的鉴定是'一贯右倾'，今后你到新的岗位去，可要注意，不要一贯右倾哟。"

黄：最后给您的处理结果是什么？

周：留党察看一年。并且还在鉴定上写上"不能当一把手"。因此，我十六年没有提升，连一级工资都没有提。

黄：1958年是新中国历史上著名的"大跃进"之年，一场声势浩大的全民大炼钢铁在全国展开。作为美术工作者理所当然地要反映现实，您当时都做了些什么？

周：因为大办钢铁，停止了对我的批判，我的任务是到黄陂去运焦炭，装车卸车，有一次从车上摔下来，差一点把手指搞残废。后来，在劳动之余，和徐松安、张善平合作，创作了国画《全民大炼钢铁》和《因地制宜》，《全民大炼钢铁》这张画参加了全国美展。

黄：那个时候讲政治挂帅，搞艺术创作恐怕也很难回避这个问题？

周：是。作品一旦涉及政治内容就危险得很，经常出问题，好多人都挨了批判。我后来之所以画山水也是为了躲避这个麻烦问题。你本来想反映政治上的一个什么，反映错了，那麻烦就大了。我画山水画，别人顶多说是"中间人物论"，没有阶级性，但不至于戴上反动的帽子。

黄：我好奇的是，您当时是画水彩画的，怎么想起与画水墨画的徐松安、张善平进行合作？

周：也没有什么特别的，大家凑在一起，谈了创作的想法，认为想法可行就分工合作了。

黄：你们之间具体是怎么分工的？

周：我负责起草草图，徐松安、张善平负责水墨正稿，主要是徐松安执笔。

黄：在和徐松安的合作中，他的笔墨功夫影响到您了吗？

周：我学中国画主要是自己在"传移模写"中悟到，其次是徐松安先生的指导。他画我就看，有的时候他也让我画。他也缺乏我有的东西，有时想创新，他不晓得怎么创，没有新的感觉，我就会帮他搞两下。但是基本的东西我是缺乏的。大家都互相敬重，我总是诚心诚意地学。因为我原来没有传统基础，没有经过科班训练，所以我说我最大的缺点就是没有经过严格的科班训练，优点也是没有经过科班训练，因此我就没有条条框框，想干什么就干什么，想怎么画就怎么画，我不会受陈规陋习的束缚和约束，所以那些老先生可能也是看中这一点。

黄：这次合作是否成为您改学水墨画的一个诱因？

茶山之歌　水彩　35cm×45cm　1961年

周：接触中国画以后，发现中国的笔墨在宣纸上发挥的优越性要比水彩大得多，何必死守水彩画？当时中国生产的水彩纸又不好，自己买不起英国纸，还画不大，画大了，纸就翘起来了，后来干脆就不画水彩了而投身于中国画行列。

黄：这期间，您的主业依旧是画水彩，偶尔也画水粉。水彩画《茶山之歌》是这一时期的代表作。这张画好像画的是鄂西的风光？

周：没错，是鄂西自治州鹤峰县走马的茶山。《茶山之歌》后来发表在《美术》杂志上，并获得湖北省美术展的奖项。画家要跨界才能超越，不应单打！

黄：您是什么时间去的鹤峰走马？

周：1961年秋季，我和中流几个人去鄂西采风。先到恩施，再到宣恩，后去鹤峰。当时从鹤峰到走马不通车，全靠两条腿走，翻山越岭，也记不清翻了多少座大山，只记得中途还在一土家族人家过夜。山风习习，群山寂静，躺在床上能清晰地听到山泉小溪的流水声。

黄：鹤峰有古桃源之称，您是否有误入世外桃源的感觉？

1961年鄂西鹤峰水墨写生

周：真有这种感觉。这里不仅山清水秀，空气清新，而且民风淳朴，非常好客，特别是三年困难时期这里几乎没有受到影响。我们所到之处都能有吃有喝，在武汉是不敢想象的。到了走马坪，他们更是热情，居然搬出一坛子苞谷酒，敞开了让你喝。好几年没有酒喝，把人馋得呀，啧啧。人家还没有请我喝，我自己就先喝了八缸子，喝了就放不下来。区干部他们开始上来敬酒，一个一杯，我是来者不拒。到底喝了多少，我自己也不清楚了。喝完酒上楼休息。土家的吊脚楼很有特点，都是木结构，上下两层，上面住人，下面或养牛或喂猪。我住的房间里放着个小桌子，有四个暖水瓶。我一上去就感觉天摇地动的，就把暖水瓶塞子全打开，倒一缸子凉着，凉得差不多了就咕咚咕咚地猛喝，一会儿要吐了，就到房外走廊往外吐，狗子在底下呱唧呱唧地吃，就这样把四瓶水全部喝光。

黄：您吐酒他们都不知道？

周：我住的是一个单间房。他们也都喝了不少，都没有在意。

黄：那会儿您三十出头，正是能喝的时候。

周：那天我自己都不知道喝了多少酒，反正四瓶开水我全喝完了。

黄：困难时期，饭都吃不饱，见到好吃好喝的，就难以把控了。

周：对。在武汉别说喝酒了，连吃饭都成问题。现在见到了酒肉，岂能放过？不过，这也是我有生以来唯一一次醉酒。

黄：难怪记得那么清楚。那条狗吃了那么多会不会醉倒？

周：我估计不醉也够呛，哈哈……在走马我不仅体会到酒能醉人，而且还体会到茶也能醉人。

黄：茶还能醉人？

周：走马的茶叶真是太好喝了。当时那个茶厂的厂长就告诉我，世上最好的茶就是这里的茶。大概有七八棵茶树，在一个朝阳的山洼里，那个地方经常是云遮雾绕，天气好的时候又能照到阳光，别人都喝不到

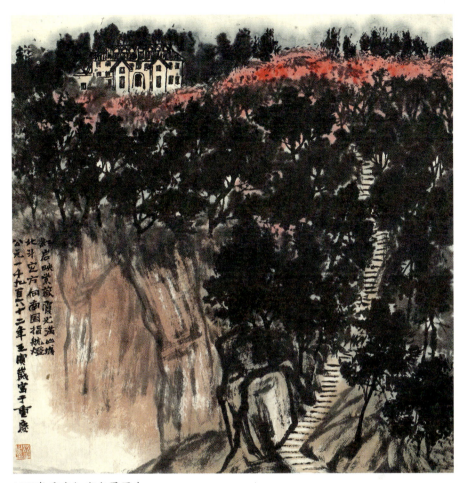

1962年重庆红岩水墨写生

　　这个茶，过去都是给皇帝进贡的。进贡时还是要专门挑上这里的泉水，泡开的茶叶就像是仙鹤张开的嘴一样，中间还有个小舌头。一般我们都不太讲究喝茶，结果那天厂长请我们喝茶，喝得晚上都睡不着觉了。

黄：接下来你们好像又去了重庆采风？

周：是第二年（1962年）去的，去了重庆的红岩村、渣滓洞等地方。

黄：这次鄂西采风，包括第二年的重庆之行，您采用水彩和水墨交替进行，水墨写生的数量好像还多于水彩，也就是说，您介入中国水墨的时间是从五十年代末六十年代初开始的？

周：对。在实践中我发现画水墨比画水彩更自由，也更容易放得开，而且水墨画更有味道，想画多大画多大。所以，兴趣开始向水墨画转移。

他俩都是我心仪的老师

　　1959年至1961年期间，由于"大跃进"运动以及牺牲农业发展工业的政策，导致全国性的粮食短缺和饥荒。尽管当时困难重重，但挡不住中国艺术家为祖国山河立传的脚步。

黄：当时本地的美术家生活状况如何？

周：与外地一样。

黄：您当时饥饿到什么程度？

周：一到下午四点钟，我身上直发抖，饿得出冷汗……

黄：那是典型的低血糖症状。

周：真是饿到劲了。

黄：听说有一次您分了一脸盆子红薯，一顿就吃完了？

周：有这回事儿。当时省文联院子里，房子是靠着周边盖的，中间留了很大一块空间。我们干脆在这里挖地种红薯，别的东西不会种也不会搞。到挖红薯的时候大家一人分了一份，我分到满满一大脸盆。我就寻思要吃饱一次，宁做撑死的鬼不做饿死的鬼。我把红薯洗得干干净净，跟炊事班的师傅说："这一盆子煮好后我要吃饱一次，别人都不给。"结果我在那吃着，一个同事看见了走过来，说："别都吃了，给我一个吧？"我就给他了一个。还有个同事，他家里面有好几个孩子，他要不是自己吃而是给孩子吃，又给了他两个。剩余的我全吃完了，感觉也不撑得慌，胃里也不反酸水。

黄：这期间，好像有外地的名家来过湖北，您又是如何招待他们的？

周：我跟武汉各大饭店的关系都很好，与省市负责接待的关系也很好，不管接待什么要人都接待得起，比如像傅抱石先生的万里写生团也接待得起，而且，还能保证傅先生有酒喝，这是其他任何地方都做不到的。

黄：您是第一次接触傅抱石吗？

周：早在五十年代就认识傅公了，他看过我发表在《美术》杂志上的文章，也很喜欢我。我们之间只差磕头拜师了。

黄：傅抱石率领的写生团是什么时候到的武汉？

周：好像是1960年11月。傅先生当时是全国美协副主席、江苏省美协主席。9月份开始他率领"江苏国画工作团"进行二万三千里的旅行写生，这也是建国以来国画界的一次壮举，由此将二十世纪五十年代初开始的以写生带动传统国画推陈出新的运动推向一个高潮。我当时收到傅先生的来信，说他们一行从四川顺长江而下，大约在11月路过武汉。准备在武汉停留几天，一是参观武汉的名胜古迹，二是整理一下这次的写生，把他们的感受都画出来，以便回去向省委汇报，希望我们美协能帮他们安排一下。

黄：我知道傅抱石先生是非常爱酒的，当年他为人民大会堂创作那幅《江山如此多娇》时，周恩来总理还特批了茅台给他，以保障他的创作状态。不知道他这次喝没喝上酒？

周：是啊，我就筹划怎么能搞到酒，跑了很多地方怎么也买不到，甚至连酒厂也买不到酒。人已经到了，酒还没有搞到手，我派人四处去买，结果都是空手而归。正在心急火燎的时候，我忽然想起来交际处。那时候还没有外事办，只有交际处。我跟交际处的李处长非常熟，我就去找李处长，说："哎呀，李处长，你得帮我个忙。"
他问："说吧，帮什么忙？"我说："这个傅抱石喝酒像抽大烟一
样，他没有酒不行，没有酒他简直受不了。"李处长说："我手里现
在酒很少很少，得留着接待外宾，喝完了，外宾来了没酒招待，这怎
么行。"我说："不用给多，一天给他一瓶还不行？""不行。"我
说："大瓶不行，给他一小瓶也行啊。"我就这样软磨硬泡，李处长
被缠磨得没有办法，最后答应只能给泸州大曲半斤装的小瓶，一天只
给一瓶，而且还要亲自送给傅先生，生怕我们中间打劫。

黄：那个时期连吃饭都成问题，能搞到酒，真是不简单。傅抱石一定非常
　　高兴。

周：傅抱石一看到酒，高兴得不行，顿时眉飞色舞，说："哎呀，终于有
　　酒了。"拿着酒瓶情不自禁地在脸上蹭啊蹭。那时候泸州大曲没有
　　假的，好喝得很。他爱喝酒，什么花生米、蚕豆都不要，就搞一个

1960年傅抱石送给周韶华的画

缸子，一会儿抿一口，一会儿抿一口。一边画画，一边喝酒。他跟我说："我得给你画张画，我这一路上画的画，你喜欢哪张，就挑哪张。"他用的是日本皮纸，是一卷的，他画一点裁一点，画了好多，让我挑。有一张小稿，画的是华山的西峰，就是后来为人民大会堂创作的《待细把江山图画》的小稿，画得非常好，我一挑就挑出来了。结果他说："这张不行，我这一路上画得最好的就是这一张。"我说："那您就重新给我画一张。"他说："重画行，但我画画从来不叫别人看，因为北京的这些老先生都不承认我是中国画。我画画要是让别人看到，传到这些老先生那里就更有口实，说我又用矾水，又用电熨斗，又用电吹风，什么都有，让他们看了麻烦。我不是保守，是怕他们找这些口实来攻击我。"

傅抱石这张画是怎么得来的呢？他给我讲：他们到了华山，先去拜访了石鲁。第二天到了清柯坪，扎下营后，大家开始上山。其实，到了清柯坪的头一天晚上，傅抱石就看见西峰了，他心里就有了画面，非常激动。第二天他跟大家说："我不去爬山了，爬不动了，我就在下面转转。"他身上没有带纸笔，见有个人在抽烟，傅抱石就跟人家说："同志，香烟盒别丢，给我好不好？"人家就给了他。又借来人家的钢笔用，怕回去忘记了，先在香烟盒上把当时的感觉画下来。其实后来他给我画的这张画就非常好，比他原来那张还好，他还有点舍不得，但已经答应我了，也不好再食言，否则我这张画也就没有了。

黄：您当场看他作画，与其他人作画有什么不同？

周：我看他画了一下午，感受特别深，原来傅先生画画是这样画的，他完全是以情感来带动笔墨，情之所钟，笔之所动。不像传统的画法，先画什么，后画什么，非常死板。

黄：这种机会太难得了。

周： 现在回想起来，在北京开会时，傅先生曾多次关心询问我："最近有没有写什么文章啊？""最近又画了些什么画啊？"他很喜欢和我聊天，能感觉得到，先生除单纯的喜欢外，可能还有想收我为徒的意味。

黄： 那您为什么没有拜师呀？

周： 那个时候自己还是太年轻太单纯了，不懂这些。

黄： 您早期的水墨作品中有他的影子。

周： 他的笔墨给了我很大的影响，也给我带来很多启示。

黄： 这期间，您好像还接待过郭味蕖？

周： 对。他也是从四川采风回来路过武汉，就到文联找我来了。我说："郭老，家里面确实没有东西招待您。我们到老通城去试试运气，我去做做工作看有什么可以吃的。"老通城有个分店在惠济路和解放公园路交汇的拐角处，原来还是蛮有名气的，毛主席视察武汉时就是在这家分店吃的豆皮。我平时跟他们关系非常好，凡是南来北往的朋友来了都会到这里来，跟人家说好话弄点东西吃一吃。我们去了以后，老通城的经理说："真不好意思，什么东西都没有了。"我说："你想想办法。"他说："都打开给你看，确实是什么东西都没有了。"我说："这个朋友太重要了，他是全国非常有名的花鸟画家，中央美院的教授，而且全国美协开会搞什么活动他都参加，在国内外很有影响。"经理说："实在是没有肉之类的东西了。"我说："你想想办法让我们吃一餐饱饭就行。"他就吩咐厨房的师傅烙饼，这么大这么大（手比划着）一个的饼子，烙得焦黄焦黄的，非常地诱人。郭老也不讲什么斯文了，一连吃了好几个，边吃边说："好吃，太好吃了！"

黄： 老人家可能一路都没有吃饱过。今天终于可以敞开肚皮吃了，高兴。

周： 你说得对，高兴坏了。他说这一顿不光是吃得好，还吃得饱。回到我家马上给我画了一张画，画的是一张竹子，还穿插有一些别的东西，简洁生动，好得不得了。他说："韶华，我回到北京后，只要形势好转，我就请你到全聚德或者哪个饭店好好吃一餐。"他回到北京还念念不忘，专门写进笔记里。我后来去北京出差，他听说了，非要请我吃饭。正好北京饭店那时候没有扩建，外面就有一栋楼，就是北京饭店原来的老店，就在那里他请我吃饭，吃得还真不错。

黄：可见老先生是非常讲信用的。

周：郭怡孮是他的儿子，也是有名的花鸟画家。后来他看到老爷子的笔记，老是追问我："他是在哪个地方都和你谈了些什么？"都过去这么多年了，哪还记得这些事。再说，那个时候在那种情况下还有多少话可说！

黄：时间大概也是在这前后，您好像参与了创办"东湖印社"，据说中间还有一些曲折和故事。

周：曲折谈不上，故事倒是有的。说到成立东湖印社，就不能不说到唐醉石。他过去与国民党有关系，曾任国民政府印铸局技正，中华民国中央政府那个大印就是他刻的。因为有这个问题，在当时的形势下要重用他就有很大的障碍。早在五十年代初，我是图博文（湖北省图书馆、湖北省博物馆、湖北省文物管理委员会）审干组的副组长，组长是省委组织部姓王的一个同志，现在记不住他的名字了。当时成立文物管理委员会，正是这个原因，唐醉石只能挂一个副主任（没有正主任）。我那时就跟唐老交代："运动来了千万不要出去抛头露面，一抛头露面别人就注意了，追查你的历史什么的我们也说不清楚，很麻烦的。"他听进去了，一直都不出去，"文革"也没有受到冲击。话又说回来，像搞文管会，不是他来搞，别人谁有这个本事？他是真正这方面的专家。湖北考古队等搞什么都来向他汇报，他说是真的或是假的就算是拍板定案了。

黄：唐醉石先生早年曾任故宫博物院顾问，是西泠印社创社社员，在金石篆刻和文物鉴赏方面是一位名副其实的专家。

周：正因为他有这个身份，又是西泠印社成员之一，是见过吴昌硕的人，成立东湖印社当然他最有资格当社长。再一个就是徐松安，他专业上是没有任何问题，也是在历史上有些说不清楚。所以，成立东湖印社要经过大人物的批准同意，不然别人就容易颠覆。我就找省委宣传部密加凡副部长，因为他负责这一块，关键是他敢拍板。

正好当时在广州召开全国话剧、歌剧、儿童剧创作座谈会，陈毅同志去讲了话，他说："你们是革命的知识分子，应该取消资产阶级知识分子的帽子。今天我给你们行'脱帽礼'。"这话讲得多有力量，大家都拼命地鼓掌。有了这个讲话，我就有底气了。赶紧给密部长汇报，我说："密部长，现在有个非常好的形势，广州创作座谈会陈帅讲话了，还给知识分子行'脱帽礼'。湖北也有一批有本事的人，我们把这些人发动起来，将来依托西泠印社在中国就可以形成很大的力量，我的建议是成立东湖印社。这里面有两个很重要的人物，一个是唐醉石，一个是徐松安。其他的人掂量来掂量去感觉分量都还不够，虽然都还有一定的水平，但真正作为大专家还不够。"密部长听了也很高兴。他说："这个事情为了不被别人钻空子，你要在里面当一个副社长，这样别人就不敢说什么了。"就这样，唐醉石任东湖印社社长，徐松安和我任副社长，而且我这个副社长还是密部长亲封的。你知道，我不会治印，我只是挂个名，挂名的目的是名正言顺，别人就不好颠覆。

黄：领导考虑问题就是周到。

周：我对这种事都非常注意，没有领导给你点头，自己搞这种事还是很危险的，搞不好就被别人颠覆了。

黄：既然挂了名，总得给东湖印社做点事情啊？

周：东湖印社成立后，就要对外扩大影响，于是我就建议唐老说："我们成立一个小组去西泠印社取经。解放杭州的时候，周总理就有个指示，他说西泠印社所有财产都不能动，都要保存起来，原班人马都不能动。浙江省委把西泠印社的东西保存得很好，除了汉印外，还有好多收藏的东西。我们去学习人家的好经验。"唐老也很高兴，随后一行三人去西泠印社学习取经。

黄：您没有一同去？

周：没有。因为师群同志在家工作，我就出不去，什么事都要靠我。他们三个人去的，现在记不住另外两个人是谁了。到杭州跟别人关系搞得很好，回来很高兴，说这一次去收获很大，多些年看不到的好东西都看到了。接着就开展了东湖印社的工作。很多人都不知道东湖印社成立背后的情况。在那个极左的年代，我在那里没有打成一个"反革命"，还把以前的"反革命"平反了。凭着自己的良知，该保的人我都保了。

黄：1962年，您创作了水墨画《满载落霞归渔村》，标志着正式由画水彩画转变到中国水墨画的创作中来。

满载落霞归渔村　纸本水墨　47cm×61cm　1962年

周：这幅作品是水彩向水墨过渡的代表作。

黄：按一般规律，学中国画先学临摹。您改画国画后都临摹过哪些人的画？

周：最多的应该是石涛、八大，后来有李可染、石鲁、傅抱石，最主要的是看到傅抱石画画以后把我改变了。傅抱石他不是按照传统的程序那样，先画近的后画远的，先画重的后画淡的。他是什么东西最激动，什么东西感受最深，就先画什么，然后再来收拾它。他是先把情绪表现出来，再用情绪调动笔墨。可能是看了傅抱石作画以后，我就更加放开手脚了。石鲁他还是受传统框架影响太大，傅抱石就不一样，他更加洒脱和自由。

黄：1963年，您与刘纲纪合作的文章《略论中国画的笔墨与推陈出新》，在《美术》1963年第2期和第3期发表。这篇文章好像是在为石鲁鸣不平？

周：有这个因素，有的人说他"野怪乱黑"，违反传统。但文章主要是针对忽视内涵唯笔墨论者打的头一炮。文章指出，笔墨是随着时代来的，并不是他违反传统，但是传统必须表现现代生活，他表现的东西与传统和生活都是很和谐的。石鲁创作的《转战陕北》《东方欲晓》等，都是非常杰出的作品。或许是心怀敬重的缘故，凡是跟石鲁唱反调的我都批过。

黄：您和石鲁也没有师承关系，但您很敬仰他，把他视为您的精神导师。

周：长安画派是中国山水画革新的带头人，他们是集体的力量在影响一代人。

黄：您的早期艺术创作也深受他的影响。

周：是的。

黄：您极欣赏石鲁的张扬个性，赞其"满纸是结构的旋律，果敢的笔触，准确、豪放的力线，是气与血的痕迹，清白纯正的人品风骨的象征"。这些话，是不是您借论石鲁，来吐自己心中块垒？

周：这是一种时代的吼声，借石鲁一吐为快！是阳刚美亦即大美的最初含义。

黄：您以写意抒情象征为其风格追求，可不可以说，石鲁是让您顿开颖悟的人？

周：不仅是他，还有傅抱石等。

黄：傅抱石和石鲁在您心中谁的分量最重？

周：他们俩都是我心仪的老师。

黄：同年，您发表在《美术》第5期上的文章《问〈喝"倒彩"〉者》，又是什么让您有感而发？

周：《美术》杂志策划以孟兰亭的笔名，批评石鲁等"创新者"无传统笔墨功力，我信以为真。上海的一位作者叫什么华，写了《喝"倒彩"》，我愤起驳斥，在美术界搞得轰轰烈烈，实际上是把石鲁搞响了。

黄：那时候是很容易上纲上线，您难道就不怕吗？

周：怕有什么用！

十年间唯一一张参展作品

　　1966年，"文革"爆发了。很多艺术大家都受到了冲击，连当时在全国还名不见经传的周韶华，也被武汉某画家画进《群魔乱舞图》中。在随后的日子里，周韶华先是被批斗，后下放到湖北沙洋劳动改造，1970年又到郧阳地区锻炼。虽然不能公开画画，但他将艺术的火种掩藏在内心深处。

黄：1966年，一场史无前例的"文化大革命"开始了。"文革"前夕，湖北文艺界有没有什么先兆？

1966年夏，湖北省文联人员被集中于黄陂军营搞"斗批改"，此为文联全体人员与军代表在黄陂水塔前合影（后排中为周韶华）

周：批武汉的"三家村"，只记得有武汉大学校长李达。

黄："文革"一开始，您就被打入"牛棚"，罪名是什么？

周：周扬文艺黑线。

黄：我曾看到一份"文革"时期由"武汉地区工农兵文学艺术作者总部"编印的《文艺红旗》报纸，第四版的通栏标题是"把武汉美协张肇铭黑窝的毒蛇揪出来"。里面涉及到三个人，您是其中之一，给您的冠名是"武汉美术界的一条毒蛇"。

周：你看到的是报纸，还有一个是漫画，叫《群魔乱舞图》，把我和文艺界的一些领军人物都画了进去，再用油画放大后挂在汉口沿江大道的大广告牌上示众。

黄：1969年，您被下放到湖北沙洋劳改农场的五七干校，边劳动，边搞大批判。这时候的状况比原来是否要好一些？

周：好多了，因为有军代表在。但大形势仍在搞大批判，好在只搞文斗，不搞武斗，更多是劳动改造。

黄：1970年，您被下放到郧阳地区锻炼。具体干什么？

周：从"五七干校"调到郧阳地区（现在的十堰）当革委会宣传组副组长。当时的宣传组，就是后来的宣传部。为什么不能当组长，可能与反右时期的那个鉴定有关系，就是不能当一把手。当地有的领导确实对我非常器重，就想尽一切办法让我当一把手。因为我是个宣传组副组长兼文教卫党委书记，所以组长就请来"革委会"的一个高层干部兼职，但他从来都没上过班。我是主持日常工作的副组长、党委书记，我就管整个文教卫的几条战线。其实他们是真想让我当一把手。

黄：这期间，您听说李可染下放到丹江水库劳动，还专程跑去看他，你们见面了吗？

周：跑到那里被军代表挡在了门外，没有见到。

1971年周韶华下放在湖北郧阳地区

黄：虽没有见到，但已足见您对可染大师极其仰慕。

周：是的。

黄：当时虽不能公开画画，但您还是利用各种机会拍摄了很多照片，画了
　　大量速写，为日后创作积累了素材。

周：我以搞新闻报道和美术学习班为由，几乎跑遍郧阳地区，四上武当
　　山，两上神农架，只有两个公社没有跑到。

黄：1971年，您接到省革委会通知，为纪念毛主席在延安文艺座谈会的讲
　　话发表三十周年，让您创作有重大主题性的作品参加展览。接到这个
　　通知的第一反应是什么？

周韶华下放到
郧阳地区时画
的速写

柿子树

一九七五年四月

周：当然很高兴啦，这样就可以正大光明地画画了。经过思考，我决定以郧县百泉公社铁佛寺民兵哨所为创作原型，到实地进行考察和写生。

黄：为什么要选择民兵哨所为创作主题？

周：铁佛寺哨所是一个民兵先进单位。郧阳地区不光跟四川、陕西相连，也与河南地域相接。高山哨所这个地方过去有个古庙，庙里因有一座铁铸的菩萨而得名铁佛寺。那个时候害怕美蒋特务空降，这里山大人稀，很容易从这里降落，对我们威胁很大。其实，现在看来都是我们自己紧张，美蒋特务哪能知道这个地方。

　　为了画好这幅画，我去深入生活。这个地方很特别，叫百泉公社，到处都是泉水，家家户户都会做酒，做包谷酒。因为用的是泉水，所以酒非常好喝。我去那里是百泉公社的妇联主任接待的，她个头很高，胖乎乎的。中午吃饭时，她就用当地的包谷酒招待我。我原以为自己挺能喝的，也没太当回事。开始用的是差不多二两的杯子，一口一杯。过了一会儿，妇联主任说："周部长，用杯子喝进度太慢了，咱们用碗喝好不好？"我说："行啊。"原以为是小碗，结果端上来的是大碗。妇联主任先端起碗来咕咚咕咚喝完了，这下把我给吓住了。第一碗，我不好意思不喝，也咕咚咕咚喝下去了。接着我说："主任呐，你得谅解我，我的肺结核还没好，现在还是血性散播，医生绝对不允许我喝酒，喝酒以后怕充血，浑身散播，没有办法。"妇联主任还是蛮好的，谅解我，说："您还是用小杯，我用大碗，解渴。"人家自己接着又喝了好几碗，居然一点事情也没有。我年轻的时候还是挺能喝的，一般人和我喝酒都是打败仗。可是那一次，我感到是有生以来最扫面子的一次，整个威风扫地啊。哈哈哈……

黄：于是，便有了《高山红哨》。这幅画是全景式的构图，有一览众山小的感觉。画面里面的山川沟壑，以及跨越山间的桥梁，大都有写生基础，可以看出，这张画您下了很大的功夫，而且，画得很认真。

高山红哨　104cm×140cm　1971年

周：那个时候搞创作不敢不认真。但毕竟长期不动笔，手生得很，反复练习了好长时间，才找到了感觉。郧阳没有大宣纸，到武汉也没有买到，最后还是找熟人借的。这张画里有人物，画人物是我的短板，搞了好多次，画了挖，挖了画，反反复复搞了好多道。有的是拼贴了再画的。

黄：到目前为止，《高山红哨》是您在十年"文革"中为数不多的参加湖北省展览的作品。

周：没错，这是我"文革"期间唯一一张参展作品。

黄：奇怪的是，《高山红哨》落款不是您的名字，而署名是"郧阳地区工农兵美术创作组为纪念毛主席'在延安文艺座谈会的讲话'发表三十周年集体创作"。这是为何？

周：这就是当时的一个特点：凸显集体的力量，不能突出个人。其实，这张画从创意到写生，到最后成稿，全是我一个人完成的。

黄：时隔四十多年后再看到它时，您是一种什么心情？

周：五味杂陈，浮想联翩；辗转反侧，夜不能寐。为此，我在这幅画上题了两百余字的跋语，道明当时的创作过程和心境，算作那一段特殊的历史记忆。

黄：在郧阳地委工作期间，您还组织举办美术、新闻报道学习班，为基层培养了不少美术和宣传方面的人才？

周：当时组织美训班画连环画，出版了七本以劳模为题材的连环画册。

黄：这些学员中，有的后来成为省部级干部。

周：可能有三位，如傅思和同志等。

1973年，周韶华下放期间在竹山县办摄影学习班，带领学员到十转山林场与劳模
陈正宽合影

绝不放下武器

　　1976年是惊心动魄的一年，党和国家的几位重要领导人，竟然都在同
一年先后去世，这真是古往今来难得一见的巧合。老百姓接二连三地听着
哀乐，扎着白花，心怀恐惧，很多人都有"天塌下来"的感觉。这一年也
是改变中国命运的一年——结束了"文化大革命"——是历史大转折的开
始。在时任郧阳地委宣传部副部长的周韶华看来，这一年又仿佛是一场噩梦
的尾声。当1977年新年的钟声敲响时，他默默祈祷：但愿噩梦醒来是早晨！

黄：1977年，您被借调到中国美协，协助《美术》杂志做编辑工作。为什
　　么没有直接调回武汉？

周：其实我也想直接调回省里，可是地委不放。后来北京的朋友就想了个

办法，借调我去北京帮助工作。当时《美术》杂志开始恢复，很多政策还没有落实，因为我在下面已经解放了，可以上来帮他们恢复杂志。北京借调我，我还不大愿意去，因为当时我还没有完全从阴影里解放出来，心想要是来了北京，今天换这个领导，明天换那个领导，不知哪一天就会撞到谁的枪口上，你就算完蛋了。

黄：在借调到《美术》杂志期间具体都做些什么？

周：当时何溶同志主持《美术》杂志工作。我和他从五十年代《美术》创刊就认识，是忘年交。我借调《美术》杂志期间，就住在他家里。我的任务是给杂志编稿子，写稿子，再有就是借此恢复我原来的东西，补充我原来没有的东西。白天去上班，晚上就画画。以前我全力以赴的都是农村工作，学习党的基本路线呀，农业学大寨呀，怎么帮助老百姓增产呀，搞这些东西，自己的专业全都丢光了。在北京的这半年，对我从事艺术创作起了非常重要的作用。这期间，曾帮《美术》杂志整理了一些东西，我把从建国初期美术界的一些大事，编了很厚的一本东西，后来不知丢到哪里去了，真是太可惜了。包括当时北京发生的很多大事，我都整理得非常清楚，因为我下了很大的功夫。要写当代美术史，我整理的那些东西是非常重要的，里面有好多东西现在很多人都不知道，别人写起来都是个大概，都是听说，有些听也没有听说过。我当时整理时，那些材料还找得到，现在根本都找不到了。我费那么大劲整理的东西，现在都找不到了，真是太可惜啦！

黄：《美术》在当时影响巨大，应该说何溶功不可没？

周：从1976年到1983年，何溶主持《美术》期间最大功绩是支持和扶植了一批批有争议的美术新人，把《美术》变成了拨乱反正的阵地或发祥地。

黄：在京期间应该有一些走动，也见了一些朋友吧？

周：有一些是我过去的老朋友，因为过去我搞美协工作，跟他们也很熟了，这次借调北京的机会，交流的机会很多，都是些非常活跃的

1979年周韶
华（左）与
何溶合影

人，大家经常晚上在一起碰碰头，玩一玩，说一说，比我在农村的时候要好玩多了。

黄：1978年3月8日，您终于从郧阳山区调回武汉，最初安排在哪个单位？

周：从郧阳调回来后，最初安排到湖北省毛泽东文艺创作组（后来恢复为湖北省文联），组长是骆文，副组长是王淑耘，给我下的也是副组长。我先是住在湖北饭店，当时还没有恢复湖北省文联，又不给安排工作，我一直闲待在那里好长时间。后来，我就去了省文化局（当时不叫文化厅），文化局的局长跟我非常好。我说老住在饭店不合适，希望他给我找个地方。他想了想就说你干脆到美工队去吧。就这样又改调到毛泽东思想美术工作队，不久美工队恢复为湖北省美术院。

黄：1979年您正式出任湖北省美术院院长。当时的美术院是什么样子？

周：当时省委想把省美术院与省艺术学院和省美协组合成一个党组，叫我当书记，我没有答应才当了美术院院长兼书记。当时，美协与美术院合署办公，一个办公室。

　　我到美术院后，首先要解决的是如何迅速贯彻党的十一届三中全会后的文艺精神。尽管小平同志在全国第四次文代会《祝辞》中已明确指出：党对文艺工作的领导，不是发号施令，不是要求文学艺术从属于临时的、具体的、直接的政治任务。写什么和怎么写，只能由文艺家在艺术实践中去探索和逐步求得解决。在这方面，不要横加干涉。但在具体执行过程中，还是经常遇到由于思维惯性造成的各种阻力。

　　我费了好大劲才说服省文化局的领导，同意将美术院的工作重心迅速调整到美术创作与理论研究，以及出优秀作品、出杰出人才上；针对美术院内部尚存的政治运动氛围，我推荐专业修养突出的汤文选出任分管专业创作的副院长，从而一举扭转风气。

黄：随后，您又受命恢复重建中国美术家协会武汉分会。

周：是的，与师群同志一起重新组建中国美术家协会武汉分会。

黄：武汉分会重建后，您在美协担任什么职务？

周：副主席兼秘书长。

黄：当年，就在武汉中山公园举办了题为"新长征"的画展，这也是"文革"后湖北省美协举办的第一个画展。

周：是的。

黄：据说您当时一直想在湖北搞一个区域性的画派，您设想的画派是什么样的？

周：我刚调回武汉不久，我们就搞了个"晴川画会"，有陈作丁、汤文选、鲁慕迅、魏扬、张善平、邵声朗、冯今松等人，还有两个年轻的，一个唐大康，一个刘一原。我们的初衷是想搞一个长江画派，因为已经有了长安画派、新金陵画派、岭南画派，武汉这个地方应该搞出点自己的东西来。当时的情形是很热闹的，叶浅予老先生也是很赞赏的。我们也到北京、成都、西安、天津很多地方办过画展，反响都挺不错。但就这个组织的成员的整个思想来说，还是受到一些历史的局限，虽然都是些出头露面的人物，但是每个人的文化底蕴、现代意识都很不一样。现在想来，当时如果搞一些更年轻的人，可能就更好运作一些。我们当时在北京搞展览的时候，叶浅予先生非常感兴趣，谈了很多好的意见，还到武汉去看我们的作品，很是兴奋，还要周思聪给写文章（周没有来得及写）。

黄：　"晴川画会"之前你们是不是还搞了一个十人展览？

周：　是展览的名字不一样，到北京去展览的时候我跟他们商量说，我们干脆搞十人展览，不要打"晴川画会"的牌子。

黄：　也就是说，在西安和成都展览时叫"晴川画会"，在北京改成"湖北十人中国画作品展"了？

周：　对。画会的名字没有改，就是展览的名字改了。

黄：　为什么后来长江画派没有弄成？

周：　我自己感觉到，画派这个东西其实是当代意识或者是现代意识的一个组合，不只是你画得好就行。后来我给《江苏画刊》写了一篇文章，说这个画派的问题，它是历史的产物，现在每个人都要追求自己的艺术个性，古人可以形成一个地域性的东西，但是现在的文化思维、文化视野都有很大的不同，所以很难形成一种派。岭南画派再想搞一个后岭南画派，这完全是梦想，搞不成的。

黄：　因为时代变了，整个环境和条件都变了。

周：　对。那个时代塑造了那个时代的人，这个时代塑造的是这个时代的人。现在不可能塑造出新的黄宾虹、潘天寿、石鲁，这是完全不可能的。

黄：　说到画派，除新金陵画派外，长安画派还是很有影响的。我要问的是，一个画派的形成和所产生的影响力是否与画派领导者有关？

周：　当然有关，而且关系重大。长安画派的思想和宗旨在当时的凝聚力是很强的，石鲁的革命文艺传统，以及他拥抱生活的热情，跟赵望云、何海霞他们的传统文化底蕴，做了很好的结合。这三个人组合在一起，可谓是最佳组合，他们一手伸向传统，一手伸向生活，立意都非常明确，而且，大家的意志都非常统一。现在就根本不是那回事了，你再想搞个什么画派，大家连意见都不一致，怎么能搞得好？

黄：石鲁是一位非常有个性的艺术家，也是一位老革命。

周：石鲁是四川人，本姓冯，叫冯亚珩，因崇拜石涛和鲁迅而改名石鲁。早年就读成都东方美专，1940年到延安后入陕北公学院，跟刘迅是一起的。解放后，就属于西北局了。

黄：您是否也受到他的影响？

周：我受他影响很大。

黄：您当时去西安的时候是不是常去看他？

周：不是，我当时去的时候他的身体已经不行了，不久就去世了。他曾经是全国美协的常务理事，我们开会时就认识了。

黄：石鲁在中国画的创新上也进行过诸多实践，而且成果丰硕。他的画法也是多变的，他的作品您看得多吗？

周：看得不少，当时他那些有名的画我几乎都看过。个别的像《东渡黄河》在"文革"期间丢失了，不知被谁抢去以后，再也没有露过头。除了这一张没有见着外，其他的基本上都看到了。他当时在我心目中是一面旗帜，我对他是非常地拥护和崇拜的。

黄：石鲁有一句很有名的话，叫"不吃别人嚼过的馍"。由此可见，他是个创新意识很强的人。

周：对，他的创新意识强得很。

黄：石鲁没有在美术院校任过教，但他培养了不少艺术人才。

周：他在这方面倾注了不少心血，像康师尧、修军、王金岭、李世南等，均得到过石鲁的倾心教授。

黄：我们还是来谈谈您吧。刚刚重组后的美协工作千头万绪，而您还要把

　　搁置了差不多十年的画笔捡起来，这两者的关系您是如何处理的？

周：实际上我是个业余画家，但我决心把丢掉的十多年给抢回来。

黄：怎么能说是业余画家呢？尽管行政工作占去了您很多时间和精力，但这一年您还是创作了《白桦林》《壮哉西陵峡》《秋高图》《大风起兮山欲雨》《柳枝词意》《春之序曲》等一批富有探索性的水墨作品。这些画都是在什么情况下创作的？

周：行政占用我太多的时间和精力，白天是工作时间，晚上才是专业时间。但我有一个信条：绝不放下武器，贵在坚持，一晚当一天。

黄：听说您为了利用晚上的时间画画，竟然用被子挡住窗户的光亮，营造一种已经休息了的假象？

周：确实如此。

黄：为什么不能大大方方地画画呢？

周：我是重担在肩，我要对党、对美术工作者负责，这才是我的第一要务。别人找我解决问题，找别人解决不了问题。比如说，有的是知青返城问题，有的是农转非问题，等等。这些又都不是我内行的事，但是不管还不行，多耽误时间啊。别人下班后基本上属于自己的时间了，而我不行，即使下了班，他们也会追到你家里来，领着孩子老婆哭诉。如果不采取一点措施，就算到半夜也不会消停。之所以这样做，也是无奈之举。我说画画只能作为业余爱好，这绝不是谦虚。

黄："文革"结束之后的一段时间内，思想解放成为形势的主流。1979年9月27日，中国美术馆馆内正在展出"建国三十周年全国美展"，而馆外公园的铁栅栏上挂满了油画、水墨画、木刻和木雕，这些大胆的作品，让看惯了"文革"绘画的观众像看到洪水猛兽一样震惊。这就是"星星美展"。您怎么看这个展览？

周：我的态度是：一是支持思想解放；二是坚持文化立场，不作盲目吹捧。

黄：他们喊出："珂勒惠支是我们的旗帜，毕加索是我们的先驱。""我

春之序曲　68cm×68cm　1979年

们不能像明清文人墨客，在社会斗争复杂的时候躲起来。"这些话后
来发表在《美术》上，作为官方的《美术》杂志，这是否意味着美术
的春天不远了？

周：珂勒惠支是工人农民运动的旗帜，与星星画会的政治观念不同。

黄："星星画展"对您有没有触动？

周：对此我很冷静。

黄：如果说"星星画展"是当时影响美术界的一个事件的话，那么，吴冠
　　中发表在《美术》杂志第5期上的文章《绘画的形式美》，无疑是美
　　术苏醒的一个重要信号。而这篇文章的发表好像与您有关系？

周：吴冠中是谈艺术，与"星星画展"的观念不能等同，所以我支持吴冠中。之所以没有对"星星画展"发表评论，因为它只是一种社会现象。至于吴冠中那篇《绘画的形式美》的文章，何溶同志拿给我看过，并征求我的意见，我说："吴先生谈的问题直指时弊，如果发表，可能会有争议，但对美术界解放思想一定会大有益处。若问我的态度，我赞同发表。"这篇文章发表后，在美术界产生很大的影响。现在回头来看，这篇文章的写与发，都是需要胆量的：一是吴先生仗义执言，勇气可嘉；二是何溶同志思想开放，敢于担当。他俩都称得上是那个时代的英雄。

黄：可不可以这样说，吴冠中的这篇文章为后来的"'85思潮"做了理论上的铺垫。

周：不能这样说。"'85思潮"是顺应改革开放大潮，张扬思想解放，消除"文化大革命""左"的流毒。

黄：有人说"'85思潮"是"星星美展"的放大，您认同这个说法吗？

周：性质根本不同，这是误判。

星星画展

1979年11月，周韶华（中）出席全国第四次文代会和第三次美代会

黄：1979年11月，您出席了全国第四次文代会和全国第三次美代会，并当选为中国美术家协会第三届理事会理事。

周：是的。

黄：11月19日，您在中国美术家协会第三次会员代表大会上慷慨陈词："美术家不应让别人代替他思想，他完全有权用自己的头脑独立地思想，用自己的眼睛独立地观察生活，敢于深入到人们的内心世界中去，敢于按照艺术规律独立地进行探索，画他自己认为应该画和愿意画的东西。"您的发言引起什么样的反响？

周：当时一些与会代表对蔡若虹的报告极为不满，完全冲淡了我的发言。

黄：是什么原因造成的这种不满？

周：当时历史背景，不管是谁都会引来各种不同的意见。反对蔡若虹的也不见得都是坏人，拥护蔡若虹的也不一定都是好人。现在想想还是不明白，当时不知道意见怎么会那么多。

3

掀起 " '85思潮" （1980—1989）

魂

五四連環
波濤迴涌
你是中華
民族的搖
籃和廳
障

數千年
来繼孕
育了多少
英雄儿女
您是我
民族創
造歷史
的見証者

的見証者
潮美向
湘美向
德令追
昔思停
墨于画
作生圖

一九一
七年
秋山

鵰畫作，《黃河魂》（局部）

一次精神寻根之旅

　　二十世纪八十年代初，当民族文化虚无主义弥漫之际，许多艺术家或按兵不动或盲然躁动或彷徨左右，莫衷一是的时候，周韶华似乎已预感到一个伟大的变革时代就要到来，他自觉地把这种萌动中还稍带着点朦胧的意识，变成了坚定不移的行动。他以黄河文化为坐标，四次深入黄河，寻根溯源，开始了他在广阔的时间与空间中寻觅中华文化之源、中华文化基因的壮阔之举，并在自然生态中体验人生状态，在感性中生成一个意象世界。作为一位山水画家，周韶华以"时代的儿子"自勉自立，把时代的理想、使命、激情与智慧，注入到他的艺术之中，他的艺术也就在时代的峡谷中产生了回音。

黄：1980年的春天，王朝闻先生来过武汉，是专程来还是路过？

周：他从重庆美协回北京，本可以直接飞回北京，但弯了一下到武汉，也可能是为调研而来。

黄：在武汉期间，他看了您的长江写生画稿，都说了些什么？

周：他看了长江写生画稿对我有了总体认识，产生了好感。他说："你的这些画给我的印象是，好比戏曲里的张飞，在勇猛中带着妩媚，气势雄健而兼有优美之韵。"他建议我："以后在大山水中不必画那些小点景，把大境界变小气了。"

黄：当时，改革开放、振兴中华已成为全民族的共识。文艺界的状况如何？您思考最多的是什么？

周：由于十年动乱所造成的思想混乱，文化界的民族文化虚无主义影响很大，好像中国的落后就是因为文化的落后，这显然有失偏颇。当务之急是唤起人们的进取精神，揭示时代的动力。我是画山水画的，如何让山水画反映时代精神，是我考虑最多的，难度也很大，但难点也可能就是我的突破点。

黄：在您看来，什么样的山水画，才算是体现时代风神？

周：阳刚崇高，必须有浩然之气和充实而有光辉。

黄：经过思考，您把目光聚焦在了黄河。为什么要选择黄河作为您创作的突破口？

周：黄河是中华民族的母亲河，我选择黄河这个根据地，是把黄河当作人民的化身、民族的魂魄去体验、去感受的。我想通过文化寻根追问中国文化的活水源头，挖掘中国文化的精华，打开山水画与时代精神契合的通道。

黄：也就是说，此时您的艺术探索就具有明确的精神和文化指向。

周：我觉得每个时代的画家画什么、怎样画，实际上是艺术的根本问题。中国古代的艺术发展有这个问题，世界艺术的发展也有这个问题。画什么、怎样画？对于这个艺术的根本问题，我首先是在文化层面切入思考，然后，再在现实生活现场体验中取得答案的。

　　我数次沿黄河上溯寻源，不是简单地去寻找一条河流的源头。作为中华民族文化的摇篮，黄河一向被认为是中华文化与民族精神的象征，所以，我的"寻源"，其实是一次精神寻根之旅。我是在"现场"，去感受中华民族的精神力量和生命之源的。我觉得，艺术探索只有深刻体验过的东西，才能使认识性的想象力丰富，把客观世界融化为自己的思想感情，把它酿成内心的视觉形象，把审美体验化为自己的灵魂。这样，才能创造出有血有肉的艺术形象。

黄：明确了要什么，找到了突破口，接下来就是确定目标和路线图，因此您就有了"三大战役"的设想？

周：我给自己定下了目标：用三十年时间完成黄河、长江、大海"三大战役"，从而实现中国山水画的转型。实际上要攻克许多难点，要有"攻克不可能"的精神，才能有所突破，问题要一点一滴地解决。

黄：于是，从1980年起您开始了黄河万里行。与其他艺术家采风不同，您不是浮光掠影，而是多次往返，带着问题到现场去考察、探寻。

周：我在工作岗位上不容许长时间远离职守，每次控制在两个月内，只能是多次分段进行，主要是文化之旅。第一次是1980年秋，从武汉途经郑州、西安、临汾、吉县、龙门、壶口、咸阳、绥德、佳县、榆林等地，往返于晋陕峡谷。

第二次是1981年夏秋之交，从武汉途经郑州、东平，直至黄河入海口，然后折回西安、华山、芮城永乐宫、永济、运城、韩城、吉县、宜川、黄陵、延安、吴堡、绥德、米脂、佳县、榆林、河曲等地，在晋陕峡谷重点考察黄河人文景观和自然景观。

第三次是1982年夏天，从武汉途经西安、宝鸡、西宁、青海湖、玛多、鄂陵湖、亚拉大泽山、共和、湟中、循化、西宁、武威、张掖、酒泉、玉门、刘家峡、炳灵寺、银川、包头、呼和浩特、大同、云冈、太原、北京、山海关等地，对仰韶文化及汉魏、隋唐文化有了深刻的认识和理解，并对商、周时期的文化古迹都作了一一考察，为"大河寻源"创作奠定了思想文化和地理地貌的知识基础。

1982年在黄河源写生

第四次是1983年春夏之交，从武汉途经郑州、龙门、壶口、禹门口和三门峡等地。

特别是在黄河上游，过了日月山进入黄河玛多地区，到了巴颜喀拉山，空气稀薄，缺氧百分之四十，产生高原反应，呼吸感到窒息，吃不下饭，睡不着觉，走不动路，艰辛程度难以名状。可以这么说，没有顽强的事业心就过不了这一关。

黄：当时我国的基础设施还很落后，而西北部地区恐怕更是如此。我很好奇，您去了那么多地方，交通问题是如何解决的？

周：确实这是当时的一大难题。城市之间倒还好办，毕竟有公共交通。可我要去的地方多是偏远地区，条件特别艰苦，交通更是不便，很多地方没有公路，都是些崎岖坎坷的山路或土路，只能靠两条腿艰难跋涉。运气好的时候偶尔能碰上拉煤的或拉羊皮的机动车，在那种环境下也就顾不了什么煤灰呀羊皮味道了。可以说艰辛程度难以名状。

黄：二十世纪五六十年代，李可染、傅抱石等也曾长途跋涉，壮游万里，目的也是为了改造中国山水画。您的黄河万里行和他们有什么不同？

周：我和他们最大的不同是：他们关注的是地理地貌、山川风物，而我则是探寻黄河文化的根源，找到其文化精神。比如到了韩城，就要看一看司马迁的墓，去他的家乡芝川镇看一看，到底是什么东西成就了司马迁。还要读一读他写的书，以及别人研究他的书，这样才有深入的认识，寻找到生命之源。动笔创作"大河寻源"之前，我花一个月时间集中阅读了许多关于黄河文化的书籍。

黄：在您到过的这些地方中，哪些地方让您印象最深？

太史公祠纪略
纸本水墨
82.5cm×74.5cm
1983年

周：这种寻源不只是足迹到了，而且还要心明眼亮，认知靠的是穿透力。譬如当我看到长城的西段时，面对这横亘中华大地的脊梁骨，真是心潮起伏，感慨万千。它不但雄伟壮观，而且曾经是烽烟弥漫的战场，是血与火的记录。长城不仅是中国的脊梁，也是民族魂的象征。眼前的一切，足以增添气吞山河的艺术勇气，增强民族自尊自信，长中国人的志气。这不但使我领悟到山水画的本质特征是什么，而且使我认识到艺术家的艺术气质、艺术个性、艺术特色，只能由时代生活来铸造，并化为时代豪情，化为笔底的壮阔波澜。

黄：据说您是在西安参观了碑林博物馆和霍去病墓石雕，深受震撼，由此孕育出"大河寻源"的母题？

周：是的。我反复去了多次，尤其到茂陵看了霍去病墓，那里的石雕，如卧虎、跃马等各种各样的动物形象给了我很大的震撼和启发。汉武帝

霍去病墓写生作品

的大将霍去病是骠骑将军，他在前线去世时汉武帝非常悲伤，就厚葬他。从祁连山找一些很像兽首的原生态石头，稍加雕琢就成了艺术品，放在他墓的周围。我到那里之后心潮澎湃，有了深度认识，就找到了切入点，萌生了"大河寻源"的创作思路。

黄：作为中华民族的母亲河，黄河的分量在每一个炎黄子孙的心目中都是无法取代的。以黄河为创作母体，是不是更容易与观众产生共鸣？

周：对。黄河与中华民族的心灵历史难解难分，很久以来就对我产生了巨大的吸引力。自从到西安瞻仰了碑林、霍去病墓等古迹以后，激动使我心潮难平。明确了以黄河为母题，就需要丰富的素材，进行艰苦的"采矿"工作。我数次深入黄河，往来于大河上下，寻迹索隐，沿流探源，从万里长城西端的嘉峪关到东端的山海关；从冀鲁豫平原到青藏高原；从晋陕峡谷到巴颜喀拉山麓；从黄河源头到入海口；从考察远古文化到了解社会主义现代化建设，总计行程三万五千里。我的实践观点是，从总体上解决情与景的交融，从历史的纵深去沟通意与境的统一，从客观上去寻找主观世界与时代精神的契合点。侧重点是注重审美感受，画感受而不是图解黄河，不能把艺术降低为某种概念的符号。

黄：我很想知道您的解题方案是怎样设计又是如何去解决的？

周：当时正处在一个大的文化转型期，对我来说也是一个巨大的挑战。因为这关系到创造新空间、新结构、新语境，解决中国绘画语言的当代性问题。如果不去观照当代文化的属性，不参与对当代文化的建构，不去推动文化转型，就是逃避历史责任。面对新的挑战，我的理念是开放、融合、传承、现代。紧紧把握住这八个字，在实践中就要扣住艺术本体，提出自己的新问题，并且梳理好自己的解题方案，切切实实地去解决艺术本体中的新问题。对艺术语言的当代性的追求，我觉得文化定位、文化针对性要落实到铸造一种强大的精神力量，才有助于振兴中华，所以把呼唤民族大灵魂放在创作的首位。因此，走遍全国大山大河，从大山大河吸收灵感。这也是我创作"大河寻源"时的动机和目的。

黄：您把呼唤民族大灵魂放在创作的首位，并要在艺术实践中解决艺术本体中的新问题。那么，您是如何把握创作的主线脉络，使其不断地深入和延伸？

周：我始终把握住一条主线，就是把黄河视为中华民族的魂魄，以黄河精神画黄河，捕捉自然的灵气和生命的要素，全力表现情感心理性的内容，借以表现人民创造历史的奋发精神，揭示我们时代的动力。我觉得这是中国画创新的核心问题，也是时代的召唤。我的黄河"寻根"之旅，对文学界影响也很大，随后的"寻根文学"与此关系密切。毫不夸张地说，我是深深地被黄河流域的自然景观和人文景观所震撼，这笔宝贵的文化资源挖掘和利用一直贯穿在我三十余年的创作过程中。"大河寻源"使我走出了一条不惑之路，它已化为我的灵魂和血液。在以后的岁月中我仍在不断地寻源，也不断地有新收获。包括我后来创作的"梦溯仰韶"和"汉唐雄风"，还是沿着"大河寻源"这条不惑之路走下来的。

黄：这期间您创作了《忽如一夜春风来》《千里烟波楚天阔》《清清的流水》《登高望四海》等一批充满生机的水墨作品，这些作品在当时已别有新意。

周：这是我丢笔十多年后恢复期的作品，还没有完全走出文人画。

黄：如果说上述还是您恢复期的作品，那么到了1982年，《黄河魂》的出现则是一个转折性的标志，标志着您进入了创作黄金期。听说这张画您酝酿了很长时间。

周：初稿画于太原，成稿画于襄北农场。画这张画不是心血来潮，而是去西安碑林博物馆石雕馆看了汉代的雕塑产生的想法。画中的石兽收藏

忽如一夜春风来　纸本水墨 68cm×68cm　1980年

在西安碑林博物馆石雕馆，有辟邪的作用。石兽的体量并不算大，但里面包涵的雕塑气势非常宏伟。我看了之后非常激动，就产生了以黄河为主题画一组作品的想法。

黄：这张画是在什么状态下完成的？

周：1982年的秋天，我和汤文选、冯今松等去了襄北农场，这是一个劳改农场。在这里劳动改造的犯人中有好多能人，其中就有一个会酿酒的，水平很高。那天晚上，农场领导就用他们自己酿造的酒招待我们，还吃了他们抓的野生甲鱼，大家都非常高兴。酒足饭饱后，

石兽写生

各自回屋休息。也不知是酒的原因还是甲鱼的作用，好像有一股内在情绪冲动所驱使，创作的欲望难以抑制，展纸挥毫，如有神助，意奋纵笔，一气呵成，于是满纸元气淋漓，溢于画外，就有了这张《黄河魂》。

黄：在这张画中，您省略了中景，直接将近景的石兽以近乎剪影的色调与奔腾咆哮的黄河形成鲜明的对比，非常具有镜头感。以前景的深沉、厚重和远景的激流汹涌相对比，造成视觉的张力，又似乎内含一种魂魄，令人心潮澎湃，壮怀不已。

周：魂在我心目中是中华民族的魂魄。黄河是母亲河，是中华文化的摇篮，中国历朝历代的帝王选址大都在黄河流域。《黄河魂》成为我标志性的作品，中国美术馆、《百年中国美术》都选这幅画作为代表作品。我有那么多作品，为什么只选择这张呢？就是因为它的标志性。《黄河魂》是"大河寻源"这组作品的代表作，后来在全国美展中得了铜奖，但它比得了金奖的作品还有影响。作品本身就是力量，评什么奖只是当时人的眼光。后来不管是出版还是印刷，一直把它放在重要位置，说明大家在心目中是认可的。

黄河魂　纸本水墨　80cm×94cm　1982年　中国美术馆藏

黄：您巧妙地运用汉唐独特的文化符号，以及各种泼墨、破墨的新技巧，
　　使画面云气翻滚，浩浩荡荡，极富动感却又分外凝重，同时具有意味
　　深长的象征意义。

周：德国人认为这张作品是新东方象征主义。因为中国画讲写意文化，我
　　们古代很多艺术是象征主义，比如青铜器饕餮纹。黄帝铸三鼎象征
　　天、地、人，中国个性的符号，鼎象征权力。石兽也是象征主义，

它是综合的，把狮子、豹、老虎综合于一身。我把石兽搬到黄河岸边，在壶口瀑布才能感受到黄河水的奔腾，很多人画水画不出这种力量，画不出这种动感。在壶口瀑布那里才能观察到水的力量，因为那下面很狭窄，落差二十多米，水的力量非常雄浑壮阔，十几里外就能听到黄河水咆哮的声音。有这个感受以后，再以这个典型的环境作为我作画的灵魂，这个灵魂就是要呼唤民族大灵魂。过去对绘画要求题材，总认为人物画才是重大题材，山水画不是重大题材。我就不相信山水画不能作为重大题材，这不就是重大题材吗？象征中华民族的灵魂、民族精神，为什么不可以呢？我看这比很多人物画还厉害。

黄：《黄河魂》好像画了不止这一幅？

周：画了多幅，但都不及这一张。好东西是难以重复的！

黄：诚如天下第一行书《兰亭序》一样，据说王羲之后来也曾写过好几遍，但最终还是现场写的那一幅最好。为什么会出现这种情况？

周：这可能与当时的氛围、情绪、环境，以及媒材等都有关系。

黄：《黄河魂》随后发表在《美术》（1982年第7期）上，人们一下子就记住了它，它也成为那个时代美术的记忆。

周：当时《美术》的传播作用很大，《黄河魂》等组画的发表对推动改革开放初期的思想解放、改革创新，以及文学界的文化寻根等还是产生了积极作用。

"大河寻源"让我有了话语权

经过四次黄河溯源，从这千山万水中，周韶华感悟到民族大灵魂的内在动力，把自己的思想情感交融在艺术生命的本体之中。走前人没有走过的路，走别人不愿意或不敢于走的路，在没有路的地方走路才是行路的宗旨，也是探索艺术的秘诀。正因为如此，行万里路就不是心旷神怡的旅游，而是全身心的探索和追求。作为一位山水画家，周韶华要以全新的笔墨语言表现心中的母亲河，试图在现代水墨画领域中开辟出一条属于他自己，同时也属于这个时代的路径。由五十幅画组成的"大河寻源——周韶华画展"，如同一部豪迈壮阔的水墨交响，为中国山水画打开了一方气势恢宏的新天地。

黄：1983年春节过后，您与秦征率中国美术家代表团出访日本，在长崎举办"中国现代画展"。代表团一共有多少人？访问了哪些地方？

周：有李可染先生，还有油画家刘秉江教授，北京画院的王路、李玉昌，代表团其他成员已想不起名字了。我们与李先生兵分两路，除札幌、鹿儿岛、关东没有去，其他地方都去了。

黄：画展中有没有您的作品？

周：有。画的是青海湖，背景是祁连山，展完后赠给日本华侨协会。

黄：从日本回来不久，您开始了第四次黄河之行。与前几次不同，这次中央电视台和湖北电视台随您一路拍摄。

周：中央电视台和湖北电视台拟联合摄制《周韶华与大河寻源》专题片，所以一同前往。

黄：听说在壶口瀑布拍摄时还出现过险情？

周：非常危险。我们去的时候是枯水季节，华北那个地方很少下雨。当时壶口瀑布的水比较小，我就下到壶口瀑布底下想看看平时看不到的地质结构。这地方平时谁都下不去，因为平时水很大，你只要被它冲进去了，就会粉身碎骨。我带着摄制组正在那里拍得很兴奋的时候，上游不知道什么地方突然下了暴雨，洪水狂奔而下，巨大的声浪把每个人都给惊呆了。狂泄的水溅射到石头上，石头变得非常湿滑。情急之下，大家拼命地往上攀爬。下面的往上托，上面的往上拽，齐心协

1983年，秦征（左三）、李可染（左四）、周韶华（左五）等在日本访问

　　力，费了好大的力气，总算是全都爬上了岸。如果再稍微晚一点，恐怕就上不来了。现在想起来还有些后怕。

黄：正应了那句"不经历风雨怎么见彩虹"。据说这个专题片还获得全国电视专题片银奖？

周：是的。后来听驻索马里的新华社记者倪满和告诉我，他在索马里看到了这部专题片。无形中也为我在国际上作了一次宣传。

黄：这一时期，您的创作也取得丰硕成果：《祁连山上雪横飞》《六盘山》《渤海湾的晨光》《精卫填海》《黄河之声》《狂澜交响曲》《黄河之水天上来》《黄帝陵》等五十多幅作品。这些作品是否构成了"大河寻源"组画的主题？

周：都是"大河寻源"里的骨干作品。

黄：在这些作品中，我不得不把《狂澜交响曲》单独提出来，因为这张后来被诸多评论家称赞为不朽之作。我总觉得她与《黄河魂》的风格更接近，您怎么看？

周：《黄河魂》和《狂澜交响曲》是"大河寻源"中最强硬、顶级的作

1983年周韶华在壶口瀑布前

品，其他的作品都是一种补充。中国画创作讲究意境，很多画的意境不像我的作品是民族的心脉，跟整个中华民族的命运相关，我的创作构思、艺术表现就是这样的。这些水的动感，很多人画水的动感不是一种很浑厚的咆哮，要震撼民族心魄、灵魂，艺术作品应该是这样打动人心。

我之所以把崇高大美、民族大灵魂作为一个创作的核心价值取向，是因为我们曾遭到世界列强的侵略，国家贫穷落后，同时文人画也走向了低谷。那时的文人画追求小趣味，一小部分国人在那里建立一个精神家园，寻找个性自由的天地，用艺术来愉悦自己的性情。在我看来，它变成了"小我"文化，忘记了"大我"，"大我"应该是中华文化的核心价值取向，基于此，《狂澜交响曲》是在"大我"冲动下，一次性地画成的。

黄：《狂澜交响曲》采用了一个仰视角度，并用相对写实的手法描绘了黄河壶口的地貌特征和瀑布狂泻而下、激越飞扬的外部形态，既让人产生了如临其境、如闻其声的逼真效果，同时，它给人的心灵和精神带来震撼，不由地会联想到那首振聋发聩的《黄河大合唱》。

周：因为绘画是视觉语言，交响曲是听觉语言，怎么在视觉上表现出一种听觉来？艺术是互相渗透的，是跨界的。这张作品引进了交响乐的感觉来表现，其他办法不足以表现这个主题。这张作品画的是壶口瀑布，很多人在电视上面都看过壶口瀑布，但我画的这个不一样，我是把它当作交响乐来处理。因为在音乐里面最能震撼人心灵的是交响乐，其他音乐也很能打动人的心情，但是没有交响乐气势宏大。这个灵感是看了唐代的诗歌，再听了《黄河大合唱》来的。抗日战争时期，《黄河大合唱》唱响了全中国，抗日队伍到处都可以听到《黄河大合唱》的声音，把心灵的震撼调动起来。王朝闻先生看过这幅画后给我一句评语，说这是造型性的"黄河大合唱"，以前听的《黄河大合唱》是听觉的，这是视觉的，视觉的没有造型不行。

黄：《狂澜交响曲》体现了高超的水墨技法，您是怎么做到的？

周：这幅画的技法，好多人画水都不是这样表现的。用传统的方法蘸笔设墨，一笔一笔地画根本就做不到，也无法产生这种动感。搞艺术创作光讲概念、观念不行，艺术技法一定要把你的认识、情感变成一种欣赏语言，这种欣赏语言对你产生一种心灵的震动。不讲艺术技巧是没有难度的，没有难度的艺术不是高等的艺术。这种难度很多人做不到，不知道怎么画。焦墨要靠水来冲，还要控制得当，少了显得干涩，多了容易发散，恰到好处才能表现水的滚动，不然就显得死板、呆板。

　　画面的肌理效果关键是要控制好湿度。先把赭石的颜色画了以后，再用水从上面往下甩，水多了就散，少了就出不来这种效果，所以水的多少，以及时间的把控很关键。这张画是放在地上画的，这么大的画放在桌上看不清楚效果，放在地上可以弓着腰画、蹲着画，在桌上不能控制全景。上面水的画法和下面水的画法还不一样。先把墨和水一起画，画了之后再用水来撞击，颜色溅到水以后墨会跑，要控制得住，把控得好。

黄：还记得当年创作这幅画时的情景吗？

周：那是一个晚上，我在美术院二楼的小房子的地上画的。这是一张夹宣老纸，请裱画工帮我揭为两张，另一张画的是《故国神游》。在北京展出时，挪威使馆出十万美金要买这张画，我没有同意，主要是考虑还要展览。

黄：《狂澜交响曲》好像只此一张？

周：是的。

黄：这期间，您好像还尝试过在拷贝纸上作画？

王朝闻（左）与周韶华亲切交谈

狂澜交响曲　　纸本水墨　　125cm×248cm　　1983年　　中国美术馆藏

周：对，我用拷贝纸也是偶然发现的。我平常画画从来都不打稿子。画"大河寻源"里面一些素材时，譬如咸阳博物馆的秦砖和汉画像砖上的龙和虎形好得不得了，我用毛笔在拷贝纸上一画，发现拷贝纸在接触到毛笔的水分后，骤然膨胀收缩，产生一条条凸凹形态的肌理，这引起我极大的兴趣。于是随机应变，信笔涂抹，就在那张拷贝纸上画了第一张画《远古时代》。没想到旗开得胜，马到成功，若有神助，于是抓住时机，连续作业，创作了一批这样的画作。

黄：在拷贝纸上作画与在宣纸上作画有什么不同？

周：像任何工具材料的性能一样，有特长便有局限性，关键是掌握运用其特有的变化性能，控制和发挥拷贝纸触水后的变化特点，用笔轻重快慢和水分多少所产生的效应。运用这种手段我先后还画出《火的里程碑》《巴颜喀拉山景观》《龙羊峡》《黄河之水天上来》《古道夕阳》等等。

黄：《祁连山上雪横飞》《渤海湾的晨光》等，好像都是用拷贝纸完成的作品？

周：对。拷贝纸出特殊效果，是对宣纸的跨越，变革也包括媒材选择的多种可能性。

黄：《祁连山上雪横飞》画面上，表现出狂暴的朔风与那粗犷的运笔，使得寂寥的山巅堆积着无尽的离愁。生命始源那种滋润却又陌生的感受，塞外体验的生命压抑与亢奋的激情，都已经化成您的生命。

周：是的。

黄：画中一些肌理效果很神奇，也很精妙，用传统的笔墨很难表现出来。水分、墨色的控制是不是很难掌握？

周：效果是反复试验摸索出来的。我所使用的颜色有水彩、水粉和国画色。墨汁有一得阁和中华墨汁。凡含矿物质较重的颜色都沉淀在拷贝纸的下层，较轻的植物色则泛浮在表面。水的多少对色的流变效果起重要作用，因此可用冲水法。水多之处纸呈凹形，水之少处呈凸形，颇似山峦起伏。色彩随凸凹之形而流变混合，伴随着膨胀收缩而产生奇妙无穷的效应。大面积的涂抹也可使用竹管排笔，不同的用笔方向、速度和力量，是产生奇异绝妙肌理的诀窍。因为这种纸是透明的，还可在纸的正反两面着色，这样能画出沉雄凝重和丰富多彩的效果。但是这种纸不吸水，干得很慢，一定要等干透了，色彩才能固定，不等干透去翻动，色彩会流动移位变形，破坏原有的肌理效果，变成另外的东西。拷贝纸不吸水的另一缺点，是色彩干了容易脱落。所以在调色时必须掺入适当的胶水，把色彩牢固地粘结在纸上，以便永久保存。由于纸的膨胀收缩特性，在托裱时要特别小心，应以飞托为好，并应选择耐拉力的皮纸之类裱背，以免干后炸裂。

黄：我可不可以这样理解：艺术的创新不单单停留在笔法程式和图式构成方面，还包括材料和工具，为了效果，可以不择手段。

周：在我看来，一件独特的作品，无不与艺术家的材料技巧相关。只有艺术技巧得到了全面发展，才能使创作主体对自然的控制得到延伸。画家是通过技术的基本使用来建构风格和表达自己的。历史上许多划时代的伟大作品，都是首先发现了新材料和掌握了新材料的技术特性时才在美术史上名垂千古的。

黄：后来为什么终止了在拷贝纸上作画？

周：在北京展览期间，华君武先生对用拷贝纸画的画很认可，郁风就不以为然，她说："这个东西好是好，你不要画那么多，你还是少画几张。"那时候大家互相提意见都没有顾虑，是推心置腹的。郁风说了以后，我非常重视她的意见，考虑到这可能会离国画越走越远，就没再画了。但不画以后呢，刘国松又有意见，因为我用拷贝纸画的画他在香港给王季迁看了，王季迁很惊叹，说我是"中国画创新的第一人"。

祁连山上雪横飞　纸本水墨　65cm×112cm　1983年　中国美术馆藏

黄：一边说好，一边说不好，您怎么办？

周：在国内好多人劝我"不要使用拷贝纸，以免说你旁门左道"。我在创作上述一批作品之后，为避免雷同和重复，便停止使用拷贝纸。因为我在生宣纸上试验也取得了成功。

黄：据说刘国松对此还向您表示过不满？

周：刘国松批评我说："用拷贝纸才是周韶华，不用拷贝纸是投降！"

黄：用拷贝纸作画给您的启迪是什么？

周：艺术的基本手段是技术和工具材料，同时它也是艺术的一种资源。我们不但要进行技术革命，而且还要开发工具材料的新资源，以形成自己的独特风格。

黄：1983年7月28日，"大河寻源——周韶华画展"在北京中国美术馆举行。请您简要介绍一下展览的盛况，让我们一同分享。

周：当时，北京所有新闻传媒都主动报道，英文版的《中国日报》全版宣传，社科院马克思主义文艺研究所所长杨炳也亲自写文章寄给《湖北日报》发表。美术界从四面八方来了很多人，文艺界也来了不少人。开国将军王震同志也来参观。

黄：我看过一些理论家、艺术家们看过展览后写的文章，比如邵大箴在文章中所言："正是这些气势磅礴的黄河山水，把中国山水画带到了一个更广阔的境界，一下子使那些囿于重复传统和陶醉在个人情趣技巧中的山水画黯然失色。"通过文字可以想象得出他们看展览时是多么激动。

周：中央电视台新闻联播进行了报道。在湖北展出时，湖北省委书记率常委和各部办的领导参观，看完后还专门听我汇报，我说："湖北省没有美术馆，希望能在美术院利用现有建筑改造成美术馆。"省委书记当场批了二十万元。

黄：这是您第一次举办个人展览吗？

1983年周韶华与青年美术工作者观摩 "大河寻源" 作品

大河寻源——周韶华画展请柬

周：平生第一次个展。

黄：举办"大河寻源"画展时，您多大年龄？

周：五十四岁。

黄："大河寻源"如此成功，您为何还把这个展览称为"早产儿"？

周：我本来计划在六十花甲之际，完成"大河寻源"组画创作。1983年
3月，华君武同志来武汉，看了我在拷贝纸上创作的作品，非常激
动，就鼓励我抓紧创作，去北京搞展览。随后，中国美协书记处的领
导同志也积极鼓励和支持，说："北京'四王'抬头，要用新的内容
和新的作品形式冲击一下。"于是，组画提前六年与观众见面了。从
提议到展出，满打满算四个月的时间。好在那时中国美术馆归中国美
协管，协调起来比较方便。这是天时、地利、人和等各种因素的促
成，逼得小卒过河，只能前进，不能后退。尽管画展中的作品由于怀
胎未满十月就早产，缺点已无法弥补，成为憾事，但使我高兴的一是
"得道多助"，二是它完全属于我自己的新探索。

黄："大河寻源"应该是您创作上的一个里程碑。

周：是一个重要的起点，或者叫新起点。以前都是在为政治服务的思想下
思考问题，"大河寻源"是在全新的观念、全新的艺术视角下进行
的。当时大家都很震惊，是因为在一定历史条件下的回应，中国画终
于出现了新的呼声，中国画还有这样的路可走。我是回答了一个时代
的话题，路是可以这么走的，也可以那样走的。中国画的发展有多种
可能性，中国的文化不是一条单线。传统是博大精深的，样式结构也
是丰富多彩的，但"唯题材决定论"是非常单调乏味的。许多人是按
政治观念来创作的，审美意识归纳为政治态度就变得非常狭隘，没有
艺术发展的远见。

黄：您的《大河寻源记》文章在《美术》（1983年第3期、第8期）发表
后，同样引起不小的反响。还有，您的"寻源"之旅，对文学界也产

1983年周韶华在中央美院作"大河寻源"讲座

生了影响。"大河寻源"在您看来最大的收获是什么?

周:"大河寻源"的第一收获是取得了话语权,说话有人听,做事有人信;第二是为创新思潮赢得了青年们的群众基础,使我体会到作品就是力量,实践是检验真理的唯一标准。

黄:我翻阅了当时的报道,可以说整个画坛都被您的"大河寻源"撼动了,尤其是中青年画家们从您的艺术实践中得到了启发,因此,他们把您视为山水画革新的旗帜。

周:说实在的,我从来没有想过要当什么旗帜,如果我的作品能得到青年朋友们的喜欢,那是我最为高兴的,如果我的作品能给他们的创新带来一些启发,那将是我最大的快慰。四海浩荡,空间寥廓,我愿以开放的心灵欢迎青年一代的崛起,只有他们真正崛起,中国艺术才有希望。

别怪我挖你的墙脚

周韶华自述:"1985年前后,作为湖北省文联常务副主席,重点筹备了四项工作:一是起用新人,创办《美术思潮》,聘请彭德担任主编;二是从全国招兵买马,建立理论队伍和创作队伍;三是举办'中国画新作邀请展';四是举办湖北青年美术节,在二十八个场地同时开幕,成为青年人的盛大节日。"由此,武汉成为"'85思潮"的震源重镇。

黄:1984年1月,您出任湖北省文联党组书记,并当选省文联常务副主席。

周:还当选为中共湖北省第五届委员会委员,省委宣传部要我在各地作报告。之后,又被聘为第六届全国美展评委。

黄:8月1日,您的作品《黄河魂》先是入选第六届湖北省美展,获了金奖;随后在第六届全国美展中获得铜奖。湖北省的美术作品在第六届全国美展中更是大放异彩,与您这个评委有无关系?

周：那时整个湖北在美术方面开始走向全国前列。即便如此，也还是有遗憾的，比如说尚扬的油画《爷爷的河》，我当时是很有把握地认为这件作品肯定能够获奖。但评选结果却出乎我的意料，竟连一块铜牌也未拿到。我怎么也找不出是什么原因没能获奖。

黄：您为什么那么在意这幅作品呢？

周：我和尚扬都多次到过黄河，但我发现尚扬的艺术感受穿越了历史的序列和空间的方位，能从审美体验中掌握时代的基本旋律和节奏，发掘出黄河的内在气质，找到人与自然契合的永恒象征，提炼出油画语言的涵量。这幅作品表现了一种永不枯竭的生命，其艺术表现是很独到的。

黄：他好像画了一组黄河系列的油画，除了您说的《爷爷的河》，还有一幅《黄河五月》也给人留下很深的印象。

周：是的，我在湖北省六届美展初次见到这几幅油画时，就很激动。据说是有评委认为这幅作品带有某种"沉默感"，甚至说它"低沉"，实在是不解其中三昧！在尚扬的作品里有一种深沉的内在呼喊，没有感悟到它所包容的人生哲理的人，是很难和他说清的。仿佛只是现实的再现，但实质却是对历史的思考，不只是画自己之所见，而且是画自己之所思。尚扬的优势在于，他不只是用肉眼从一个角度去看世界，而是用思想感情从多方面的角度，纵的横的，全方位去看世界，所以他的画才能思绪奔流，直抒胸怀。

黄：您是真正理解他和他的艺术。您好像还为此写信安慰他？

周：当时我在北京出差。得知他的作品没有选拔到北京展出，确实为他感到委屈。在通常情况下，入选与获奖，理应是个重要标志，但不能视为唯一的标准。可惜我无权给他授勋，也无力量给他授奖，心中有一种不可言状的味道。所以，我只能写信鼓励他："其实真正有意义的不是奖牌本身，而是作者是否有了新的发现，是否给作品赋予了深邃的内涵。你的油画与它们迥然不同。你熔铸的是一种民族精神，表现的是一种血统，把握的是一种气质，显示的是一种内在的力，虽然这力尚未爆发，但滚滚欲动，给读者的是一种启示。你的作品与那些'解释性绘画'是截然不同的两个体系，这才是应予肯定和奖赏的。"

黄：这之后，基于国内美术创作发生了转折性的变化，呼吁改革创新已是时代风潮，您决定要在美术理论上有所作为，于是垒筑高台，吸引更多的有志于艺术革新的理论家加盟。

周：我当时考虑的是首先要打造一个平台，通过这个平台集聚全国的力量，造成思想解放运动的大气候。于是就有了在《美术理论文稿》的基础上创办《美术思潮》杂志的想法。说到《美术思潮》名字的由来，还得说1983年去日本访问，我在日本看到一本杂志好像叫《美术新潮》（具体名字记不清楚了），从内容到设计都很有特色，非常喜欢，我还特意带回来一本。我们办这个刊物起个什么名字呢？大家都在想。我就想到了日本那本杂志，它是个画刊，叫《美术新潮》合适，而我们办的是美术理论刊物，既不能和人家重名，又要有自己的特色，于是，我就改了一个字叫《美术思潮》，"思"与理论还比较贴切。我给大家一说，结果都说好。1984年底《美术思潮》杂志试刊，1985年杂志正式出版发行。与众不同的是，这个杂志完全建立起一种崭新机制，一是挑选任用了当时还很年轻的彭德为主编，年长资深的鲁慕迅为副主编，我为第二副主编，打破了论资排辈的传统格局。由彭德挂帅的优势是，他思想活跃，有学识，吸引了当时具有新潮思想的几乎所有的青年撰稿人。《美术思潮》也成了他们的精神家园，是他们成长为批评家的发祥地。

黄：您是怎么发现彭德的？

周：1982年春，我去老友何溶家里做客。何溶将彭德的手稿《审美作用是

美术的唯一功能》拿给我看，说："这是你们湖北作者的文章。"我
浏览了一遍，感觉这个彭德的文章很有思想，回到武汉就给他写了一
封信，问他愿不愿意调到湖北美协来。

黄：听说为了彭德调动一事，您费了很多周折，做了大量工作。

周：主要是当地的领导不放，我想了很多办法，把地委书记找去做工作也
不行，把省委书记请去做工作也不行，后来我找了三个省委常委到县
里去做工作，当地领导没办法，这样才把他调出来。他原来在湖北宜
城县文化馆，如果不调出来的话，顶多搞个文化馆馆长或副县长就不
得了了。

黄：您的组织工作和艺术创作一样，都体现出很强的前瞻意识。后来，您
和鲁慕迅干脆辞去了副主编，改任皮道坚为副主编。放手将工作全部
交给年轻人，这在当时还是需要一点勇气和胸襟的。

周：我这样做就是为给他们撑台，把他们推到第一线上来。彭德心里也很
明白，他要是一直在基层，那他的才能就不可能发挥出来，有了这个
舞台，他才能得以施展，做自己想做的事情。《美术思潮》当时办得
很有影响，像"'85思潮"，实际上《美术思潮》起了非常重要的作
用。虽然功过是非各有评说，但推动中国画的变革功不可没。

黄：《美术思潮》一经推出，很快成为批评家的乐园。

周：像皮道坚、朱青生、杨小彦、殷双喜、李小山、邓平祥、贾方舟、王
林、刘骁纯、高名潞、许江、张晓凌、陈丹青、郎绍君、邵宏、徐建
融、鲁虹、祝斌、陈云岗、黄专、严善錞等一大批人，他们的盛名最
初与《美术思潮》都有或多或少的关系。由于他们的参与和支持，
《美术思潮》办得有思想、有活力，可以说当时他们是代表先进文化
的一个群体。这个刊物发表了许多前瞻性的、思想新颖和带有开拓意
义的文章。我的《论全方位观照》《横向移植与隔代遗传》等文章就
发表在这个刊物上。

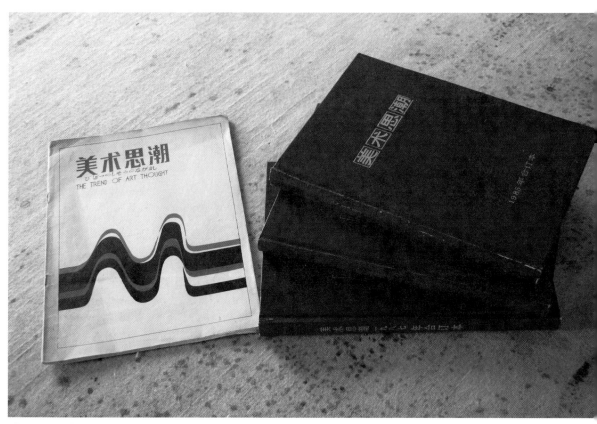

《美术思潮》杂志

黄：和其他刊物不同，《美术思潮》是轮流担任责编，但无论是确定当期的编辑主题，还是具体的组稿，主编都不曾予以干预，所以，《美术思潮》一期与一期的内容不仅拉得比较开，也很活跃。我想问的是，每期他们还要不要送您把关？

周：他们拿不准的也向我通气。

黄：尽管《美术思潮》印刷质量很一般，但还是赢得了青年艺术家与读者的追捧。《美术思潮》为何那么受欢迎？

周：在那个特定的时期，《美术思潮》顺应历史发展潮流，为解放思想打开了大门，彻底打破了封闭状态，关注美术新潮，开展理论探讨，思想活跃，文风犀利，推动了美术革新。对推动美术新潮起了发时代之先声和反映广大美术工作者心声的作用，成了当时美术界重要的舆论阵地。彭德是很有思想和胆识的，当时如果不起用像他这样的年轻人，根本就做不成这件事。

黄：虽然《美术思潮》在国内产生了很大影响，但湖北地区却没有在前卫艺术界出现十分有名的青年艺术群体，更没有出现公认拔尖的作品。与东北、西南和江南地区相比，明显存在一定的距差。这也使得国内曾经产生了"湖北只有理论，没有实践"的说法。您是如何解决这块短板的？

周：在全国范围内物色人才，后来从西安调来了李世南，从河北调来了梁岩。

黄：好像调李世南也是费了很大的功夫？

周：确实费了很大的劲。当时我去西安，每次都住在陕西省国画院，因为陕西省国画院的老院长是石鲁，我很崇拜他，又是很好的朋友，我跟他的画派的传人，像方济众等也都是很好的明友。我对方济众说："李世南画得这么好，你们为什么不把他调到国画院里来？"他没有正面回答我，也没有行动。方济众是赵望云的大弟子，后来我就跟方济众说："济众兄，你再不调李世南，我可就要动手了，你可别怪我挖你的墙脚。"他当时不以为然。

后来我就派了一个人去西安，我叫他第一步先把李世南的户口拿到手。结果他一去，就被陕西省国画院的人发现了，知道我要动手调李世南了，他们就开始往上打报告，说不能调走李世南。我派去的人回来跟我谈了这个情况后，我说："我也铁了心了，非要把他调过来不可。"

陕西省国画院是出于什么考虑呢？主要是怕别人说他们陕西留不住人才。一个很好的朋友还跑到我家里做工作，说："韶华，你可千万千万不要调他，你调了以后，我们的脸往哪儿搁？"我说："我不是第一次提出来，我提了很多次，你们就是不调嘛。既然你们不调，那我就把他调过来嘛。"随后，我去找了湖北省公安厅，把李世南的户口落实了；又找到劳动人事部门，把他的人事关系落实了。李世南当时还是工人身份，不是干部，首先要在文联解决提干问题。评高级职称，他没有大学学历，我就找到主管部门说，这是一个特殊的人才，不能照搬条文，要一步到位，评他为国家一级美术师。换成别人恐怕很难下这么大的功夫，而且要做成这件事是非常困难的。

黄：您当时看好李世南什么？

周：在同时代的画家中，李世南画的还是比较好的。他有一些代表作，像《开采光明的人》，画的是煤矿工人，那是到了湖北以后画的。他的写意人物在当时是出类拔萃的。

黄：这几个人的加入，可谓是如虎添翼了。

周：可以说，此时湖北的美术创作队伍和理论队伍，都走在了全国的前列。我所做的这一切，目的就是为青年美术家、理论家的崛起打通一条隧道。

为解放思想鼓与呼

　　1985年是中国当代美术大变革的一年。年轻艺术家不满于当时美术界的"左"倾路线，试图从西方现代艺术中寻找新的血液，从而引发了全国范围的艺术新潮，而受冲击最大的当属传统的中国水墨画。《美术思潮》为锐意创新的中青年艺术家们提供了理论的阵地，与《中国美术报》和《江苏画刊》成为鼓吹中国画创新的急先锋，成为多元化新型艺术的催化剂。与此同时，周韶华则以其富有创见性和号召力的美术活动，向变革中的美术界吹进了一股股新风。

黄：1985年开春，您在湖北美协的工作会议上提出了举办"中国画新作邀请展"的设想，这个设想得到了湖北美协全体工作人员的一致同意，为什么？

周：因为这是粉碎"四人帮"后的第一个全国性美展，关键词是"新作"，参展人都是经过严格挑选的。这个展览后来引起两种截然不同意见的争论，都记录在案。

黄：经过大半年的筹备，"中国画新作邀请展"于1985年11月21日至31日在武汉展览馆举行。奇怪的是，您本人却没有作品参加画展，是为了避嫌还是其他原因？

周：原计划做两个展览，一个是全国的，一个是湖北的。因为湖北美术学院和湖北省美术院的人没有参加，我也就没有参加，但谁都知道这个展览是我策划的。要掀起有声势、有影响的创新浪潮，突破口是中国画的创新。应邀参加新作展的画家有吴冠中、刘国松、周思聪、石虎、谷文达、李世南、李津、孙永、江文湛、阎秉会、汤集祥、周京新、朱新建、江宏伟、王金岭、陈其道、丁立人父子等共25人。他们都是当时在创新上有影响的画家。在粉碎"四人帮"以后，举办这样规模的有革新意识的大型画展，理直气壮地举起中国画创新的大旗，在全国是第一次。

黄：这个邀请展能否看作是八十年代中国画创新的一份抽样调查？

周：不是抽查，是为展示创新的力量。

黄："中国画新作邀请展"以一种新的展览模式，将各种有代表性的水墨画创新方案都推了出来，让整个水墨界乃至全社会从更深的层次上思考水墨画的变革问题，这是否也让您更加坚定中国画的创新进程是大有可为的？

周：我的初衷是用创新思想影响全中国。但让我没想到的是，这个新作展竟引起如此大的反响，对新作展的争论如翻江倒海，完全对立的声音争论得空前激烈。画展的九个留言簿都写得满满的，反对者恶言恶语骂得口沫四溅；赞成者说好得很，好得不得了，令他们欢欣鼓舞。会内会外，大江南北，从武汉到外地，两种截然不同的声音是史无前例的。《美术思潮》把双方的意见都摘录发表，让读者共赏析，在今天看来是不以为然的事，然而当时是何等严肃与认真啊。在展览的同时，还举行了"中国画创新研讨会"。

黄：据说吴冠中、周思聪等也要参加的，为什么没有来？

周：当时吴冠中、周思聪、石虎都要来，他们都到了北京机场，因多次延误不能起飞，不得不退了机票。但是香港的刘国松来了，谷文达也来了。吴冠中先生虽然没来成，却写了信给我，说"这是一次新的武昌起义，打响了中国画创新的第一枪"。

黄：接下来，您要在全省范围内举办规模更大的"湖北青年美术节"，并定下了"自筹经费、自寻场地、自选作品"，与美协团队共同举办的基本原则。大家对此都能认可吗？

周：不仅认可，而且积极性非常高涨。

黄：经过近一年的准备，"湖北青年美术节"于1986年11月1日在武汉、黄石、沙市、宜昌、襄樊等多个城市同时开幕。一共有多少个场地，共展出了多少作品？

周：二十八个场地，作品自选、自挂、自拍，共有两千多件作品。

黄：很难想象，那将是一个多么壮阔的阵势！

周：湖北青年美展真的像盛大节日一样，参展的青年人个个都是激动不已，就连北京和外省的青年艺术家也被波及。我们在全省五十多个青年群体和单位推出两千多件具有当代意识的作品，同时在湖北十个城市展出，成为迄今为止国内规模最大的地区性美术活动。一批新人新作脱颖而出。这在当时可谓是中国美术青年的一次思想解放运动，吸引了全国很多人前来参观这次盛举。湖南、黑龙江派美术代表团来取经，北京郎绍君、唐青年、高铭潞、栗宪庭等人也来参观作报告。最远的来客是哈尔滨的吴团良和蓝铁成等。当时的情景有人说真有点像"湖南农民运动"和"秋收起义"，但的确像地震一样，把潮流给掀起来了，是一次真正的思想解放运动。当然，现在看这个事情的功过是非会冷静得多，它打破了长期超稳定的封闭，如果没有改革开放，没有打开国门的交流，行吗？

黄：近代以来，湖北地区一直是文化交锋激荡的焦点，而成长浸淫在荆楚文化影响范围中的艺术家，也往往会在艺术创作上体现这样的影响。

周：没错。抗日战争期间，武汉成为全国文化中心，成立抗敌美协，选举徐悲鸿为会长，郭沫若的三厅也在武汉，武汉保卫战失败后才迁到桂林和重庆。

黄：而如今的这一系列举措和活动，又使湖北武汉一下子成为全国美术的重镇。

周：主要指标是《美术思潮》的影响，理论队伍、创作队伍的崛起。

黄：高名潞曾经这样评价："从广泛影响社会生活的角度看，''85美术运动'的确由于'湖北青年美术节'的介入大为增辉。为此，它的历史意义是不可低估的。"他还认为，"湖北美术的活跃局面，除了广大青年美术家和一批具有使命感的理论家的努力之外，与作为湖北省文联党组书记、湖北省委委员、中共十三大代表周韶华的支持是分不开的。"您怎么看？

周：大概如此，他忽略了像彭德、尚扬等一批重要人物。

黄：三十年后，回头再看"'85思潮"，您作何评价？

周：从本质意义上说，"'85思潮"为"第三代画家"和"第三代美术批评家"的崛起打通了一条隧道。围绕着"现实主义唯一方法论""形式美与审美功能""抽象美""自我表现"和"多元化"等问题的论争，群起向传统观念挑战，在深度和广度上同二十世纪世界性的现代主义思潮有某些相似。这一历史性的前进运动是一种普遍性的需求与渴望，是任何人磨灭不了的。至于它的负面效应，此时此刻很难从高层次的角度实现有效的控制，难以使年轻人更聪明睿智和更有修养，对老年人更宽容、使老年人更能善待年轻人。这次新潮的负面效应是引起了不少人的愤怒和恐惧。不管怎么说，我觉得"'85思潮"跟着改革的大潮把中国美术过去沉闷、压抑的那种状态一下子解放出来了。不管怎么说，坚冰已被打破，航船已经启动，经过反思，也取得了许多宝贵经验，美术事业也健步推向繁荣。从整体上说，所谓"'85思潮"，本质上是一次思想解放运动，为解放思想鼓与呼。

1985年，周韶华在湖北十堰东风汽车公司辅导业余美术作者

给中国画创新提供依据

纵观古今中外的艺术大师，他们不仅是艺术巨匠，也是思想上的巨人，都非常重视文化理论修养。从二十世纪五十年代起就开始系统地研读哲学著作和文艺理论的周韶华，深知在当代中国画坛，凡能独树一帜的，都兼有中西两个方面的艺术修养，能把古代传统与现代精神结合起来，进行直的和横的立体合成，把东西方艺术熔铸一炉并统一于民族美学的基础之上，然后才能出人头地。因此，他坚定地认为：画家要在艺术实践和理论研究两个方面双轨同步。

黄：一个《美术思潮》，一个"中国画新作邀请展"，再加上一个"湖北青年艺术节"，这一系列举措，把中国画坛给搅动得像地震一样。而您自己的创新理论好像也取得了大丰收？

周：算是吧。

黄：您一直坚定地认为，艺术家要在艺术实践和理论研究两个方面双轨同步。为什么？

周：没有理论，心无慧灯；没有实践，理论就空。没有理论学养很难使艺术本体步入学术层面和具有文化品位。主体意识的文化建构，就是建立在理论思维的清醒和艺术语言综合选择的能力上，这样才有真正意义的价值取向。因为文化学识与人格力量是艺术的主心骨。所以我很重视理论和实践双轨同步。

黄：其实，早在1982年春末夏初，您就邀请何溶、叶朗、沈鹏、贾方舟、彭德、陈云岗、茹桂、陈博萍、鲁慕迅、陈方既、皮道坚等在湖北神农架举行美术创作研讨会。为什么要举行这样一个理论性的研讨会？

周：改革开放，需要新的理论振臂高呼，进行引导前行。

1982年春末夏初，周韶华、何溶、叶朗、沈鹏、贾方舟、彭德、陈云岗、茹桂、陈博萍、鲁慕迅、陈方既、皮道坚等在湖北神农架举行美术创作研讨会

黄：这次创作研讨会好像是"文革"后全国美术理论界的首次集结？

周：是的。

黄：1982年5月，您写了一篇文章，题目是《追根溯源，探索未来》。文章强调，只有追根溯源，追到中国美学思想的哲学基础之根，溯到我国艺术的光辉起点，才能创造出我们时代的崭新的艺术形态。这是您为第三次黄河万里行所做的理论基础吗？

周：中国文化的元典精神闪耀在经史子集中，它的缺失，是现代文艺的通病，必须"追寻"。

黄：于是，在对黄河的考察过程中，仰韶文化让您产生极大的兴趣？

周：它是中国人童年的创造，是中国艺术的原生态。

黄：对夏、商、周之后的文化古迹好像也作了考察？

周：先秦的重器都产生于夏、商、周，是力量美、大美的崛起。

黄：由此可见，您的这三次黄河万里行，已不只是寻自然之源，更重要的是寻黄河文化之源，也就是中华民族的文化之源。

周：源就是元曲，是四书五经的通感。

黄：1984年10月，您策划并组织的"中西美学与艺术比较讨论会"在汉阳晴川饭店开幕。据说这次讨论会规模很大？

周：这次会议是由中华全国美学学会、湖北省美学学会、湖北省文联、武汉大学、华中师范学院、武汉建材学院联合举办的。大会由我（时任湖北省美学学会副会长）召集，刘纲纪先生致开幕词，参加会议的有横跨美术与美学两界的王朝闻（时任中国美学学会会长）、洪毅然，有美学界的蒋孔阳与伍蠡甫，还有来自全国的一百多名美学家、文艺理论家和艺术家。王朝闻、蒋孔阳、伍蠡甫、洪毅然等参加了会议并作了大会发言。这是中国美学史上第一次举办的比较美学的盛会。那时真敢做大事啊！

黄：这次会议有什么具体成果吗？

周：会后结集出版了《中西美学与艺术比较》一书，对于当代中国的比较美学研究而言影响深远。当然，对于中西艺术的比较，我也有自己的看法，譬如：我国艺术与西方艺术不同的地方，表现在一个重"心"、重"我"，一个重"物"、重"理"，一个重"意象"，一个重实证科学。

黄：基于对中国文化的深入研究，在中国画的继承与革新这一时代课题上，您还提出了大东方意识和全方位观照等艺术理想？

周：在我看来，创新应当植根于民族文化土壤中，坚持中国的美学思想体系，从历史的纵深开掘时代精神，找到历史感和时代感的契合点，创民族气派之新。譬如，我选择黄河这一母题，也是为了追踪由黄河孕育出来的东方文明的历史脚步，从五千年来浓缩了的各族人民的心理

1984年，周韶华（右一）与中华全国美学学会会长王朝闻（右三）在晴川饭店举行的全国美学会议上听取蒋孔阳作东西方美学比较的发言

结构中去吸取精神力量。在这个基础上借鉴西方就不会偏离主体。因此，我先后撰写了《追根溯源，探索未来》《大河寻源记》《横向移植与隔代遗传》《全方位观照论》《三面体结构论》《新东方艺术建构论》《论新的综合与新的分化》《缘何转型》等论文。对我来说，这个过程本身就是思想升华和极其重要的调整过程，它使我的艺术观和文化针对性明朗化了，文化视野扩大了，胸襟开阔了，努力把自己铸造成一个有创造性思维的人。这对自己不仅有先导作用，也有后治作用。

黄：在您诸多的理论文章中，《全方位观照论》和《横向移植与隔代遗传》最为著名。而《横向移植与隔代遗传》好像是在香港中文大学作的一篇演讲稿？这场演讲是谁策划的？

周：刘国松，他当时是香港中文大学美术系主任。

黄：这是哪一年？

周：1985年1月，我应邀出席亚洲暨香港地区美育学会议期间。

黄：《横向移植与隔代遗传》，这题目咋听起来像是遗传学？

周：演讲总得有个题目，才好写海报呀。我当时灵机一动，将演讲稿取名《横向移植与隔代遗传》，有好多人听课前还以为我讲达尔文的进化论呢。

黄：来听演讲的人多吗？

周：很多。固定的席位坐满了，还有好多人是站着听的。

黄：在我个人看来，《横向移植与隔代遗传》是在试图为中国画的现代创新指明新的路径。

周：对。一是主张中国画要跨界超越，二是传承要面对大传统。拒绝接受外来的东西是非常狭隘的。中国是世界的中国，中国画也是世界的文化，它既是中国的，也是世界的，要给全世界的人看，不能光是自己关着门自己看，外人看不到，这不行。所以我也主张"横向移植"。

黄：这些理论在您的艺术实践中解决了什么问题？

周："隔代遗传论""横向移植论"和"全方位观照论"，解决的是中国画继承上如何"取"与"舍"，如何植根民族传统，如何超越时空连接古今，如何创造世界性艺术等重大美学课题。我们有两条途径：一条是与华夏文明对话，从历史长河中发掘历史的辉煌，以"隔代遗传论"引领自己的艺术实践，我后来创作的《梦溯仰韶》《汉唐雄风》《荆楚狂歌》等一系列作品，就是向华夏文化寻根的产物。另一条，是与西方文明对话，在与西方文化的交融中重构中国画的现代形态，这就是"横向移植论"。将中国的点线与西方的块面相融合，将中国的水墨与西方的色彩相融合，将中国的章法与西方的构成相融合，特别是把色彩大量运用到国画中，与画面构成要素相结合，使画面效果介于抽象与象征和表现主义之间，这就能够使画面不论就物象表现或情感表达而言，均具有跨界的强大张力。

无论是"隔代遗传"还是"横向移植"，其目的就是革新中国画，让中国画艺术具有现代性，并具有世界语汇，要使中国画不仅中国人能欣赏，外国人欣赏也没有障碍。一个当代中国画家，应能由历史连接未来，从民族通向世界，有自己的文化针对性，不是只有是民族的才是世界的，而是只有是世界的才是民族的。

黄：那么，《全方位观照论》又重点阐述了什么？

周：重点阐述了艺术家掌握世界的方式，不能沉溺在既成的、教条化的艺术见解之中，而应与现代世界开拓性的、扩展性的、多层次的时空观念相吻合。我提出的"全方位观照"的创作方法，其基本含义就是天、地、人融贯一体，过去、现在、未来联成一片，把对整体的宏观把握渗透到形象底蕴的精微表现上，把纵向、横向和多层次观察与想象连接起来。《全方位观照论》是为创新思潮作准备的理论基础。

黄：《全方位观照论》这篇文章因其旗帜鲜明，观点准确，被认为是新时期画论的经典语言，好像被《新华文摘》评为1984年度六大新论之一？

周：对。该文刊登于《文艺研究》，被认为从理论上给中国画创新提供了依据，对中国画的发展起了推动作用。

黄：看来理论确实能为艺术家打开更宽广的思维空间。

周：是的。中国正在告别农耕文明，进入工业文明，迎接高科技时代的到来。艺术家应积极地去清除那些心理上的历史陈垢，释放想象力，开发创造力，大胆对传统文化进行扬弃，把民族性与国际性对接起来，在国际背景中确立中国艺术的位置，在真正意义上与国际对话，是发展的大趋势。在人类生存竞争的背景下，机遇与危机并存，重建与消解共生。当代有思想的艺术家的思想导向是开放与融通，民族性与世界性接轨，他们改变单因子的线式遗传进化结构，变而为综合的多因子复合文化结构，对民族艺术进行优化选择。处在社会结构发生巨大变革时期的有历史责任感的艺术家，应清醒地改变自己的文化心理结构，以迎接新纪元的到来。一切有头脑、有建树的艺术家都要站在这个时代的制高点上，为建构这个时代的文化大风格而探索。

黄：那么，您的"三论"在您的艺术创作中发挥了怎样的作用？

周：我把全部热情和心血都凝聚于中国画从古典形态转变为现代形态，坚守中国画的现代形态建构，以重塑中国画的崇高大美精神并对这一核心价值的追寻确定为我的文化使命。为此，从理论与实践进行双轨同步推进。我提出"全方位观照论"，是以超越时空、连接古往今来的视野与思维，以这种大艺术观来引领自己的艺术实践；还提出"隔代遗传论"和"横向移植论"，从全球化格局中思考中国画的变革。后面的这两论是变革中国画的两条途径。即一条是与五千年文明对话，从历史长河中追寻历史辉煌，再创新的历史辉煌，主张从历史走向未来；另一条是与东西方文明对话，与西方优秀文化交融，打通相融相生的互补关系，主张中国画不仅要画给中国人看，而且要画给世界人看。我的艺术革新靠的就是上述"三论"为指引。

黄：您有没有想过，如何在艺术实践中发挥"三论"的效能，让更多的美术工作者从中受益？

周：这还是因人而异。如何使自己同新的世界相联系，头等重要的莫过于对现实的亲身体验，只有把脚跟踏在祖国的大地上，深入到人民中间去，这样才有可能接近于艺术规律。只有直接的审美体验，才能使认识性的想象力和感觉力苏醒，主体功能才能得以跃动与高扬，才能使主体领悟到美的深意秘旨，把客观世界酿成内心的视觉，幻化为自由的具体的心灵生活，打破惯常的心理定式，以全部审美意识去探索独行其道的艺术处理方式，以创造性的本体语言表现自己的审美感受。可以说，艺术实践是对生活阅历的检验，是对文化素质的考验，是对智慧的考验。所以我的画也吸收了很多西方的东西，还有中国南方的，只要是好的都可以适度吸收，最后画出的结果是中国人说好，外国人也看得懂，但我的作品依然是坚定而鲜明的民族文化立场。我的这"三论"既向中华五千年文明对话，也向人类文明对话，形成一种新的文化艺术形态，为中国人服务，也为全世界人服务。当然这一切都由作品来检验，尤其"印象的库藏，知识的总量"是决定艺术生命的一个要素。

我和刘国松有很多相似之处

刘国松和周韶华都是山东人，早期都是从西画入手，刘国松画油画、周韶华画水彩，他们的特点都是中西结合。他俩都没有传统的师承关系，也都不是传统的山水画，所以长期受到中国画界传统派的鄙视。有意思的是，刘国松比周韶华小四岁，可是他在中国画上的变革走得比周韶华要早，但他们俩致力于中国画转型的目标是高度一致的，且通过各自的艺术实践和理论探索，助推了中国画艺术转型的进度。

黄：1985年，您除了在香港中文大学作了那场著名的《横向移植与隔代遗传》演讲外，好像还专门为刘国松写过一本书？

周：对，书的名字叫《刘国松的艺术构成》。

黄：为什么要专门为刘国松写书？

周：在八十年代初，刘国松的创作对大陆的国画创新非常有影响，起了很好的历史作用。正好我要到香港去参加一个"亚太地区美育学会会议"，哪知手续非常难办，也可能是英国使馆有意刁难，等最后把手续办好了，会议也要结束了。但我还是去了，觉得不去太亏了。我就在刘国松家住了一个月，每天与他交谈，就像我们今天这样，对一些艺术思想，特别是绘画技法进行了深入交流。回来后，根据访谈笔记整理成书，交由湖北美术出版社出版。

黄：这本书开本不大，但图文并茂。据说发行很好？

周：当时中国画创新方兴未艾，书中涉及到很多绘画制作的技法，所以，这本书一出版很快就销售一空。有人说让我再版，我那个时候不懂什么是再版，心想书都没库存了，还再什么版嘛，就没有再过问。这本书现在就连出版社也没有了，我家里也仅剩一本。

黄：您曾问刘国松："心灵里的闪光不是预先就能设计好的，头脑里的熔岩如果没有喷射口也不能迸发。创作过程多半是边画边深入，在取势、求势，因势利导，顺乎自然，改变初衷，在边画边想的过程中，就像蚕吐丝一样，从自己体内抽绎出自己的灵感、沉思和想象，如果落实到纸上，并把这幅画完成，连自己也会奇怪怎么会有这样一个意念！你是不是也有这种情形？"当时，您是否也遇到了同样的问题？

周：我是用自己的体验来联想他的创作行为，实际上他的画多半是"意在笔后"。

黄：您和刘国松是什么时候在什么场合认识的？

周：1983年在北京饭店参加中国画研究院成立仪式，我是中国画研究院院委，在会上认识了刘国松。交谈中，我俩在艺术观点上和看待传统的角度上，有许多相似之处，因此谈得非常投机。

黄：当时，刘国松好像正在中国美术馆举办画展。

周：是的，我也专门去看了他的画展。后来才知道他这个画展的来龙去脉：刘国松在美国旧金山参加一个展览活动，正巧碰到著名诗人、时任中国作家协会副主席的艾青，艾青会画画，两人聊得很投缘。艾青看了刘国松的画，说他画得好，就邀请刘国松到北京办画展，因而才有了这个画展。李可染、李苦禅等老先生都去看了，都很喜欢刘国松的画，也很喜欢刘国松这个人。画展取得很大成功，但台湾当局认为刘国松涉嫌通共，他得知消息后不敢回台湾，在香港中文大学美术系教起书来，好多年之后来才回到台湾的。

黄：您看了刘国松的画展有什么感觉？

周：以前没看过这样的展览，感到很新奇。我当时就邀请他到武汉办画展。

黄：刘国松接受您的邀请了吗？

周：他愉快地接受了我的邀请。后来，台湾有一家小报《七一》称："吴冠中、刘国松、周韶华在创新上是三点一线。"该报出了一期就被封杀了。

黄：好像你们从此就一直联系不断？

周：在随后的三十多年中，我们一直保持联系，我邀他来武汉展览，他邀我到香港中文大学讲学，一有机会就见面交流心得，于是成了莫逆之交。

黄：我看过有关刘国松的访谈文章，他好像与武汉有什么情结？

周：刘国松的父亲是在武汉保卫战中牺牲了，他母亲带着他和几个姐姐靠卖香烟维持生活。刘国松曾在粮道街中学读过书。后来，他母亲给他买了一张船票，到南京跟随国民党遗属子弟学校走了。

黄：后来就去了台湾？

周：对。国民党遗属子弟学校是宋美龄创办的，她弄的一笔钱，交由黎模华的父亲管理，黎先生既是宋美龄的财政管家，又是遗属子弟学校的校长。后来，刘国松与黎模华谈起恋爱，黎模华是非常爱刘国松，可她的爸爸拼命反对，无论怎么反对黎模华也不放弃，最后她爸爸无奈，才同意黎模华跟刘国松结婚。所以国松老兄还是很传奇的。

黄：听说刘国松的夫人也是美国名牌大学毕业的？

周：是的。黎模华好像是美国康奈尔大学毕业的，学的是农业微生物专业。嫁给刘国松后，就放弃了自己专业，一心一意照顾和支持刘国松，很是了不起。

黄：据说黎模华烧得一手好菜，您应该品尝过她的手艺？

周：当然，黎模华的特点是你越说她她越高兴。每次吃饭，我首先一尝这个菜，说："黎模华你这个菜做得好吃。"她就说："我还会做什么什么菜。"……所以总是有好吃的。

黄：我把你们俩做过比较，发现您和刘国松有很多相似之处。

周：没错。我们俩都是山东人（刘国松的祖籍是山东青州），都喜爱艺术，又都是从学习西画开始，后来改为中国画，而且又都是致力于中国画革新与转型。对了，我们俩还有一个相同之处：喜欢吃，还都能吃。以前我认为自己能吃，结果发现刘国松比我还厉害，吃肉吃多少胃都撑不坏，都能消化，所以他身体好。最近一次到武汉来，我专门宴请他们老两口吃川菜，刘国松吃得高兴，前一天他还在拉肚子，遇到好吃的是决不放过。

黄：在您看来，刘国松对中国画的变革有哪些意义？有什么样的价值？

周：刘国松对中国画的变革的意义在于，一方面，他极力反对元明清以来一味模仿的中国画画风；另一方面他极力引进二十世纪中叶的抽象表现主义，最终以"中西合璧"的宋人山水图式与抽象符号融合的改革方案，填补了中国画革新的一项空白，成为台湾的代表性画家。

  刘国松的意义和价值，不在于他把中国画推向新的高峰，而在于他推动了中国画的换型和艺术语言的转换，在艺术图式上确立了新的格式规范。在二十世纪中国画的探索中，如果说前有林风眠借鉴民间艺术和西方立体主义为代表的造型方案，有徐悲鸿以西方写实造型为代表的结构方案。那么，继后则是赵无极和刘国松立足抽象形态的墨迹与符号方案。这三类主要模式的变革，毫不留情地把传统中国画置于世界文化背景中，为中国画的革新提供了新的方案，具有里程碑的意义。

黄：能具体说说刘国松对中国画革新有哪些功绩和贡献吗？

周：刘国松的功绩与贡献主要在三个方面：一是在五十年代中期发起成立"五月画会"，运用群体的力量，推动中国画从古典艺术形态转变为现代艺术形态，开辟了台湾艺术的新天地。1949年以后，台湾艺术家面临着以"国粹"反对"东洋化"的情景。在这样的气氛中，刘国松发起组织了"五月画会"，针对文人画的"笔墨情结"，提出"革中锋的命"。对此，尽管引起轩然大波，但其目的是从艺术语言的转换入手，改变传统审美趣味，转换中国画的传统图式，我觉得应该肯定其积极方面。他在提倡中国画现代化的同时，还提出"模仿新的，不能代替模仿旧的；模仿西洋的，不能代替模仿东方的"，从而确立了新的东方水墨画定向、定位的根本问题。"五月画会"还推出了几位在海内外颇有影响的画家，影响了一批新人。刘国松的这一历史性贡献是永远不会磨灭的。

二是在中国画变革的历程中，不断遭到西方现代主义思潮的冲击。刘国松准确把握了"中西合璧"的艺术方位，他善于在文化冲突中把传统与现代衔接起来，把东方与西方综合起来，从纵与横两个方面进行突破。具体表现在他以西方抽象符号为背景，大胆融合宋人山水图式，将西方现代艺术观念与东方"天人合一"的博大精神相融合，逐渐找到了属于他自己的艺术语言方式，准确切入到世界文化背景中，成为中国画变革的主要参照之一而赢得广泛的认可，使他成为一个超地域性的画家。他个人的艺术探索构成了二十世纪中国绘画史上一个重要的组成部分。

三是刘国松开辟的新天地是极富想象力和原创性的。这不仅表现在他一贯主张的"首先要画得与别人不一样，进而要画得比别人好"。而且也表现在他突破了以往的观察思维方式和艺术处理方式。艺术家的最高品格是独树一帜的创造意识，是无穷无尽的反复实验。

黄：刘国松在他的艺术实践中不断尝试，创造了不少绘画技法。他还从材料上入手，包括创造了一种纸，上面有很多纸筋，画完之后，他把纸筋一根一根地撕掉，这种纸被称为"刘国松纸"。

周：刘国松在艺术实践中，不断发掘艺术媒材的表现潜力，不断尝试媒材效果的种种可能性，从而创造了一整套技法。你说的"刘国松纸"就是他的"纸筋法"，还有"拓墨法"，以及"裱贴""喷洒""渗墨"法等构成了极为特殊的肌理效果，为艺术语言的转换提供了新的范例。如果说，刘国松的表现技法和肌理效果，一时还不为偏爱东方笔墨情趣的人理解，那么它在西方却另有一番美誉。英国著名美术史教授苏立文评价："刘国松运用裱贴、由纸的背面画，或画后撕去画

1990年4月，周韶华（左二）与画家刘国松（左三）、美术评论家陶咏白（左一）在参观画展

面上最粗大的纸筋，创造出一种变化多端而更统一的美好风格。"美国著名艺评家肯乃德说道："他那种蘸满墨与颜色扫帚似的笔，使整张画纸充满着活力。"世间一切原创性的东西都是古未有之，也许这些评论会改变一些人对特殊技法的看法，甚至会影响我们观画时的思维方式。

任何东西都代替不了你的阅历和真情实感

在完成以黄河为主题的"大河寻源"之后，周韶华又开始以荆楚文化为坐标，对长江文化进行考察，对长江流域的自然生态进行实地感受，由此对上下五千年的中化文化有了一个"传统是多样化的"认知，并努力把艺术的文化内涵与生活积累统一起来，在意象世界中照亮存在的本来面貌，超越自我，打破国界，真正回归艺术本体，使自己成为真正意义上的当代人。

黄：1985年夏季，您开始了第一次长江万里行，由此打响了您的"第二个战役"。

周：这可能与我有过军旅生涯有关，不想东一枪，西一炮，要打就打带有战略意义的决战，以实现自己的价值目标。"黄河战役"算是拿下了，效果还不错。接下来就是"第二战役"——长江。

黄：您自己称这是一次艺术生命之旅。这一次考察与以往的黄河考察有什么不同？

周：中国文化不能仅局限在黄河文化，长江文化可能比黄河文化还要久远。所以这次长江万里行，我不仅到过千里冰川覆盖的长江源头，还登上了喜马拉雅山海拔近六千米的高处；上过昆仑山、帕米尔高原，上过天山、巴颜喀拉山和横断山脉。但不是简单地去"为祖国山河立传"，并且有意与《话说长江》那样的电视纪实片的再现式手法拉开距离，换言之，就是避免落入"为祖国山河立传"式的浅层次语言表现的窠臼。目的就是通过现场的精神感应、心灵体悟，有如刘勰《文心雕龙》所说"思接千载，视通万里"，观照生生不息的宇宙生命，对作为艺术内核的"道"进行有效把握，从而使自己能立足"乾旋坤转"式的宇宙，感受到充满勃勃生机的自然大象和天地大美，体验那风起云涌、大气盘旋的宇宙感和生命活力，领会中国文化中所蕴含的"天人合一"式的具有"抱元守一、返璞归真"属性的美，在精神内涵与文化品位上做出新的超越。只有如此，才能与以往一些消极遁世的山水画拉开距离。

黄：这好像也是您一以贯之的不懈追求。考察长江是不是比考察黄河在行进途中更加艰难？

周：是的。搞艺术创作，深入观察和感受生活非常重要，没有切身体验和感悟，仅靠照相机帮忙记录，或者画几笔写生稿是不行的。比如说要画长江，若登上喜马拉雅山这个最高点去感受长江，去俯看长江，思维空间可能就大不一样。于是下决心先上喜马拉雅山。从陆地到江源有两条路线，南路是从成都到拉萨，北路是从格尔木到沱沱河沿。我从南路进入，到达的第一站是拉萨。而且，接下来我依旧是靠画通行证跑遍西藏的。

黄：您说的一路画通行证是什么意思？

周：那时我自己也没有多少钱，又不能用公家的钱去外出写生，就只好走一路画一路，所以，我的"通行证"就是画出来的。

黄：您以往外出采风也是靠画"通行证"吗？

周：那时候除此之外没有其他办法。

黄：一共画了多少张"通行证"？

周：也没有专门统计过，反正不少。

黄：这一次的行程能否说具体一点？

周：我去的那会儿，西藏自治区政府还没有宾馆，我就在政府的招待所住下。当天晚上，自治区党委副书记和一位秘书长来找我，说："哎呀，你真是来得好啊，今年是我们自治区政府成立二十周年，我们到北京去请那些老先生，他们身体条件都不行，怕高原反应受不了，不敢来；年轻人又没有什么名气。政府帮助我们建设八个大项目，其中一项就是帮我们建一个大宾馆。你来了就给我们作作贡献，给我们画几张大画吧。"我说："我刚来，还没有什么感觉，总不能在这里画西湖、东湖，而应该画喜马拉雅山，画西藏最有特色的山水风光。我现在还没看到生活，怎么画呀？我得先去感受生活，之后才能给你们画。"他们就问："说吧，有什么要求？"我说："没什么别的要求，你给我派一辆越野车就行了。"他说："这个好办，正好，我们刚进口了二十辆丰田巡洋舰。我再派个人跟着你，有些地方荒无人烟，你一个人是不行的。"他们给我派的司机是个藏族人，在部队干了好多年，汉语说得也好，还可以给我当翻译。这个车真是太给力了，司机的技术又好，在喜马拉雅山上他横开竖开，把我吓得哟，心想：这车要翻下去怎么得了啊？

黄：部队培养出来的司机技术一般都很过硬，加上车的越野性能好，应该是有惊无险。

周：你说得没错。那个时候很多地方根本没有公路，我们经过艰难跋涉，终于到达目的地。我永远不会忘记，1985年6月21日上午，我们登上了海拔六千米高地，向往已久的"世界屋脊"——喜马拉雅山，此时已踩在我的脚下，被藏语称为"圣母"的珠穆朗玛峰就矗立在我的眼前。当时的心情非常激动，激动得难以言表。但由于空气稀薄，我的头有些发昏，腿脚变得软绵绵的，好像有失重的感觉，没办法，只好下撤。失重的感觉或许与磁场有关系，联想到登山队队员，他们爬那么高的地方，皮靴子下面不光是有钉子，还有很厚的铁板子，恐怕就是考虑到地球的引力、有磁场的引力，不然一不小心就站不住了，所以我就想到与磁场有很大的关系。

黄：在如此恶劣的环境中，您居然还想到了地球吸引力和与之相关的"场"。下撤后又去了哪里呢？

周：我们折回聂拉木和樟木口岸、尼泊尔去观看，再转回去看希夏邦玛峰。这里四面八方，全是顶着冰雪的山峰，雄立在祖国西南边疆，就像一座天然的长城。面对这高峻奇伟、巨大沉雄，如此威严峥嵘的喜马拉雅山脉，我一路都在想，怎样才能把它的力度和强度，化为精神力量，转化为雄浑健美的凌云之笔画长江，以"扫除腻粉呈风

1985年，周韶华赴喜马拉雅主峰途中

骨"，震撼当代，感动后世？

黄：不到现场去感受，很难有这种切身体验和豪迈的构想。接下来又做了哪些安排？

周：后来因身体实在受不了，剩下阿里没有去成，非常遗憾。1994年我去新疆的南疆，准备从红其拉甫地区过去，结果到了红其拉甫地区，海拔五千多一点，晚上就睡不着了。时隔九年，身体明显不如从前。其实，这里的条件比在西藏时好多了，这里有边防部队，还有氧气袋。我即便是吸着氧气袋也睡不着，就趴在窗口看星空，星斗又大又亮，就像童话世界一样，真是太美了。

黄：看来，要想看到一般人看不到的风景，起码要具备两个条件：一是要有一个好身体，二是要敢于付出不一般的艰辛。

周：对。我当时想的就是先难后易，先远后近。那时我五十多岁，身体还受得了，到六十岁以后去就麻烦了。像青城山、峨眉山、黄山、九寨沟、张家界等地方，我都是后来才去的，因为这些地方相对容易些，想去就去了，不是太难的事情。西边帕米尔高原、喜马拉雅山、巴颜喀拉山、天山、祁连山，我都去了；东边长白山、黑龙江，包括台湾地区我都去了，一个都没有漏掉。

黄：您也为此付出了很大的代价。

周：没错。以前我的视力很好，登山之前我还专门去检查了一次，两只眼一只是1.5，一只是1.6。从高原回来以后，别的不好检查，我先检查了视力，左眼是0.7，右眼是0.5。由于高山缺氧，持续时间较长，对心肺功能的损伤还是很大的。

黄：这次西行用了多长时间？

周：在西藏一共五十八天。

黄：有什么样的感悟和收获？

周：此行最大的感悟是：艺术语言的创造，关键在于你身处在什么"现

1986年周韶华在横断山穿行时从金沙江虎跳峡爬上哈巴山

场"，生活在什么环境。在小桥流水旁边，就创造不出喜马拉雅山式的雄伟语言。把握一种语言就是把握一种完整的生活方式和艺术方式。艺术语言的界限就是我所占有的那个世界的界限，否则就很难谈创作的自由和风格语言的自立。艺术语言实质上是主体情感的显形，它植根于自己的历史结构和特定的文化环境。这是我西探边陲的重大收获，代价虽然很大，但收获是建构起了自己的艺术场。

黄：这样的体验不是一般人都有的，这对您的创作应该大有益处。

周：没错，这给我后来的创作提供了很大的帮助。搞艺术没有生活的真情实感是不行的，任何东西都代替不了你的阅历和真情实感，它不是让你去照抄或模仿，而是增加你的见识、视野和胸怀，这样，你画出来的东西就不会是小家碧玉、小桥流水。

黄：1986年5月20日，您又背起行囊开始了第二次长江万里行。这一次去好像是一个团队？

周：本想借助这次考察，搞一个综合性展览，包括电视、音乐、摄影、书法、雕塑、绘画，因受到干扰，也因后来考虑开支太大，太费心费力，同时也是为了避免有攻击者爱找茬便放弃了，后来只好是分题展示。

黄：这次的考察路线依次是青海、西藏、云南？

周：是的。

黄：好像还到了长江的源头。

周：这是一次生命之旅。在去长江源头的途中，因河水上涨，车辆在河床进退不得，我们被困在荒谷乱石堆中过夜，寒风刺骨，人人缩成一团，我们带的干粮和饮水都已用完，只得忍着饥饿和寒冷。这之后，从前藏转回后藏，经当雄、那曲，过唐古拉山，在太阳快要落山的时刻，来到沱沱河沿。1982年我曾喝过黄河源头水，现在又饮长江源头水，突然一念涌上心头，回去要再刻一方"曾饮江河源头水"的印章。我们夜宿在兵站小屋里，晚上更感缺氧难熬，躺着都感窒息，透不过气来，只得起来

1986年周韶华（左一）在青藏高原采风时与藏胞合影

坐靠墙壁，终夜不能成眠，脉搏跳动一百四十多次，随时有生命危险，次日凌晨四时不得不提前撤离江源。

黄：您为什么又选择了横断山呢？

周：横断山有象征意义，那里山重水复，交通极为不便，因而贫穷落后，发展极不平衡，与发达地区相比，简直是天上地下。但它又是一个相当典型的地区，是对任何一个画家都能产生吸引力的地区。从气候上看，它的温差很大，垂直变化呈现出寒带、温带和热带的气候。从地形上看，大起大落的滇西纵谷区，高差可达三千米以上。从社会形态看，它的时间差显著。你可以找到保留着原始社会遗风的民族、从奴隶社会刚刚解脱出来的藏族以及封建社会统治了几千年的汉族。

同沿海城市相比，同发达国家相比，这种时间差给我们的感受非常强烈。历史上的横断山地区是民族矛盾较多的地区，又是民族融合最广泛的地区。横断山地区是一种立体的文化，是五千年中国的一个缩影，是一个活的历史博物馆。

黄：或许人们会问，您将视线放在偏僻落后的横断山区，与您提出的走向世界的步调一致吗？

周：在当时，从中国看云南，如同世界看中国。横断山区的落后在于它的封闭。一条条杳无人烟的山川隔断了它同外界的联系，使它在一个封闭自足的系统中长时间地原地踏步。三千年前的云南岩画，孤立地看是震撼人心、十分壮观的。但这种壮观的艺术场面，耗费的代价何等巨大！同现代艺术日新月异的变化相反，它们是无数岁月重复积累的结果。此外，它同中国和世界其他地区更早的岩画相比，在表现方法和形式特征上并无明显的发展。而在三千年前，埃及美术已经成为古董，内地的青铜艺术已进入鼎盛时期，希腊壁画和雕塑也日趋成熟。很明显，青铜艺术和古希腊艺术形态同奴隶制社会形态是同步的，它们是对原始艺术形态的超越。我之所以去表现偏僻的横断山区，一个很重要的方面是指出封闭的弊端和开放的重要，指出当代中国走向世界的必要性。至于我主张继承传统宜采取隔代遗传的方式，是强调对古代艺术上升时期的一种抽象的继承，精神上的继承，而不仅仅是形式上的借鉴。这不应引申为排斥其他方式。

黄：横断山之行给您带来什么样的启示？

周：那里有类似母系社会的，有类似父系社会的，刀耕火种，生产水平极为低下，与外部世界的剪刀差很大。呼唤改革开放，呼唤发展生产力，就有话可说。把横断山地区文化放在世界文化的长河中去审视，就不难发现，在它与外界接通时，它同外界就保持在相同的层次上；在它与外界断开后，它同外界就出现了差距。一旦把它同中原文

1986年，周韶华在墓穴中观壁画

化、荆楚文化，以及中国以外的印度文化和西方文化同时考察时，我
们无疑可以获得十分有益的启示。

黄：两次长江万里行采风，您不仅创作了大量美术作品，还办了一个摄影
　展，发表了一份文化考察报告。随行拍摄的纪录专题片《横断的启
　示》，好像还获了全国大奖？

周：这些都是"长江行"的成果，与我那时多面出击、融会贯通的思想有
　关。我们拍摄的纪录专题片《横断的启示》，其实是针对当时影响非
　常大的一部纪录片而来的。那部片子谈的是改革，但出发点是错误
　的，完全否定了民族文化；我也谈改革，前提是要承认中国传统文化
　中存在许多精华。我们反思历史，否定的是它落后的糟粕，不是否定
　优秀的东西，否则，改革就无法真正推进。我们拍的这部专题片，因
　有些评委是赞助商，且评选一等奖的票数不够，只获得了全国新时期

十年改革题材优秀电视节目专题片二等奖。

黄：随着考察的不断深入，您也把触角伸向了民族历史和民族文化的更深处。

周：中国文化源远流长，你钻进去之后会发现它真是博大精深，有着数不清的课题，仅一个黄河文化都做不完。譬如，黄河文化里面包含仰韶文化，仰韶文化在中国有七千多年历史；还有青铜文化，在世界上也非常了不起。

黄：为了山水画的革新，您从思想到实践都竭尽全力。一面站在时代的前沿大声疾呼，希望通过同代人的集体努力尽早形成划时代的文化大潮；一面站在自然的峰巅穷天极地，体味宇宙的沧桑、历史的兴衰与人生的大甘大苦。

周：艺术创作应该是思想领先，文化支持，技巧保证。实际上艺术的深层结构是文化内涵，是社会沧桑变化的掠影。

黄：既要有思想，又要有内涵；既要语言出新，还要与前辈们拉开距离。说起来容易，真正做起来绝不是那么简单。您是如何做到的？

周：这就要有一个天地大观，天地大观的艺术客体就是生活。对这个客体你要分析，前人都画过什么，他们画过的我就不画，我要画他们没有画过的东西。前面说过，从终南山、秦岭到横断山以东，他们都画过，西边和北边，他们都没画过。所以，我的生活基地就在中国的西部，也就是前人没有去过的地方。选择好生活基地就要深入进去，而且要用身心去体验、去感悟，不是走马观花，更不是蜻蜓点水，要来来回回，反反复复地体验和感悟。青藏高原有些地方就去过几次，那些地方最难去，但还是千方百计克服困难去看，如三江源头、珠穆朗玛峰等，帕米尔高原去过两次，西部的几国边界都走到了，而且到了神仙湾哨所和红其拉甫哨所。所以，不下这种功夫，你就得不到天地大观。

应该含有大于美术的使命

中国当代美术承担着走向世界的文化使命。在先后考察了黄河流域和长江流域的历史和现状后，对照当今世界飞速发展的事实，周韶华深感作为一个艺术家，如果仅仅埋头在美术这个小圈子中孤立地探索，同急剧变革的时代对我们这一代人的要求就显得不相称。他认为，艺术是文化领域中的一个范畴，应该含有大于美术的使命，应该与当代文化其他领域的变革同步，不仅要立足本国，还应走向世界。他先后应邀访问东京、新加坡、曼谷、万隆、汉堡、科隆、日内瓦、维也纳、柏林、首尔、旧金山、莫斯科等地，以及我国香港地区，并举行画展，获得普遍好评。

黄：1986年，您除了再次当选中国美协湖北分会副主席外，还先后被华中师范大学、华中工学院（现华中科技大学）、武汉大学、日本名古屋艺术大学、中国人民大学、江汉大学，以及后来中国科技大学、湖北美术学院、中南民族大学、西安美术学院等聘为名誉教授或兼职教授。从一个"小八路"，到被十数所大学聘为名誉教授或兼职教授，您作何感想？

周：我感谢他们对我的厚爱。

黄：1986年到1988年这三年，您是非常忙碌的，国内国外，日程安排得非常满。1986年1月初，您去了长白山讲课，那是一个什么机构？

周：当时全国各地掀起一股强劲的艺术革新浪潮，吉林长白山松江河美术讲习班邀请我去给他们讲一课。

黄：您是一个人去的吗？

周：和李世南一道去的。

黄：重点讲了些什么？

周：主题是艺术创新。因为艺术的生命就是创新，没有创新光吃祖宗的现成饭是没有意义的。但创新是一个非常复杂而又难以讲清楚的问题，如果大家都对它认识得很清楚，问题也就好解决了。

黄： 那么，您又是如何阐释这个问题的？

周： 我没有从理论上去阐述，而是从1985年全国美术界的大活动讲起。我说去年浙江、南京、深圳、湖北、北京等地相继举办了探索精神较强的、有创新意义的展览，这些展览都引起了广泛的关注，也引起了激烈的争论。这些争论与"五四运动"以后美术界争论的焦点大同小异。所不同的是，那个时候的争论影响远远没有像今天这么大，因为当时的先驱们自身还有程度不同的传统负担。所以，我们谈创新，首先要谈创新的时代背景，要了解创新与社会发展的一般关系，就是说，创新是由历史的责任感所激发，灵感是从社会实践和艺术实践中来，人们的思想很难超越思想发展的一定历史阶段。认清了这个问题再选择自己的方位座标，确定自己的运行轨道。

黄： 这个开场白开得好。接下来该有针对性地涉及到创新问题了吧？

周： 我重点讲了三个问题：创新的信息环境、现代艺术发展的趋势、美术的社会化和社会美术化的问题。其中谈现代艺术发展的趋势时作了几个方面的延伸。

黄： 您讲的第一个问题是否也可以理解为艺术创新与信息环境的关系？

周： 可以。我们应该知道现在正处在一个什么样的社会，什么样的大环境中。从世界范围来看，科学技术发展很快，比如电脑技术，它把人的大脑功能大大延伸了，并已开始代替了人的智能活动。随着未来学的出现，科学技术的发展，艺术更新的周期也将大大缩短。今后更新的频率会非常快，连地球也让我们感到它越来越小了。1985年我到了青藏高原，到了中尼边界，年终又到了东北的长白山和鸭绿江，到了中朝边境。在大西南跑了一万多公里，这在过去是难以想象的。以前行万里路是了不得的事，现在我一年就能驰骋几万里。这说明产业革命必然带来艺术的革命，美术的革命也是不可避免的，这是历史发展的必然。只要认识到时代的环境变化，你就会自觉地投入到艺术创新的潮流中去。这就要更新艺术观念，站在世界艺术之上，全方位地、多元化地认识当今的艺术世界。不管东方、西方、南方、北方、古今中外，都要进行研究。今后艺术上必然会出现新的综合，不综合是不可能有新发展的。如果不注入新的血液，艺术就会衰老，就会贫血。凡是有头脑的画家都会把东方文化放到整个世界文化的背景之上，放到现代社会的背景之上，这是更新艺术观念的前提，树立这种观念非常重要。创新是时代摆在我们面前的紧迫问题，艺术转型是不可避免的。

黄：第二个问题是现代艺术发展的趋势。您对这个趋势是如何判断的？

周：我分以下几点来谈：即单纯化，情绪化，多元化，观念性与象征性，形态美、素质美和技巧美等五个方面。先说单纯化。现代人的生活节奏快，生活在如此繁忙紧张环境中的现代人，他们的精神生活方式要求轻松和宁静，这样才能得到心理上的平衡。我们来看亨利·摩尔的艺术世界，他的雕塑为什么那么单纯？因为他深知现代人不需要啰嗦。为什么后印象派否定印象派？因为他们敏锐地意识到印象派追求的东西过于机械繁琐。日本的现代艺术，大都追求单纯清新，使人感到非常轻松，呼吸自由。可是一到我们的展厅，看一次展览就感到非常疲劳。原因就是我们太注重解释性和叙事性，这是违反现代人心理的。唯有单纯化才能使现代人的心理得到平衡。

再说情绪化。一切对象都是艺术语言的素材，所有传达表现因素都服从于主题情绪的优美旋律。由于艺术家的审美思辨而执着于内心世界的表现，一切艺术形式都将趋向音乐。因此表现传达方式就更加抽象化。抽象化的优越性就是把艺术提炼到最纯的程度。而中国写意画就具有许多抽象因素，让人们去领略意笔神韵、空灵和知白守黑的奥妙，并不在意物体构成的物理性、科学性，而去享受艺术性、精神性等等。

三是多元化。世界是如此之大，人又如此之多，必然要求艺术向多元化拓展。如果硬要国画必须这样，油画必须那样，谁做出这种规范，谁就是不懂艺术。任何一种艺术形式不解放，缺乏宽容，不注意拓展，这一门艺术就得不到发展。因为现代人的思维方式是多向的，群众也是多层次的，表现也必须是多元的。我们每个人都应该找到自己的艺术世界，找到自己的表现方式，一万个画家应有一万个艺术世界。绘画将从内涵深入和外延拓展两极呈现出千姿百态。

四是观念性与象征性。现代绘画将从表现物体转向表现主体，转向表现内心世界。作品将趋向理性世界，暗示难以言传的事物本质，引发幽深隐约的韵味，这是一个重大进步。现在有不少人在追求绘画的观念性与象征性。我在"大河寻源"的创作中，就是把历史性把握与现实性把握统一起来，给人们一种哲理性的沉思，以呼唤出爱国主义的情感。刘国松同样做了有益的尝试，他在时空观念上否定了有限的静止的时空关系，创造了移位变化的时空关系，扩大了空间而缩短了时间，表现了一种宇宙意识，扩大了绘画的表现领域。其实，这种表现在我国古代艺术中早已有之，但被遗忘了。

五是形态美、素质美和技巧美。以前我们把这个问题放在非常次要的地位，艺术本身就是一个独立的审美对象，因此有必要把形态美上升到一个重要的地位。我们是搞造型艺术的，所以观察对象，要特别注意动态美和思考造型美，讲究材料的素质美和肌理美，突出材料本身的质地美。你画中国画就要发挥笔墨的美，还要注意文房四宝以外的物质手段，它们可以给你提供更大的恩惠，这样才会扩大和提高艺术的欣赏价值。比如说，我在"大河寻源"的一部分画作中用的就是拷贝纸，使用材料本身就是一种发现和创造，同时也启发观众去发现去创造。我在香港看到，每个艺术家都有个人的表现方法，各有千秋，互不相同。从历史的角度看，每一个时代的变革，文艺大都是走在前列的。所以，要思想解放，艺术要带头，什么材料都可以大胆地尝试，大胆地利用，关键是你能否把那些材料变成一个完整的艺术品，并赋予它以生命力，不是为玩弄技巧而玩弄技巧。

黄：您又是如何解读"美术的社会化和社会美术化"这个问题的？

周：我认为这是我们时代的文艺复兴、文艺真正繁荣的一个标志。我们这样大的一个国家，要有大的容量和宽容度，要相信自己的消化力，要有气魄，不要小鼻子小眼小胃口。汉唐以来，有许多文化都是外来的，如佛教文化，在中国扎了根，变成了我们自己的文化。外来文化充实和改造着中国文化，以至完全变成我们自己的文化，这完全证

渤海湾的晨光   纸本水墨   64cm×81cm   1983年   中国美术馆藏

明了有五千年历史的民族文化是绝不会消亡的。可怕的是背上 "中华
文化思想" 的自大包袱，那就很难再攀登新的高峰。不能自大，也
不能自卑。我为什么画 "大河寻源" 组画？那时就感到有不少人的民
族自卑感很重，有人认为我国什么都落后，都赶不上外国，什么都是
外国的好。作为一个艺术家，我有责任，开掘民族精神，增强民族的
自信心。画黄河，并不是去画黄河本身，而是画中华民族的灵魂和志
气，创作 "造型性的黄河大合唱"，体现我们民族的精神品格。我
也吸收了西方艺术的一些表现手法，但搞出来的还是我们民族的东
西，这是一个重要的立足点，艺术要有民族自主性。

黄：您从长白山回来就开始着手布置 "湖北青年艺术节" 的相关工作，
　　5—7月开始第二次长江万里行。9月，您去了新加坡，在仙碧画廊举
　　办了 "周韶华画展"。是仙碧画廊邀请的吗？

周：是的。

黄：这是您第一次去国外举办个展吗？

周：不是，第一次是在日本。

黄：新加坡华人比较多，徐悲鸿、张大千等到这里办过画展，他们对传统
　　的东西可能更感兴趣，不知道对您的作品反响如何？

周：这里是华人的天下，也是一个东西文化包容的地方，他们看我的作品
　　没有任何障碍。

黄：1987年，您先后两次出国，先是率中国画家代表团赴泰国访问。此行
　　访问的主题是什么？

周：我此次率团赴泰国主要是为泰国国王阿杜德六十寿辰举行专题画展。
　　泰国给予了热情接待，时任副总理差猜在官邸亲自宴请了我们。

黄：另外一次是赴德国西柏林帝国大厦出席欧华学会第四届年会？

周：对，在年会上作《横断山系文化考察报告》，并出席了多项交流活
　　动。

1987年，周韶华（左四）等访问泰国，时任泰国副总理差猜（左三）宴请访问团

黄：1988年，您踏上了祖国的宝岛台湾，到台北举办个人画展。是谁邀请的？

周：是刘国松介绍，李锡奇邀请的。在台北三原色艺术中心举办"周韶华水墨画展"。

黄：当时，台湾对大陆来的艺术家是充满友善还是另眼相待？

周：台湾报纸刊登专版，并以《周韶华豪气干天》为题发表了评论，刊发"大河寻源"作品，这完全出乎李锡奇的所料。开幕式他跑到福建搞漆器书法，害怕国民党追究通共，结果他感到很意外。

黄：您后来好像多次去台湾地区办展览？

周：对。第二次是在台中，台湾省立美术馆举办联展，我有作品参加。第三次是在太平洋文化基金会艺术中心举办"周韶华现代水墨画展"；第四次是在台北中山纪念馆举办"山河呼唤画展"。

黄：就您的观察，台湾在中国画变革方面有哪些值得我们关注的？

1988年在德国法兰克福美术馆毕加索作品前

周：也许是中原文化带到了台湾，海洋文化冲击着台湾，这两种文化的撞击，由台湾"五月画会"于五十年代末擎起了"中国水墨画现代化"的大旗。扛大旗的就是刘国松，还有从海外声援支持的李铸晋教授与一些欧美人士。在我看来，"五月画会"的历史功绩至少有以下四点：一是他们提出的"革中锋的命"这一刺耳的口号，其目标定性就是要从中国水墨画的图式换型、艺术语言转换入手，改变审美标准的价值规范，这极大地冲击了"笔墨情结"，使语言转换成为可能；二是在提倡中国水墨画"现代化"时，"五月画会"的同仁们在"模仿新的，不能代替模仿旧的"这个大问题上取得共识，这对建构新的东方水墨画是个定向定位的根本问题，在努力把水墨画艺术从中华文化圈推广到世界文化圈的时候，能保持东方文化风采去独步天下，而不是向西方倾斜，用西方文化代替东方文化，全世界只唱一台戏；三是"五月画会"造就了一批有很高成就的画家，影响了更多的

后来人，可说是开花结果，群星灿烂，在世界的许多地方播下了种
子，尤其是对香港现代水墨画会的影响渊源更深，甚至可以说，香
港的画家受益更多；四是刘国松后来到香港中文大学执教时又提出
"首先要画得与别人不一样，进而要画得比别人好"，创造性的标
志是与众不同的个性化语言，独一无二的形式系统，它与京戏的梅
派、程派唱腔不走样不同，画家要提倡唱自己的"唱腔"，不可有师
出"王门"或"李门"的痕迹。

总不能一棍子把他打死

1985年7月，《江苏画刊》刊发了南京艺术学院在读研究生李小山的
一篇文章，这篇只有四千余字的文章，却将剑锋直指中国画的命门，不仅
把中国画视为穷途末路，而且还对画坛大家指名道姓，评头论足，在全国
引起轩然大波。两年后，周韶华的名字竟出现在李小山毕业答辩委员会的
名单中。结果是：李小山过关了，周韶华却面临一个又一个难关。

黄：有一件事要跟您求证，您是否担任过南京艺术学院李小山毕业答辩委
　　员会的委员？

周：是的。南京艺术学院群起阻挠不让李小山毕业。

黄：这个李小山是不是在《江苏画刊》上刊登《当代中国画之我见》，说中国
　　画已是穷途末路的那个李小山？

周：没错。

黄：那您为什么还要接这个烫手的山芋？

周：李小山的指导老师张文俊是非常好的一个人，又是山东老乡。他写信
　　给我，说："你要帮我结尾，李小山的毕业答辩，你不参加答辩委员

会他就过不了关。"我当时正好要出国去访问，我说："不行啊，我要到泰国去，已经定好了。"他问："要多长时间？"我说："要一个月后才能回来。"他说："那我向学校要求一个月后举行答辩，这个答辩委员你可当定了啊。"没办法，我只好答应了。

黄：这是哪一年的事儿？

周：1987年。

黄：参加李小山的毕业论文评审您没有什么顾虑吗？

周：其实，有好多人当时劝我最好不要去，说我要是去了会触怒好多老先生，也会有好多人不愉快。但我这个老乡张文俊是江苏省美协的副主席、南京艺术学院国画系主任，他想尽办法要帮助他的弟子，这是其一。其二，年轻人，特别是一个在校学生，写文章即便是有什么不对，那也是学术问题，总不能一棍子把他打死吧。

黄：最后您还是去了？

周：我刚从泰国回到广州，就被拦飞到南京，记得是周京新去接的我。张文俊没有先让我去招待所休息，而是领我去见另外几个答辩委员，如魏紫熙、刘汝澧。刘汝澧是个老教授，教美术史的；魏紫熙是江苏省画院的老画家，现在都作古了。过去我们都是老朋友，所以见面都谈得来。魏紫熙说话非常坦率，他说："我刚从北京回来，文俊兄给我这么个任务，我简直是如坐针毡，如履薄冰。我得请示省文化厅，当不当这个评委。结果文化厅说，你当评委有什么不可以的，你认为他够水平就同意，认为不够就不同意，你自己决定。弄得我左右不是，唉。"

黄：看来，李小山的那篇文章让很多人感到不舒服，连老艺术家当不当这个评委都感到左右为难。

周：李小山的文章确实让许多人很不舒服，也让中国三大国粹之一的中国画，在这场文化变革的旋涡中受到严峻的冲击。当然，这与国际绘画潮流的冲击不无关系，使这个独立封闭的艺术王国的发展前景变得扑朔迷离起来。在众说纷纭之中，有推崇创新的，有坚持守成的，还有呼吁另起炉灶的；有人建议把它作为保留画种送进博物馆，有人提出修筑一道小"长城"，把它同外来艺术隔开，让它在纯粹的体系中自我更新，有人则主张放任自流，不予干涉。这些表面上看上去有些针锋相对，但从各不相同的出发点和价值标准去看，又似乎都有其合理性。那个时候年轻人思想比较解放，什么都敢想，什么都敢说。

黄：平心而论，您认为李小山的学术观点对还是不对？

周：学术观点不能简单地评价对与错。画坛应该向多元化发展，但并不排除我们从更宏观的价值观上去分析各种不同倾向的追求。由于中国正处在一个历史性的转折时期，处在一个走向改革开放、走向现代、走向世界的阶段，处在古典文化形态向现代文化形态转化的时代，那么，作为文化先驱的艺术，就不可能不打上这个时代的印记。换言之，从古典文化形态转化为现代文化形态，从一个封闭自足的系统中走向开放、走向现代、走向世界，将是新时代、新艺术的文化使命，自然也是中国画发展的大趋势。诸多经验也证明，任何艺术的历史性突破都是多元相济的，任何艺术的伟大成因都是多元的。因此我坚信：陈陈相因是不可能产生伟大艺术的！

黄：另外几位答辩委员又是如何看待李小山的？

周：他们都把李小山看成了老虎，每个人都写了稿子准备拿去质问他，怕自己到时候说不到点子上。刘汝澧是个理论家，他也准备了稿子。

黄：那一天答辩的现场是个什么样子？

周：我们进去后发现，屋里坐得满满的，窗台上地上都坐着人，还有站着的，多是中国人，也有外国人。有三个摄像机在录像，学校看大势不好，就把电源掐了。

黄：作为答辩人，李小山的表现如何？

周：表现得特别好。他聪明得不得了，答辩委员提了好多问题以后，最后他说："老师给我提了这么多问题，我数了一下有二十多个，在这么短的时间内，我不可能每道题都回答，我归纳成四个问题来回答。"结果是答非所问，完全绕过了他们提的那些问题。如果他照着那些问题回答，绝对答不好。

黄：本着实事求是，你们对李小山的论文怎么看？

周：其实，李小山这个文章也并不是无懈可击的。他的毕业论文是批判石涛，说是儒家思想什么的。其实，石涛当时是个创新的画家。刘汝澧当时就说："文人画家当时为什么要崇尚《林泉高致》，是因为他们不愿意跟统治阶级合作，自己找到了一个自由空间来抒发自己的理想和追求，是追求自由的表现，并不是反动，也并不落后啊，在当时应该是一种进步现象，而且是跟统治阶级根本就不合作，是远离当时的政治嘛。"刘汝澧说："李小山这个文章有问题。而李小山他完全没有回答这个问题。"

黄：刘汝澧的话显然对李小山不利啊？

周：当时李小山有很多"粉丝"，他每答一个问题，"粉丝"们都给他鼓掌。休息的时候，我看大势不好，就跟刘汝澧说："文俊兄求您我帮他的忙，您要是投反对票，文俊兄那里过不去，您考虑一下这个问题，不要光看李小山。"刘汝澧说："是啊，我考虑问题有时候不是很周到，有次我到杭州去，有个教授请我去当答辩委员，结果我投了反对票，多少年以后我心里都很后悔。因为他请我去，是叫我帮忙，让他的研究生毕业，结果我投了反对票，白请我去了。"

黄：您自己帮忙也就算啦，怎么还做起别人的工作来了？

周：是啊，我的确是做了相当多的工作。

黄：我想知道，李小山最终过关了吗？

周：最后还算是顺利地过关了。这与事前做工作有很大的关系，特别是张文俊这个人很好，这几个评委都是他精心挑选的，大家跟他都是很好的朋友，都不好意思跟张文俊过不去。你还别说，李小山这个小子是真不简单。答辩会上，我们给他提了那么多问题，他居然可以绕过去回答，旁听的人还不断为他鼓掌。有才华，确实有才华！学校本来是不想让他毕业，可是后来还把他留校了。李小山是个特例，但有些人是专门靠这种轰动新闻来使自己成名的。在我看来，完全靠制造"轰动效应"来提高自己的社会知名度，是非常不可取的。学问这个东西是科学，是很严谨的，是要下苦功夫的，是要经得起历史考验的。

黄：李小山过关了，可让您倾注了大量心血的《美术思潮》却要面临停刊了。停刊的理由是什么？

周：既受到美术界守旧势力的反对，也受到美术界之外部分势力的排斥。

黄：您有没有为《美术思潮》出面去争辩？

周：不是争辩，而是圆场。

黄：听说您作为中共十三大代表差一点就去不了北京，这又是怎么回事？

周：有人（都是美术界的）实名举报，列举了我"八大罪状"。中组部、中纪委和十三大代表资格审查委员会组成联合工作组，与湖北省相关单位联合调查落实，证明都是莫须有的。事情搞清楚了，可离大会开幕式的时间很近了，湖北代表团只得乘专机直飞北京西苑机场。说实话，我当时坐在飞机上心里还非常气愤，准备开完会后采取法律手段起诉他们，以解心头之恨。还好，总算赶上出席十三大开幕式（1987年10月25日）。后来何溶告诉我，他在看中央电视台十三大的直播中，我的镜头反复出现过七次，比一些领导人的镜头还多。我心想，这下等于给我平反了。回来后我没再提及此事，也没有与那些老熟人提起此事，大家都是心照不宣。

黄：1988年11月，中国文联第五次全国代表大会在北京召开，您被选为中国文联第五届全国委员会委员，并当选湖北省文联执行主席。

时任国家主席李先念接见出席党的十三大的湖北全体代表（中排左三为周韶华）

周：似乎是合乎逻辑的。

黄：您还被聘为北京国际艺苑评委？

周：推荐董继宁为新青年画家三杰，其他两位是贾又福和宋雨桂。

黄：您撰写的文章《走向开放、走向现代、走向多元》《自主选择与自我完善》，分别刊登于《美术》1988年第2期、第11期、第12期上。

周：都是为艺术创新鸣锣开道。

我从不背包袱

　　1989年，时任湖北省文学艺术界联合会党组书记的周韶华正好60岁，他主动给省委书记写信，请求退出领导岗位，好一心一意搞艺术创作。但他的请求并没有完全如愿以偿……

黄：您60岁那年，主动给省委书记写信，请求退出领导岗位，当时是怎么一回事？

周：那年，我主要在家封闭搞创作。期间，受时任省委书记关广富同志指派，带队到武当山考察道家文化。回汉后赴梁子湖采风创作，在梁子岛因吹湖风而得了面瘫，住进梨园医院治病。

黄：听说当时有人对您不满意，还告了您的状？

周：主要是针对我的艺术创作。开始时我搞一些探索，搞一些新的表现方法，有人说我背离传统，指责我背离传统就是背离民族性，无限上纲，在政治上施加压力。过去跟我关系非常好的老领导也不理解，总觉得你变了，是很严重的问题。

黄：老领导对您不太理解，那您怎么办？

周：我自己曾多次要求退休，好一心一意搞艺术创作，结果领导和组织上都没有同意。恰好这期间我生病住进医院，什么事也干不成，我就给省委书记关广富同志写了一封信，讲了很多道理，还找医生给我开了很多证明，证明我有好多种病。并说，以前说我年龄不到，现在我已年满六十，又有好多种病，已符合退休条件，我所担任的工作完全可以交给年富力强的同志来干。

我在信上说，艺术的意识形态化、政治化，导致很多之前的大文豪、大画家后来都不怎么出作品，为什么呢？因为害怕，怕一不小心，犯了路线上的错误，这是不得了的。曹禺、巴金，后来都没有大作品问世，原因就在这里。还有很多优秀的文学家、艺术家，他们也很优秀，但由于从事了自己并不擅长的行政工作，导致自己的专业荒废了。我想，跟我一样的还有很多人，为什么非要让我当领导呢？要是让我好好地搞自己的专业，我可以成为一名很好的艺术家，而我所在的这个职位，很多人都可以代替我的。回头看看，这个时期没有留下什么大艺术家，不能说不是一个历史性的遗憾。再者，我们又把文艺团体、文化机构搞得机关化，这个问题非常严重。我在信上讲了好多道理。

黄：省委书记看了您的信作何反应？

周：关书记看了以后，觉得非常在理，最后他批示："完全同意韶华同志的意见，请组织部、宣传部满足他的要求。"结果宣传部一直压了半年不回复。我就托很多人去做这个宣传部长的工作，被我拜托做工作的人感到很奇怪，说一般人都是要求往上升一点啊，或者晚点退啊，你倒好，从领导岗位上下来还要托人做工作，真是不可理解。我就跟他讲道理，最后他也觉得我说得很有道理，就帮我做工作去了。领导最后同意我不再担任党组书记，但不赞成我辞去主席

1989年周韶华涉水大宁河

的职位。我说："当主席做什么？"他说："当主席可以管大政方针。"我说："大政方针党中央管，具体执行有省委管，我能管什么大政方针？"他又说："你有地位和影响，有些事情比较好办。"最后我说："那我有个条件，我不主持日常工作，我的中心任务是搞创作，如果领导同意的话，我可以答应；领导要是同意的话，要向宣传部主要领导和文联的全体职工正式宣布这个事情，不然一天到晚，都有人找我谈话，不是房子问题，就是级别问题，或是职称问题。"

黄：也就是说，您当这个主席只是挂个名，不管具体事情？

周：可以这么说。我当这个主席，就是不管日常工作，什么事情我都不具体管，都交代得非常明确，有人专门负责人事问题，有人专门负责财务问题，我就只是主持开工作会议。可能很多人不理解，别人都是把人事权、财务权抓在自己手里，我却是把所有权力都分给别人，日常事情都是各司其职，由他们自己解决，不要事事汇报，除非特别重大的事情，觉得没把握的，给我打一声招呼，免得到时候说得不一样。你看，我可以全国各地跑，做那么多事情，别人就做不到。现在

1989年，周韶华在泰山之巅写生

　　周韶华（前排左六）与吴冠中（前排左四）、刘国松（前排左三）、沈鹏（前排左二）、邵大箴（二排左五）、刘骁纯（三排左三）等参加评选作品

全国像我这一轮的，哪个人走的路都没我多，全国的大山大河我都去过了，而且好多地方去了不止一次。有人就跟我说："我们一天到晚忙得要死，你怎么能做那么多事情，你文章也写，画也画，还办那么多展览，你是怎么做到的？"我说："你不会安排工作，什么事情都自己垄断，有那么多副职你为什么不用呢？"

黄：不再担任文联党组书记，等于不再有单位一把手的权力。当时心里有没有某种失落感？

周：恰恰相反。批准我不再担任文联党组书记的当天，我心里感到少有的轻松，回到家里就禁不住呼喊起来："解放了，自由了……"

黄：您确实与众不同，别人是揽权，您却是分权，说出去恐怕很多人不会相信。

周：相信也好，不相信也罢，事实就是如此。在其位就要谋其政，要紧的事情还是要做，不然你搞得一点成绩都没有，也不行。一年总要搞几件有影响的大事。你看，我在文联执政的时候，做了很多在全国都很有影响的事情。像"金鸡奖""百花奖""电视十佳奖"都拿到湖北来搞，很多名演员我都给他颁过奖。一年中要紧的事情还是要抓住不放的。

黄：您是提得起放得下。即便是乱云飞渡，也没有影响到您的创作，这一年您创作了诸如《金山银山》《沧浪水清可濯缨》《楚凤》《宇宙之光》《乡心随去雁》《山在呼吸》《初雪》等一批好作品。实事求是地讲，您当时的心情怎样？

周：我从不背包袱。

金山银山　纸本水墨　67cmx66.5cm　1989年

探索现代语言（1990—1999）

周韶华《大漠浩歌——战旱拔》（局部）

艺术作品需要多面支撑

周韶华自述："我认为，构成作品的三大元素是生活积累、文化内涵和形式语言。任何以艺术为专业的人，都必须全力以赴地去解决和充实作品的这三大元素。这三大元素是构成艺术生命的最根本的东西。每一种元素的取得都离不开走进生活现场。"

黄：1990年3月，您在武汉举办"周韶华摄影艺术展"，展览地点是华中工学院（现华中科技大学），为什么选择在这里展出？

周：我是该院负责美育的兼职教授，有一个美育团队委托我来指导。

黄：您是什么时候搞起摄影来的？摄影对绘画有什么关系？

周：摄影是我的一个爱好，"文革"之前我就开始摆弄相机，论时间也不算短，但算不上发烧友。之所以搞摄影，是它能帮我作行进中的现场记录。因为不到西部，不知道中国之大，就如同孙悟空跳进如来佛的手心，总是跑不到尽头。自己想要多看一些地方，几乎每天都要跑几百公里。来得及就写生，来不及就按快门，必须留下记忆，否则以后靠什么作画？诚然，照相机不能替代写生的感受。写生既能画出感受，又能画出"迁想妙得"，从自然中找到绘画语言的第一手资源，所以不可放弃手中的画笔。但照相机可以帮助我收集一时还画不出来的更为丰富多样的素材，是一种更为便捷的科技手段，况且，它本身也是我的艺术的一部分。

黄：您的摄影艺术展与其他人的摄影展有什么不同？

周：因我的摄影器材落后，有不少作品是硬拼硬接，故而与众不同。

黄：您的摄影作品和您的绘画有很多共同之处，比如：取材多半是西部，而且所摄取的山川风光，包括人物都非常注重内在的张力。

周：这可能与我画画有关。到生活现场摄影与写生证明了一个重要真理，就是：艺术道路就在脚下，艺术道路是靠一步一步地走出来的。艺术气质、艺术风格的形成也是在"走"中感受到、体验到和干出来的，不是从天上掉下来的，也不是前人恩赐的。如果不到生活现场去探险，走别人的老路，是很难达到理想的天国。我是在走进生活现场中真正悟到了老子讲的"千里之行，始于足下"这句经典名言。

黄：在行走中悟道。摄影也需要感悟大自然的奥秘与生命么？

周：那是当然。到大自然中去，就是去聆听大千世界的回声，领略物我超越的奥秘。只有当自己聆听到大千世界的回声，敏锐地感应到万籁在如诉如泣，才能表现出宇宙大生命。这实际上是在对象世界中观照自身，也是在加深亲临其境的生活感受，增加对生活资源的占有，对东方文化神韵的感悟。因为这些关系是互为因果的一种合力，只有它们的有力之合才会有力地支持自己的艺术创造。

黄：也就是道家讲的天人合一。您原来好像还设想用装置等多种艺术呈现方式，后来为什么没有搞？

周：主要是经费不足，没有钱很多想法都难以实现。

黄：这一年，彭德、李克等编导电视片《天地人——周韶华的艺术》，先后到大足、黄山、长江、乌江、大宁河、成山头、泰山、孔庙等地拍摄，差不多历时一年。这期间，您一直和他们在一起吗？

周：是的。当时也是硬着头皮，因为要花很多钱。到我的老家山东去，一路上都没有花什么钱。到别的地方，少一个铜板都不行。有的地方因为经费问题没法去，就跟地方省台要一些资料，比如西藏、青海、甘肃，都是这样。我们主要是到一些要紧的地方去，像壶口瀑布、成山头、四川大足、黄山，都是硬着头皮去的。要按照自己的经济实力，很多事情根本就做不成，所以想了很多穷办法。

黄：彭德应是这部电视纪录片的主创人员？

周：对。好多具体细节的东西都是他来做，全过程我都参与，到最后剪辑我都在电视台的工作室跟他一起做。

黄：这个片子后来播出了吗？

周：原说好在中央电视台播的，因为片子太长，中央电视台希望压缩，因为六十分钟的长度放在什么节目上都不合适。彭德就不愿意妥协，他认为这是一部很完整的片子，一压缩就可惜了。最后中央电视台没谈成，只有在省台播出，有湖北、山东、安徽、江苏等电视台，而且是分了几次播出的。

黄：年底，您到广东海陆丰地区的惠来县一位朋友家中创作，为在汕头办画展作准备。《秋魂》《山光、天光、秋光》《落日夏云》等作品好像是在这里完成的？

周：是的，大概画了九十多幅小画。

黄：您一向比较注重良好的人际关系，无论是对上级领导还是下属同事，包括省内的省外的，以及部队和媒体。您是如何看待处理好各种关系的？

周：马克思在《资本论·导言》里说："社会关系是生产关系的总和。"我就是靠这个真理打天下。在我主持文联、美协工作时，公家无力接

海浪交响曲之一（周韶华摄）

待，但南来北往的客人到武汉都有吃有住，有车坐。到神农架开会没花文联一分钱，文联所盖的很多宿舍楼，也没有向财政厅要钱。

黄：有了良好的社会关系，办任何事情就会顺畅很多。

周：是的。

黄：1991年1月，"周韶华书画摄影展"在武汉钢铁集团文化俱乐部举行。书、画、摄影一起展，在您诸多展览中是极少见的，为什么要举办这样一个展览？

周：武钢是我的生活基地，好多作者如宋恩厚等都是我关心和培养的对象。

黄：不久，您获得国务院特殊津贴。"国务院特殊津贴"有多少钱？

周：每月一百元。

黄：也就是说，国务院特殊津贴更像是一种荣誉？

周：是的。

黄：9月至10月份，您跟随铁道部第四设计院选择勘察京九铁路江西和闽西段路址，是怎么回事？

周：许多老红军强烈要求"京九"铁路不可绕过江西和闽西等老苏区，以带动这里的经济发展，他们为革命做出巨大牺牲。我去那里是深入生活，过去无机会去，看到老苏区还是那样穷，深感惭愧。习近平同志提出要不忘初心，是有所指的，忘记了初心就意味着背叛，"京九"之行给我提了个醒。

黄：这一年，您创作了《横断山之秋》《大江东流去》《江流天地外》《春眠不觉晓》《丝路乐章》《巍巍昆仑》《山耶海耶》《天红地亦红》《千里烟波》等作品，这些作品与"大河寻源"时期的作品有什么不同？

周：这些作品的画面多半是对生活唤起的觉醒，虽然是间接表现，但与灵魂的沟通是直接的。

黄：《山耶海耶》与二十世纪八十年代创作明显不同的是，这件作品完全以大泼墨的艺术语言，将山海混沌一体的磅礴气势表现了出来，这是典型的东方式的笔墨和意韵。

周：雨果说，世界上最宽阔的是海洋，比海洋更宽阔的是天空，比天空更宽阔的是人的胸怀。大作家的胸怀和思想就是这么来的。因此，我很重视天地大观、文化史观，没有这两个大观就不可能有大思想，也不可能有很深的具有穿透力的思想。

黄：同期作品中还有《横断山之光》。画中描绘的峭壁如刀切一般，巍峨耸立，从底部浓厚的黑色到中部的留白，再到上部的红色，画面被分割成三个部分，景深被压缩成平面化的几何结构，营造出一种沉郁而又激烈的情绪。

周：黑白红对比是最响亮的色彩，它们也是我的作品中主体语言，是当家语言。

黄：后来创作的《铁壁江山》在画面结构上与《横断山之光》有相似之

横断山之光　纸本水墨　100cm×175cm　1992年

处，简化了山石结构，将大山的立体结构转化为平面化的大块面，以线面的相互穿插，亮与暗的相互映衬，形成有力的节奏感。给人一种雄浑壮阔，充满阳刚之气的庄严美感。

周：画面结构的体积感，以及块面结构比例的分配得体，是经营位置的关键所在，也是大手笔的基本表现。

黄：您在创作实践的同时，还撰写了《叶浅予的艺术特征》《刘国松现象》《血与火铸造的人格与风格》等文章。特别值得一提的是，您在《叶浅予的艺术特征》一文中，把叶浅予创作的人物画定性为"情态结构"，叶先生对此高度认可，为什么？

周：因为点中了穴位，叶浅予先生特别满意。

黄：何谓"情态结构"？

周："情态结构"是强化感情注入，以情动人，情之所钟，沁人肺腑，才有艺术魅力。情态是运动的小结构，是定型的。叶浅予先生画的戏曲舞蹈人物都是动态亮相，是旋律的定格，都是神采在一瞬间的定型，京剧叫"亮相"。

黄：您觉得当下的人物画家对"情态结构"的理解如何？

周：他们不懂戏曲舞蹈，因而抓不住"情态结构"。

黄：说到戏曲，我发现很多书画界的前辈大师都跟戏曲或戏曲名家有很深的渊源，譬如：齐白石和梅兰芳。

周：是的，很多画家、书法家与戏曲名家关系非同一般。书法、国画、京剧，这是中国的三大国粹。它们之间是门当户对，在哲学，美学等方面有很紧密的内在联系。它们都讲韵，不仅是音乐、声腔，也包括绘画里的气韵生动等，美学上是一致的，简直是奥妙极了。说到京剧，梅、尚、程、荀等四大名旦，还有四大须生，凡是属于名生名旦的，后面学的人千千万，有的人也很有成绩，但是都没有超越他们的前辈。这些前辈大师犹如一座座高峰，后辈们没有办法逾越高峰，高峰是不可企及的。因为你没有大师那个经历和文化背景，也没有受过他那个苦，更因为你是一味地继承而没有发展，也就是没有一点创新的东西，你又怎么能够超越呢？

黄：这是否与京剧过于讲究程式化有关系？

周：有，但不是主要的，关键还是人。我看到有一个学程派的女演员叫张火丁，她在唱腔上就很有新意，表演上也有新意，看着听着蛮过瘾的，有耳目一新之感。她的老师是赵荣琛，是程派的得力传人，教学有方。还因为张火丁她对很多赶场的活动都不参加，一心一意地追求自己的艺术，因而与众不同。中国画和京戏都存在着难度很大的艺术表现问题，所以再发展一定要有新创造。对这种高精神境界的艺术创造，你没有很高的认识，没有很高的修养，你就很难得到其中的那个神韵。一方面要读万卷书，要行万里路，另一方面要用一百倍的勤奋去琢磨它，真正走进去，才能获得其中的奥妙。京剧界流行一句"不疯魔，不成活"，指的是一种精神，一种境界，一种敬业痴迷的境界。无论对戏还是对绘画具有一种深深的迷恋，这种迷恋让人深陷其中，如痴如醉，忘我地全身心付出。在京剧界要成为一个角儿是多么艰难，所以，京剧界很多老前辈就是我们学习的榜样。

黄：您爱戏也懂戏，又经过名家的指点。听说您当年对京剧痴迷得很？

周：我对京剧从小就喜欢，战争年代，因为工作的需要，还时常登台演出，即便新中国成立后，爱戏的兴趣也没受到影响。那时候我嗓子好得很，特别是经过谭派老生王洪福先生的指点以后，我欣赏的品位也有了提高，每逢节假日我都跑去拜码头、学唱戏，痴迷得很。当时的四大名旦、四小名旦的戏我大都看过，四大须生里边，除了余叔岩、言菊朋外，其他我都看过他们的演出。武汉看了觉着不过瘾，还要跑到北京去看。特别是到了年关，各路名家齐聚一堂，上演那些封箱戏，都是一些大名角。我想尽一切办法弄到戏票，坐火车去北京看戏，那叫一个过瘾。一直看到除夕夜，回来时坐火车，车上只有我一个旅客，火车司机和列车服务员邀我一起包饺子吃。现在想起来真是不可思议。

黄：懂戏曲与不懂戏曲在中国画创作上会有什么样的差异？

周：差异大了。俗话说"内行看门道，外行看热闹"。但凡是技艺，只要其操作水平有不断提高的潜能，就可以具有艺术性，因此可以说"艺术无处不在"。如果一种技艺很简单，没有丰富的内涵和不断提高的余地，那么再熟练也只是"熟练工"，成不了艺术。比方说画戏曲人物画，不懂戏曲武场戏和文场戏，他就不知道剧中的起承转合，也就不知道戏曲人物的手眼身法步，那他画出来的东西就可能不对。我画的戏剧人物，虽然简单了一些，但内行人一看，是有板有眼的，斩钉截铁的，不是乱画的。这其中的道道很难用一两句话说明白，不深入研究是不行的。

黄：说到戏曲和人物，我有一点感受：现在很多戏曲演员条件很好，声音也不错，但总觉得里面少点什么，后来比较发现，是演员没有进入角色，缺少人物情感。过去的老艺术家晚年声音虽然不太好听，但他入戏，声音里有感情，所以能把观众的情绪带入到戏里去。

周：没错，程砚秋唱的是剧中人，这就叫进入角色，不然就没有进入角色。

黄：无论戏曲还是绘画，是否能进入角色是非常重要的一环。

周：说得对。一个好演员不仅唱腔优美，身段要好，更重要的是能进入角色，也就是入戏。现在为什么很多知名演员怀念焦菊隐，因为他是一个中国演艺界天才式的大导演。我曾看过他一次彩排《武则天》现场，"骆宾王"一出场，坐在台下的焦菊隐马上就喊停。他说："你演的不是《武则天》里的骆宾王，你演的是自己，你是在表现自己。重演！"这句话其实非常有分量，无论是演员、作家、画家，都应该进入自己所扮演的角色，这是最根本的东西，不能进入角色就无法得到真情实感，没有真正的艺术感受就谈不上真正的艺术表现。所谓表现、形式，都源于生活，源于精神，最精彩的东西都是从生活和精神中提炼出来，芟除多余的枝节，抓住最主要的东西。很多人画了半辈子也没走进艺术，就是因为他没有得到真情实感，没有提炼的过程，他画的不是感受，不是生命，而是自己脑中固有的条条框框。

黄：讲到演戏要进入角色，其实这也是一个非常重要的理论问题。现在很多年轻艺术家受西方艺术理论的影响，强调艺术就是个人表现，我的作品就是表现自我。这似乎已是一种流派，或者是一种现象。

周：真善美和假恶丑应该有个底线，正义和非正义，你去歌颂非正义就是踩了底线了。

艺术家还是要扣住艺术本体

周韶华自述："古代大师的画，与古人的文化心理相默契，那是历史的情境造成的。审美的价值标准是有时间性的，也因文化背景不同而异。当代画家在这一点上应观照当代文化，建立新的价值尺度，对待不同的画派应有不同的标准。如果我们跳不出古人那种文化氛围，重构与当代人情感相契合的视觉图式，那就与时代相悖，走回头路了。当代艺术家还是要扣住艺术本体，一定要根据当代文化氛围与当代人的情感相默契，创造新的艺术图式。"

黄：1992年7月，您第三次到新加坡办画展，新加坡的《联合早报》大篇幅进行了报道。在这篇报道中谈及到"南周（韶华）北吴（冠中）"，这也是目前看到海外最早的提法。您看过这篇报道吗？

周：看过，大标题是《到过河源喝水的宗师》。

黄：您在当地已办过两次展览，应该有了不少的粉丝吧？

周：应该有一些。

黄：陈瑞献是您的朋友，在新加坡是比较有影响力的。您和他是何时认识的？

周：陈瑞献受李光耀推崇，获法兰西艺术院驻外院士称号，在新加坡建有艺术馆。我们是二十世纪八十年代认识的，是好朋友。

黄：陈瑞献有一段很精彩的文字，曾被多位评论家引用过，我在这里不妨引用他的原文："头上狂云撕拼，足下流沙滚滚，人独处于乌黑兀突的山石上。人在此绝境中，不是恐怯郁伤而逝，就是奋起精神，向万物发问题，从而为自己为天地寻出路，并理出秩序来。手段多种，周韶华选择绘画，他以全方位观照法，古今中外，思绪四出，只着眼大处，专捡大块为文章，大河，大路，大山，大心灵，是以他

1992年7月8日，《联合早报》第7版刊发《到过河源喝水的宗师——中国画家周韶华教授画展》。

1991年5月周韶华与陈瑞献在新加坡

的作品，绕过古帝陵沿现代彩虹大桥向你奔来的大风，叫你心神飞动。"这段文字最初好像是题在您的一幅山水画上，不知您是否还有印象？

周：已不记得了。

黄：1992年12月28日，您的"世纪风"画展第一回展在深圳博物馆开幕。这也是继"大河寻源"之后推出的又一个有分量的展览。展出的作品与八十年代的作品有了很大的变化，您能简要地说说都有哪些变化吗？

周：强化了块面表现意识，把线条放大，类似块面，强调张力和视觉冲击力。譬如《九龙奔江》等。艺术创作和艺术发展是需要过程的，回顾"大河寻源"，从当时思想解放的程度，主要是把题材问题看得很重要。那么"世纪风"则把艺术本体看作是最重要的了。

　　原来我计划有"三大战役"，第一个是黄河，第二个是长江。当然不是简单地画长江，而是把楚文化融合进来，再以后就是大海。这"三大战役"，我是非常下功夫的。第一步到了黄河源，第二步到了长江源，走了两大步。我想以"三大战役"来了此一生。后来发现这些题目都是从题材着眼，而从艺术本体来看，艺术家就只能借题发挥。真正的觉醒是从文化的角度考察了喜马拉雅山和金沙江，从文化角度去认识、批判。还想到用立体的、综合的手段去切入。但这样负荷太大，载体载不了，甚至要借助电视媒体。鉴于种种原因，我觉得艺术家还是要扣住艺术本体，尽量在绘画语言上解决问题，不应做题材的奴隶。

黄：您是在有意摆脱题材的限制，想着力追求属于绘画自身的纯语言的东西，这与您一向看重的使命感有冲突吗？

周：使命感与艺术语言是同一的，艺术语言是使命感的载体，如果我去画长江，以及长江沿途那些遗迹，顶多不过是"大河寻源"的继续。后来我理解艺术的本体，以及东方和西方这两个方面接轨，最终变成新东方艺术，以黄河、长江、大海为题，解决不了这个问题。这恐怕也是对于艺术本体的觉醒吧。所以，后来把创作改为"世纪风"，但又显得太大，太笼统。东西方这两种文化是非常不同的，要变成新东方艺术，两者不能排斥，又不能向西方倾斜，这困难有多大呀！

黄：回归艺术本体，艺术语言和艺术形态的转换就变得十分重要。您又是如何做到的？

周：要刷新中国水墨画的视觉图式，就不得不打破近千年来文人画的格式规范和"笔墨情结"，这不仅是一场冒险的苦战，并且还要争取战果，因而是一个极大的难题。难就难在中国水墨画从古典形态转变为现代形态是否可能，因此在中国画坛上曾引发了极有意义的争论。这无疑也代表了时下中国的学术背景和文化的种种迹象。我的麻烦问题是：既要创新，又要勾连传统，要在古代与现代之间找到一个连接点，在中西文化之间，找到一个融合点，以便创造出一种既有饱满的东方文化色泽，又有现代风采的新型山水画。这包括图式换型、语言转换、文化针对性的准确，等等。

黄：您在勾连古今、融合中西的过程中，都遇到哪些难题？

周：难题很多，难就难在要在局限性里打天下。不光是我遇到这样的麻烦，我想李可染、傅抱石先生也都面临过这样的问题。实际上艺术创造是在局限性里开辟无限性的。无限性同局限性是非常矛盾的，既矛盾，又统一。你要追求一种样式，就要在一定的范围内去创造。如果你走得太远了，就离开了轨道，不是在太阳系了。这个轨道就是局限性。但是艺术对无限性的追求才是创造的真谛，不追求无限性有什么创造？理想和渴望就是对无限性的追求。每走一步，别人不限制你，自己限制，自己不限制，别人限制你。再就是最后还是要规范自己，回到局限性里去，麻烦经常在这两个限度里周旋。我就是要想办法突破，不然的话怎么去发展创造。但不管采取什么办法突破，终究还得是中国画，不能变成西洋画或东洋画。

黄：从古典形态转变为现代形态，要突破传统，超越传统，还要不断地提出新问题，解决新问题。您是如何破解这些问题的？

周：我觉得前提是要在价值标准上变笔墨第一为结构第一，变韵味第一为气势第一，变功夫第一为胆识第一。实际上这是一种反向思维，打破惯性定势，并非消解笔墨，而是从整体上解决中国水墨画结构疲软、萎靡无力的弊端，重建笔痕墨迹的新秩序，咬合点线块面的形式化，水墨与色彩胶合后的象征意义，显示水墨画的现代优势。

黄：很想听听您的具体解题方案。

周：我的解题方案是：一是将中国的点线与西方的块面相融合，以强化水墨画的视觉冲击力。点线的书写性、抒情性是中国画的骨骼与神经。

牺牲了点线就等于消解了东方艺术的神韵。但点线的有效性并非无所不能，它极其需要西方的块面来补充画面的体积感、厚重感和张力感。线面互补能造成大气逼人的态势。依势布阵，依势结构，把块面转换为平面书写结构，把线转换为粗笔阔线，强化其张力感，线中有面，面中有线，不失东方艺术的风范，强化了水墨画的视觉冲击力。

二是将中国的水墨与西方的色彩相融合，引进色彩也是给中国画造血。水、色、墨是我的三大法宝。浓破淡，淡破浓；墨破色，色破墨，水色墨三者灵变互动，魅力无穷。水，既能稀释墨彩，又能使墨彩流淌、沉淀、扩散和渗透，能造成许多偶发性奇妙效果，关键是发挥水墨与色彩的视觉冲击力和情调的音乐感以及色彩的象征作用。墨在与水、色的交响中最具控制力。

三是将中国画的章法与西画的结构相融合，以改变水墨画软质媒材造成的柔弱感。改变固有的图式格局，重建张力结构，从青铜器上以及古代埃及、希腊神庙建筑中，从西方现代构成和表现主义艺术中，寻找张力结构的灵感。把对象结构化、意象化、抽象化，把表现形式化，把取势求势作为主导，向四边扩张，向前冲击，追求力度表现，是我始终不变的方针。在古代与现代的经纬线上穿行跨越，在东方与西方的文化之间找到一个融合点。

黄：我可不可以这样说，这是您在革新中国画的实践中总结出的"三大法宝"？

周：可以。这是经过长时间不断地探索实践总结出来的，简略地说，就是把东方的线条与西方的块面，东方的墨与西方的色，东方文化的博大精深与西方文化的现代精神，恰如其分地进行融合，是一种复合结构。在艺术感觉上既保持东方文化的风采，又在审美上使西方人产生共鸣，因而必须与传统山水画拉开距离，创造新的艺术图式。而这种探索和实践没有停止过，一直在不断地深化和完善。

黄：这种全新的艺术图式表现，您就不担心别人会说这不是中国画的笔墨？

周：画画就如同打仗，目的在于取胜，至于怎么打，如何打，每个指挥员的方法是不可能一样的。前面也提到，我的画重"气势"，在构图上基本是依势布局，依势造型，依势用笔、用墨、用色，运用体积感、整体色调和大块面控制画面，以造成一种逼人的力度、扩张感和运动感，一幅画应包容着一个"小宇宙"。为了表现铺天盖地的气势，画面大都向周边外延。在艺术处理上，把点线面糅合在一起，粗笔阔线，往往面也是线，物动气流，浑然一体，旨在象征着宇宙大生命。对我来说，工具材料是无禁忌的，只要打仗赢了，管它是什么枪法、什么武器，不背"笔墨情结"的包袱。

黄：这一年，大型画册《周韶华》由湖北美术出版社出版，邵大箴为该画册作序——《山水画革新家周韶华》。在这篇序中，邵先生称您是气势派山水画开宗创派的人物，您认同他这个说法吗？

周：他的这种概括在当时使那些另眼相看者有所退却。

黄：1993年7月，您应邀赴奥地利参加第三届国际艺术节，好像也是亚洲唯一被邀请去举办个展的画家。

周："唯一"不准确，亚洲有两位，除我之外，另一位是日本的音乐家喜多郎。画画的倒是我一个，但也不能由此证明我是中国水墨画的唯一代表。尤其当今中国高手如林，风起云涌，谁若有"老子天下第一"的思想，谁就是神经有毛病。

黄：他们好像很喜欢您的作品？

周：许多国外艺术家非常喜欢我的画，在他们看来完全是东方的，但却感到很亲切，因为里面也有西方的精髓。德国交响乐团首席指挥汉斯和他夫人特别喜欢，画展还没开幕，他夫人就选中了《雨中山果》。这是一种真正的理解，我对此很欣慰。

1993年，周韶华应邀赴奥地利参加第三届国际艺术节，此为艺术节海报

黄：这是不是您意料之中的？

周：我只能说有一种心愿，就是把水墨画从中华文化圈推进世界文化圈，并把艺术视野和思维空间拓展到整个人类文化背景中去思考和解决水墨画图式换型和语言转换的问题。此次欧洲之行，部分印证了我的心愿，更加坚定了走自己已经选定的路，即以新的东方艺术风姿去进入世界文化圈，在经纬两种文化中去寻求博大精深，追求现代风神。就像达·芬奇、凡·高、贝多芬没有国界一样，对新的东方艺术家来说，他们的艺术也没有国界，他们属于东方，同样也属于世界。我们踩着西方文化的腐朽、璀璨走向神奇，而西方文化也只有吸收东方文化的精髓才能步入辉煌。这是现代艺术发展的必由之路，也是我的欧洲之旅的心得。

黄：您在这里找到了知音？

周：我在德国有知音。

黄：1994年3月，您赴台湾地区参加了"中国现代水墨画大展学术研讨会"，还做了李铸晋教授的讲评人？

周：是的。

黄：5月，您赴合肥举办周韶华艺术座谈会。座谈会是谁主办的？有哪些人出席？

周：安徽美协主办，与会者多是省美协的头面人物。

黄：接着在合肥-久留米友好美术馆举办"世纪风"第二回展，这次展览与第一回展有什么变化？

周：在原有的基础上增加了一些新探索的作品。

黄："世纪风"中有一幅《夜探唐古拉》，这幅画在这个画展中再次引起人们的关注，在您的同期作品中也是非常突出的。

周：这幅作品确实与我同期的作品有明显的不同，我自己也比较中意。后来被美国的一个大律师看上了，非要收藏不可，最后他们夫妇二人专程跑到我家中取走的。

黄：在画面上，几乎是平行的粗线条向左右方向延伸，犹如大海中层层叠叠的浪涛，排山倒海而来，而在精神层面上则是一种积极、亢奋、向上的精神力量的象征。很显然，这幅画您从版画中吸收了不少灵感吧？

周：是的，这张画从版画中得到不少启发，强化块面张力，但又不失中国画的笔墨语言，以大笔触、大墨块上下纵横布局，张力之大，令人震撼。后来也曾画过多张，但都不及这一张。

黄：随后，"世纪风"画展在南京博物院、北京中国美术馆展出，这也是继"大河寻源"画展之后在北京举办的重要展览，同时举行座谈会。大家看后的反响如何？与您的预期是否一致？

周：说实在的，我对这次座谈会是有思想准备的，但结果还是出乎我的预

夜探唐古拉　纸本水墨　96cm×178cm　1993 年

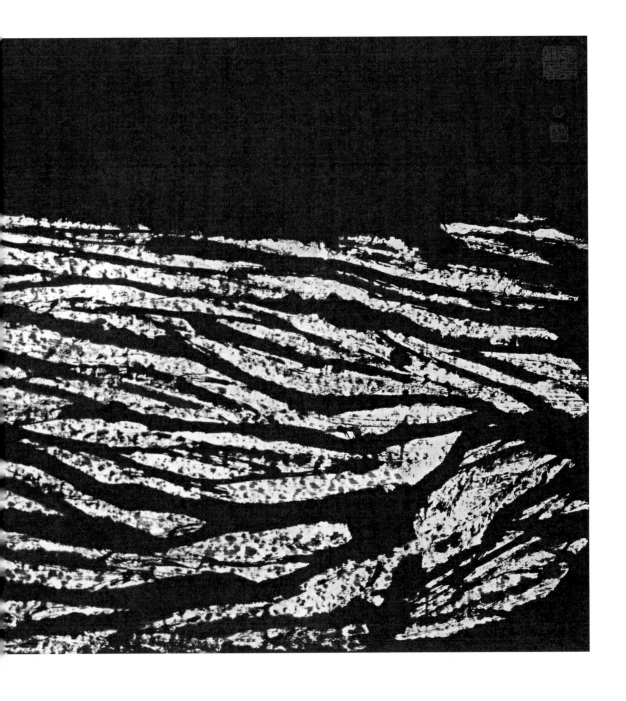

料，会上出现两种截然不同的意见相对峙，有的说好得不得了，有的说完全不能接受。有的甚至气得没有吃饭就走了。

黄：这也就是说，有些艺术家或者理论家还是不接受您的革新成果。

周：现在文艺界，特别是美术界，过去说是创新与保守，实际上好多人没有进入艺术本体。我在长江源深入生活回来写了一篇文章，叫《长江探源发现了我的艺术场》。对艺术方式的选择，实际上是对生活方式的选择，也是对艺术场的选择。生活现场就是艺术现场，"场"的理论实际上是一个宇宙观。整个宇宙就是一个大气场，它是决定天地万物的运行轨迹的。老庄就把这个说成是元气，元气就是大象无形。实际上搞艺术是不是气包洪荒，有没有这个气量，也就是气场，就决定了作品中是否元气淋漓。画没有那种生活场的感觉，你根本就没有进入艺术本体，在干艺术以外的事，与艺术无关。这是其一。

其二，就是要进入角色。画家是不是进入了现场，进入了艺术角色，进入了艺术角色所表现的是艺术的精神状态，艺术的文化含金量并不是那些繁琐的物理性的东西，是精神状态。我讲"全方位观照"等好多东西实际上都是讲大的艺术精神，现在有些画家对艺术没有这个顶层的观念，都是技术性的、表面的，没有进入艺术现场，就没有把心灵的结构走进艺术。

其三，我所提出的诸多理论，最核心的观念是走进艺术本体。表象的东西是工具材料，是文房四宝，真正走进艺术本体是内在精神结构、情态结构、心灵感应。这里面有一个很重要的观点，这个观点就是强调它的精神性。那些批评我的人常常是一笔一划地去看问题，都是技术性的，没有宏观的"场"的观念，没有大象无形的观念和元气淋漓的观念。所以，对这些躺在先人的仓库里，坐吃祖宗饭的人，犯不着也没有必要与他们理论。

黄：吴冠中也去看了这个展览，他有什么样的观感？您和他有互动吗？

周：吴冠中看得很认真，特别是对那些大幅作品尤为感兴趣，他对我翘起大拇指说："真棒！我画不出您这样的大画（指《博峰日照》）。"刘迅指着《天地草原》说："太美了。"特别是对画中用钴蓝画的远山连连称道。

黄：有评论家说："'大河寻源'和'世纪风'是周韶华现代山水画艺术风格发展的两个里程碑，而后者显然是前者的深化和升华。"您怎么看？

周：在我看来，一个是文化寻根，一个是探索现代语言。

一扫笔墨线条柔弱之风

如何改变中国画繁琐而柔弱的面貌，一直是周韶华思考的问题。1994年，周韶华对帕米尔高原进行了三个月的考察，当他看到慕士塔格峰时，立刻被那雄浑博大、神奇壮观的"冰山之父"给震住了，眼前的一切对改变他的画风是个重大冲击。自此以后，在周韶华的画里再也看不到那些繁琐的、零碎的东西，而着眼于大整体、大块面、大开合、大气象。这种大格局的艺术思维受益于慕士塔格峰，而克拉玛依石油城之行，则使他一扫笔墨线条柔弱之风，把线结构推向极致。

黄：1994年6月下旬，您用三个月时间对新疆帕米尔高原进行考察，总行程两万公里。都去了哪些地方？

周：我从武汉途经兰州、嘉峪关，从星星峡进入新疆，在无边无际的戈壁滩上，途经哈密、达坂城到达乌鲁木齐，随后继续西行，经过昌吉、石河子、奎屯市、乌苏进入古尔班通古特大沙漠的腹地克拉玛依，看到向往已久的西北第一座石油城。不几天后北进到阿尔泰

日照博峰　纸本水墨　122cm×247.5cm　1995 年　中国美术馆藏

1994年8月周韶华在高昌古城眺望

市，再向西北的布尔津、哈巴河到达喀纳斯湖，然后折回阿尔泰乘飞
机回到乌鲁木齐。开始，在天山北麓到哈萨克的南山牧场和吐鲁番
市，在这里重点感受了火焰山、交河故城和高昌故城。因为交通路线
的原因不得不折回乌鲁木齐，再西进到博乐市和边关阿拉山口。然后
经伊宁、巴音郭楞、拜城、阿克苏到喀什、塔什库尔干，到达边防红
其拉甫山口，接近巴控克什米尔。原打算从这里东折进藏去观看乔希
峰。因为高原反应不适未能成行。再回喀什经阿克苏、库东、库尔勒
到塔里木河、胡杨森林公园再向塔克拉玛干大沙漠腹地深入，参观了
许多油田工地，领略了无边无际、广袤大沙漠的壮观景象，再转去参
观博斯腾湖，再经吐鲁番和达坂城回到乌鲁木齐。

黄：跑了这么多地方，一定是大饱了眼福？

周：说真的，不到新疆不知中国之大；不去亲自体验，无法理解什么是
　　大视野、大气象！尤其是感受到巍巍天山之长，莽莽帕米尔高原之
　　壮，瀚海大沙漠中的油田之丰，火焰般的瓜州之富之奇，胸怀无比开

阔，感触颇多。

黄：这无疑又是一次天地大观。当您行走在帕米尔高原，有哪些地方触动了您，让您的心灵受到震撼？

周：帕米尔高原共分八帕，由大小不同的许多个山脉组成，帕米尔是这个世界屋脊的总称。帕米尔地势高耸，是亚洲中部的分水岭。喜马拉雅山、天山、昆仑山和兴都库什山正以这里为中心，向四外延伸。塔里木河、阿姆河都由这里发源，东西分流。因此被称为群山之母。

最令我激动的是对"冰山之父"慕士塔格峰的感受。它雄浑博大，庄严而神奇。它西居帕米尔高原，东连塔里木盆地，北怀天山南支，南临昆仑北麓，居高山而临大漠，为帕米尔高原之冠，电影《冰山上的来客》就是以此为背景，这壮观的冰山一下子把我震住了，对改变我的画风是个重大冲击。自看到它以后，再也不去画那些繁琐的、啰哩啰嗦的东西，而着眼于大整体、大块面、大开合、大气象，这种化繁为简的大格局艺术思维受益于慕士塔格峰，得助于帕米

冰山之父慕士塔格　纸本水墨　42cm×55cm　1986年

《征服大漠》写生稿

尔高原之行。新疆归来以后，我陆续创作的《冰山之父》《群山之母》《世界屋脊》《昆仑一截》《白云岩》《莽莽帕米尔》《高原在呼唤》《天地草原》《冰雪昆仑》《金山阿尔金》《伟哉昆仑》《朝夕昆仑》《西天落霞》《山高日归迟》《天地通流》《云沉昆仑》《冰雪昆仑》等，一扫中国文人画脱离生活、陈陈相因的萎靡不振之风。

黄：听说在克拉玛依看到石油钻探井架，以及纵横交错的钢架结构，让您茅塞顿开，豁然开朗，困绕您多年想解决的形式结构，以及中国水墨线条柔弱的问题，终于找到了解决方案？

周：对。那是我在准噶尔盆地克拉玛依油田开采和炼油的现场感悟到的。我当时想，到新疆来，我虽然画了不少"大山大河"类型的有代表性的作品，但还没有画出有关石油建设者的作品，我的良知和责任心都

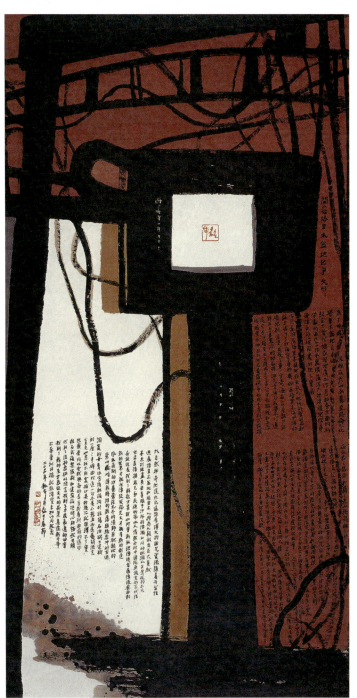

大漠浩歌——开发准噶尔
纸本水墨
247cm×123cm
2000年
中国美术馆藏

迫使我对这一陌生的题材应有所突破。当然不止于对表现对象的突破，而是对形式语言的突破。这关系到点线块面、水墨色彩和形式结构的重新调整、重新组合，并且要在生活现场找到物我对应的载体，才能有效地解决中国画的新样式。当我在准噶尔盆地克拉玛依油田开采和炼油的现场看到那些纵横交错的钢架结构、块面结构和色彩结构时，心胸豁然开朗，简直兴奋得难以言表。多年来我想解决的形式语言问题，一下子找到了工业文明时代的载体，那些代表着工业文明的钢架，从中找到了打破中国画"软性结构"的解题方案。正如宋人吴可《学诗》所言："直待自家都了得，等闲拈出便超然。"

黄：是不是后来的那组《大漠浩歌》系列？

周：最开始取名是《征服大漠》系列。这个系列的创作就是在这个现场感受，以前我是在不断地实践和探索语言的融合，而今，我在这个现场找到当代语境，找到了点线与块面的融合、水墨与色彩的融合，以及形式结构的中西融合。

黄：这对您而言，在现场找到了当代语境，以及艺术融合的方法，可谓是意义非凡，当时的心情一定是非常愉快？

周：简直是高兴坏了！我之所以高兴，是因为找到了顶天立地、贯穿整个画面的线条，找到了能够控制画面并且具有强大张力的块面。用这些大块面、长线条来改变中国画在媒材上和手法上的"软性结构"，才能强化视觉冲击力，强化中国画的阳刚之气。有了新的理念、新观点还必须具有新手段，才能对传统做出新解释，才能超越古人。继承传统的根本是要理解传统、发展传统，而不是墨守成规，克隆传统。所以，我对《征服大漠》这个系列的创作感到十分欣慰。最直接的收获是在横直不同的画面上画了十余幅崭新的形式构成。以往中国画的结构都是自然生态结构，现在画的是人造生态结构，与当代人文环境相连，是古未有之的现代结构，与当代人的情感是相通的，审美趣味当然是当代的了。在亢奋状态下绘制的《征服大漠》系列作品，画的虽然是人造自然，然而它的内蕴深处是极其热烈的对人的开发力和创造力的释放。

黄：在这个系列中，您不仅把这些冷硬的钢铁结构赋予了情感与温度，把中国的点线用到了极致，而且贯穿于点线之间的题跋，也成为画面不可或缺的有机整体。这在以往中国画中也是很少见的？

周：是的，当时考虑到因为形式还难以包容我的感受，便用文字来表达补充我的感受，便用长篇题跋来弥补，让人可观可读，便于理解。对帕米尔高原和天山南北，以及两大沙漠有了全貌体验，在原来的基础上创作了《大漠浩歌》系列，使我的画出现了崭新的现代语言，把线结构推向极致。

黄：这一年，您除创作了《晨光》《这里不是梦》《昆仑一截》《戈壁红柳》《大江东去》《今夜静悄悄》《提携三界》《北疆风景线》《银装素裹》等有想法的作品外，还创作了具有设计感的作品《TV结构》。

周：《TV结构》这幅作品也比较独特，具有现代主义的设计感，前景由几何化的平面构成，背景是苍茫的红色山石。暗与明，简与繁，冷与暖，平面与立体的强烈对比，不仅增加了画面的张力，也引发了观看者的思索：在这个如同方块窗户看出去的红色苍山，是奔腾咆哮的时代节奏，还是永不停歇的激情梦想。

黄：此外，您还创作了《无字碑》系列，这些作品在空间上给人的直观印象是顶天立地、岿然不动，在时间上给人的心理体验是久远而沧桑。这个系列是为了纪念抗日战争胜利五十周年创作的吧？

周：对。抗日战争的战场有正面战场，有敌后战场，我用无字碑的抽象结构来纪念抗日战争胜利五十周年，以免挂一漏万。

黄：这之后，您应威海市邀请为东山宾馆创作巨幅中国画《铁壁江山之

铁壁江山 纸本水墨 332cm×474cm 1994年 山东荣成市博物馆"周韶华艺术馆"藏

一》。好像他们有什么重大接待任务？

周：据他们说是准备接待小平同志，设想以此作象征他发起中国改革开放，奔向小康的历史功勋。后来听说小平同志未能成行，心里不免有些遗憾。

黄：后来又创作了巨幅中国画《铁壁江山之二》，也就是现藏于荣成"周韶华艺术馆"里的那一幅吧？

周：是的，《铁壁江山》共创作了两幅，一幅在威海东山宾馆，另一幅在荣成"周韶华艺术馆"。《铁壁江山》的突出之处是把一座座高耸入云、壁立千仞的大山作了几何形处理，或金字塔，或矩形体，或正方体，编排整齐又略有变化，在视觉上显得稳定而敦实，色彩对比强烈，又在一座座山头上，用留白做了斑斑驳驳的肌理效果，仿佛是白雪皑皑，银光闪闪。给人的感觉是：一个个稳定的几何体，犹如一排排像方阵的勇士们，整齐地、默默地守望在远方，显得何等地威武雄壮、豪气如虹。

艺术创造是心灵的闪光

从1995年到1997年的两年间，周韶华是马不停蹄地在印尼、新加坡、日本、美国，以及中国香港、中国澳门、中国台湾地区举办展览或开展讲座，但他也一直没有"放下武器"和停止实践，并且对艺术有了新的认识，他说："艺术要把灵魂的力量提到中心位置，就是对画家的艺术气质的充分发挥，包括心理素质和生理素质的综合表现，是生命情感的投影。这样才能创造出有血有肉的艺术品。"

黄：1995年7、8月间，为去印尼办画展，您在原武汉军区小洪山大院的文

1995年11月18日至11月27日，在印尼万隆荷兰画廊举行《周韶华画展》

化活动中心潜心创作了二十多天，我有幸近距离看您作画，见证了一张张好作品的诞生过程。同时，我也感悟到一代大家是如何炼成的。这期间您画的多半是五尺斗方，是考虑便于携带吗？

周：是的。

黄：这次画展是印尼官方还是民间邀请的？

周：是华侨之举。10月，我先是对印尼爪哇岛和巴厘岛作环形穿越旅行访问。到11月18日至11月27日，在印尼万隆荷兰画廊举行"周韶华画展"，《周韶华画集》（印尼万隆荷兰画廊出版）也随展出版发行。

黄：画展开幕前夕，您应印尼画家赫伊先生之邀，在他的工作室进行了一次很有意义的交谈。都谈了些什么？

周：和赫伊先生交谈得很愉快。他首先问我："中国艺术的'喻意象

风雪天山　纸本水墨　123cm×247cm　1998年　中国美术馆藏

征'，在运用这一美学体系时，是怎样赋予它以现代精神的？"我说："'喻意象征'是中国艺术传统的神髓。不过，我要回答的不是对于这一传统的简单继承和延续，而是立足于对它的开拓，重点是研究对这一传统的现代建构，唤起主体意识的自觉和创造意识的惊醒，以强有力的态势推进艺术图式的现代转换与机制更新。比如，我大幅度地冲破了传统模式的局限，也冲破了题材本身的局限，从对艺术客体的广泛关注，转到一方面对艺术语言的丰富性的深入实验状态；另一方面从对人文精神的叙述转到对宇宙大生命的自我观照，重心渐渐转向对主体体验的关注。由此也可以说是从对体验的醇化而进入自身情感和幻想的世界，也就是完全自主的精神世界。"

黄：他有没有向您讨教相关创作方面的经验或主张？

周：有的，我说我主张原创性。造型结构力求简约，或以"TV"形、板块形、太极形，或以几何形、梁柱形、集束形这些形意对应的符号象

金山阿尔金
纸本水墨
249cm×123cm
1995年

征，大笔阔线中有情怀，大墨块、大色块中有思绪，想象、幻觉、情绪与广原大漠、大山大河结构为一个崇高的整体，或博大，或深邃，以寄寓天人合一精神的现代性和象征性。所以常常采取铺天盖地的满构图，或者"宽银幕长镜头"式的大特写，不管是黄河、长江还是帕米尔高原，都是我心、我意、我情的化身，我的画就是我的生命自身。

黄：这个对话后来被整理为《万隆对话录——关于喻意象征与结构张力表现》。

周：是的。

黄：这一年，您先后创作了《大漠准噶尔》《金山阿尔金》《昆仑北麓》《风雪天山》《长河落日圆》《明月出天山》《祝融峰》《大漠神经》等一大批好作品。我想请您谈谈这批作品的创作想法和创作过程，以及这些作品有什么样的特质？

周：我的每一个系列新作，都聚焦在一个新视点上。每做成这个新视点，就努力使它成为一个新亮点。做完了这个亮点，再做下一个亮点，它们虽有上下文的关系，甚至它们之间有很大的差异性，但都不是重复和克隆，都类似"过五关斩六将"那般艰险，从来都是用作品来回答不同于自己的学术论争。

黄：这一时段的作品感觉与以往有所不同。在您的笔下，山水画好像不再被局限于"为祖国山河立传"的层面，而是将山水画引向一个更加宽广的、更具精神文化内涵的领域？

周：我从未放弃为祖国山河写照，只是强化了现代表现语言，强调了崇高美、阳刚美与浩然之气。

黄：这就使您的山水画不仅在精神与文化内涵上做出新的超越，同时也在观念上做出了新的超越。

周：在我的大多数作品中，既保持了水墨的晕透，又可看出用笔的正侧顺

1996年7月20日，
周韶华在台北太平洋文
化基金会举办画展

逆和行笔的疾徐，依然是以中国画的笔墨为主要表现手段，从而致使
我的许多作品带有较强的"大写意"味道。以前我曾说过，艺术创
造是心灵的闪光，是内气的勃发，是超常的灵魂力量、人格力量、知
识力量和情感力量的表现。一句话，艺术要把灵魂的力量提到中心位
置，就是对画家的艺术气质的充分发挥，包括心理素质和生理素质的
综合表现，是生命情感的投影。这样才能创造出有血有肉的艺术作
品。我的画就是我的第二生命，它们是由心灵和人格力量画出来的。

黄：正如您所言，我已感受到这些作品所传递出的精神力量。1996年夏
　　天，您接受太平洋文化基金会执行长张豫生的邀请，在台北举办了个
　　展？

周：7月20日至8月11日，在台北太平洋文化基金会艺术中心举办"周韶华现

代水墨画展"。

黄：您在展览的前言中明确提出："在艺术上，我梦寐以求的世纪风神，就是中国水墨画从古典形态向现代形态转型。"为此，您是坚持不懈地在践行着这一目标。

周：因为这是艺术上的华丽转身。实际上转身要突破不少难点，难点就是解决矛盾，是绕不过去的。实际上是不断地向自己挑战。

黄：在台期间，您做了哪些安排？

周：我对台湾全岛进行访问，重点参观了台湾历史博物馆、台北美术馆、台中美术馆、高雄美术馆等。

黄：台北"故宫博物院"馆藏丰富，您好像还看到了黄公望的《富春山居图》？

周：不是这一次，是1994年刘国松邀请我参加在台中美术馆举办的"中国现代水墨画展"，其间，我和邵大箴、宋雨桂等一行去参观台北"故宫博物院"时得到特殊照顾，到地下室观摩了黄公望的《富春山居图》，梁楷的《醉酒仙人》。

黄：当时看这些难得一见的历史名画有何感受？

周：观摩黄公望的原作《富春山居图》，真是令人叹为观止啊！难怪李日华在其《六砚斋笔记》中对黄公望的描写如此传神："黄子久终日只在荒山乱石、丛木深筱中坐，意态忽忽，人不测其为何。又每往泖中通海处看急流轰浪，虽雨骤至，水怪悲诧而不顾。"因而他才能在艺术上追随真宰，声情并集，创造出超越前人窠臼的《富春山居图》，表现出画家丰富的心灵。我在观摩时就生发了许多感触，古人创造了具有很高美学价值的传统笔墨作品，作为现代的中国画家，我们应该如何思考中国画的再发展？如何将传统笔墨同现代题材、现代审美心理相协调？古人能依据彼时彼地的感受和物质材料创造他们的艺术语言，我们为什么不能根据此时此地的感受和发展了的物质手段去探索新的艺术语言呢？

黄：您看到的是古人的精神内涵，思考的是笔墨当随时代，核心还是艺术创新。

周：创新，最根本的是要表现时代精神之新，最重要的是师古人之心，而不是师古人之迹。创新，要创时代精神之新，要研究我们的民族精神气质、民族心理和审美理想。社会及其意识形态的更新，一定会引起艺术的更新。毫无疑问，崭新的中国画必将取代旧的中国画，新内容必将创造新形式。

黄：除了参观美术馆和博物馆外，还和哪些朋友会面了？

周：见了很多朋友，几乎想见的都见到了。

黄：1996年11月，您有赴日本名古屋艺术大学讲课一周？

周：对，在日本名古屋艺术大学讲了一周的课。说起这个事情非常有意思。名古屋艺术大学里有一个洋画系主任，他对中国的太极图、气功非常崇拜。他认为明治维新以后，日本文化向西方倾斜，牺牲了很多有元气的东西。他就到中国来找，访问了很多人，也看到很多人的画，也没有找到。后来他到湖北省博物馆，博物馆门口有一个画廊，画廊里挂着我的一两幅画。那天特别热，博物馆里也没有空调，他看我的画，看了半天也不走，问这个画家是武汉的吗，人家说是。他就非要见我不可。可是我当时不在武汉，他就认为是骗他，怎么也不肯走，最后也没有见到面。我有一幅画叫《九龙奔江》，他说在这幅画里找到了元气。他拿我的画册回去给学校的校长看，校长看后就要聘请我当客座教授，并收藏了我的这张画。我这次去的感觉和我八十年代初去的时候不一样，那时日本学校对学生的管理非常严格，都穿着校服，整整齐齐的，现在则大不一样。校长就跟我讲，现在学生上课爱听不听，请很多西方的教授讲课，课没上到一半，人就走光了。校长说："你要有思想准备，好多人不想听就走了，你又不

周韶华在日本讲学期间让师生观摩作品

能干涉他们，剩一个人也要讲。"我一听就打怵，如果讲了一半就走了很多人怎么办？一定要想办法把他们抓住！我就跟学校说："我带来了一些作品，学校是不是可以先给我展览出来。"作品一展览，果然不一样，老师和同学们都对我刮目相看。我还带了一盘录像带过去，就是彭德和李克花了很长时间拍的，叫《天地人》。

黄：他们看后有什么样的反应？

周：我先简单地介绍了一下，就让他们先看片子。在日本，他们把东山魁夷、平山郁夫看作当代的画圣。片子中的很多镜头他们都很感兴趣，还专门请了一个中国留学生作翻译。当时所有的老师都到场了。看完展览，他们就认为这个老师和以前的不一样；等看完片子，他们更加信服了。系主任原田久说："我感到非常自豪和骄傲，我请的周韶华先生，没请错。"第一天算是把他们给拿住了。第二天我要当场画画给他们看。在日本，一个鸡蛋一棵小草，他们都能画一个礼拜，画得非常细致光滑。我觉得他们画画是完全钻到牛角尖里去了，但好处是他们对任何一个小生命都非常关注。

黄：日本人做事很精细，画画细微也符合他们的性格。

周：是的，他们对细枝末节的东西非常认真。我去时也没带大笔，就把几支笔攥在一起，意奋纵笔，一气呵成，画了一张六尺的大画。他们大概没有见过这样的阵势，不时地发出惊呼，当时周围是人山人海。

黄：您画的是什么？

周：山水画。他们的老师看了都对我很服气，学生们更是崇拜得不得了。后来，他们要求一人陪我一天，不能总由一个人陪着。日本人的习惯是吃了午饭就上课，中午不休息，他们都是夜猫子。我非常不习惯，但没有办法，只能按照他们的习惯来。我回来之后，在《湖北日报》发了一篇文章叫《东征日本》。我在文章中说，要征服它，征服它不是去打仗，而是要让他服气。日本民族有一个特点，谁厉害它服谁，要是真对谁服气了，他们对你是五体投地，不然他就瞧不起你。这次日本之行就得到了很好的验证。

黄：崇拜强者，谁强服谁，但要让日本人真正服气也不是那么容易的。一旦服气，就会非常认真、非常用心地向你请教学习。

周：以我看来，在世界上的各个民族中，对外域先进文化最积极作出良性反应的莫过于日本。一旦发现了某种更为优秀的文化，它就有承认这种优秀文化的心态，并且不断地吸收、消化，使之日本化。它从来没有把异域的优秀文化拒之门外。民族意识和传统观念都极强的日本，有顺应时代潮流的主动精神和积极应变的灵活态度，特别是为了既定目标有一种赴汤蹈火的国民禀性，这一点着实令人敬佩。

　　其实，日本受中国文化影响最大，也最直接。在六世纪到八世纪期间，日本十分崇拜中国隋唐时期的文化，任命"遣唐使"达十九次之多，派遣的留学生不计其数。从十三世纪到十六世纪的宋、元、明时代乃至以后，中国的佛教绘画和水墨画曾风靡日本，出现了像雪舟等杨这样学中国、超中国的巨匠。至十八世纪，出现了以中国文人画为楷模的南画运动。到本世纪初的富冈铁斋等日本画家，对中国古典艺术的眷恋和挚爱，是别国所罕见的，但至此也到了终结，到了可以打句号的时候了。

黄：为什么说"到了可以打句号的时候了"？

周：因为自明治维新以后，日本人发现了欧洲这块"新大陆"，转而崇拜欧洲，就主流而言，与中国画"绝缘"了，"脱亚入欧"了。二战后则倾倒在美国面前，目标转移，选择了新的文化参照，与中国文化分道扬镳了，特别是现在的青年一代，他们对中国艺术已相当陌生，相距遥远，连大名鼎鼎的徐悲鸿也一无所知。在此次讲学中连普通的中国绘画语言都得费劲解释，所以深感这个问题的严重性。和校方高层人士交换意见时，我说："日本艺术要想获得发展的更大优势，要使日本艺术真正东方化，有必要对中国文化重新认识，特别是要唤醒青年一代，多与中国进行文化交流，他们将会得到不可计量的收获。"

黄：尽管中日两国同属于东方文化，但由于近代的国际文化背景以及两国的不同发展模式，就绘画而言差异还是比较大的吧？

周：那当然。由于每个民族的民族精神不同，美学感觉自然不同，因而产生不同的民族艺术特色。倾向于感觉性外在视觉效果的日本画与倾向于精神性内在追求的中国画，构成两种差异较大的艺术体系，从而决定了不同的文化走向。可以这么说：在日本人的眼中，美在形式，美在色彩漂亮；在中国人的眼中，美在内涵，美在诗情画意，美在笔墨神韵。中国人说："水墨胜处色无功"，日本人则说："色彩胜处墨无功"；中国人说："放弃了笔墨精华等于否定了中国画"，日本人则说："谁优越就学谁，学到手了我也优越。"在我看来，日本画之所以能从中国画的同一脉络中独立出来，并与中国画形成两大体系并存，除了不同的文化模式和社会背景外，日本人对外域文化大吞大吐的胆略和善于变通，能把一种观念彻底实行的民族性，则是深层原因。

黄：就您的观察和研究，日本有哪些值得我们学习借鉴的地方？

周：日本的许多宝贵经验是值得我们借鉴，尤其在二十世纪的实践经验值得中国学习。他们先是从中国获得最初的文化灵感，继而又把西洋的写实主义日本化，日本画新旧交替的使命得以完成，实现了由传统到现代的转型，确立起现代而独立的日本画风貌。且不说二战前一些功勋画家所开辟的现代道路，真正成功的是二战后数十年在画坛崛起的梅原龙三郎、东山魁夷、杉山宁、高山辰雄、横山操、中村正义、加山又造、平山郁夫、丸木位里等等，真可谓是群星灿烂，英才辈出。他们先后共同完成了一个共同课题：日本画现代化。这是日本美术史最光辉的时代！

当然，随着我国综合国力的崛起，我们也将迎来伟大的民族复兴，中国画坛也将会崛起一大批大师巨匠，到那时，也许日本还会对中国再发现、再认识，使日本文化获得再发展的优势。

黄：1997年6月，您在马来西亚吉隆坡举办个人画展，是谁邀请去的？

周：由华裔作家姚拓（被当地称为文学泰斗）邀请，在吉隆坡香格里拉大酒店展馆展出，很受欢迎。

黄：在吉隆坡待了多长时间？有没有和当地的艺术家进行互动？

周：记不清准确时间了。期间有一些互动安排，但不记得他们的名字了，只记得与著名画家谢恭宋先生和马来艺术大学校长钟正山先生交往颇深。

黄：9月，您又去了美国，参加"湖北文化周"活动，都去了美国的哪些城市？

周：去了旧金山、洛杉矶、华盛顿、纽约等地，由时任湖北省委宣传部部长王重农带队。

黄："湖北文化周"中有您的个展还是有作品参展？

周：有我的个展。

黄：与美国的艺术家有无交流？

周：多数是华人画家，如王季迁、冯钟睿、姚庆章等，美国人主要是柯恩夫人。

黄：美国人对您的作品有什么样的评价？

周：基本上还没有进入他们的核心圈。

黄：没有进入他们的核心圈，原因在哪里？

周：核心问题是当时我们的经济还不够发达，我们的综合国力还不够强大。在这个强势的国度里，我们的文化艺术处在弱势，自然还引不起他们的关注。假以时日，我们的综合国力足够强大，我们的文化也将成为强势文化，到那时我相信他们也一定会主动向我们示好的。

黄：这一年，《周韶华世纪风画集》上下卷，以及《面向新世纪》文集出版。据说在出版过程中遇到过挫折？

周：正常情况下，花费应该在四五十万元，但实际花了一百多万元。

黄：关键时刻，还是夫人坚定地支持了您。

周：从来如此。

黄：这部画集有一个特点，就是局部放大的比较多。开始您好像对此还有些想法，但后来却从中获益不少。

周：发现局部放大后非常简洁，后来很多大画从此获得灵感。

作品要有文化内涵

但凡熟悉周韶华作品的人都知道，他的作品是以气势取胜的，著名评论家邵大箴称周韶华是"气势派山水画"开宗立派的人物。但也有人认为，周韶华的山水就是几笔粗线几笔墨块，是"大而空"。殊不知在他的大笔触、大块面、大开合、大气象的图画中，蕴含着丰富的文化内涵，只要稍加留意，你就会读到更多的文化信息。他说，这种蕴含能力一方面来自民族传统文化，另一方面来自前辈的艺术家。

黄：1998年4—6月，"周韶华从艺50周年回顾展"分别在深圳、武汉、济南等地巡回展出。这个展览共展出多少作品？

周：将近一百幅。

黄：全部是水墨作品还是包括其他种类？

周：都是水墨作品。

黄：12月，您参加了深圳国际水墨画展与研讨会。这个画展的主旨是什

碧海银光　纸本水墨　144cm×365cm　1998年

么？您有作品参展吗？

周：追求现代性，名称多叫现代水墨。我参加了前几届，后来就很少参加了。

黄：这一时段，您的创作也进入了黄金期，而且精品不断。如《莽莽帕米尔》《神游母亲河》《雪夜祁连山》《不尽长江万古流》《天山积雪》《江汉抒情》《天地通流》《碧海银光》《江流天地外》《巴山蜀水》《葵花》系列等。这些作品虽然都是前后完成，但风格反差还是很大的，是题材的关系还是情绪使然？

周：题材只是载体。感情与思想的注入，才能表现人的本质力量，或叫本质力量对象化。

黄：您的这批作品，多是流动飞跃的"大笔触"。即使是偏于抽象的，笔触亦是水墨式的，即使是小幅的，亦能透见博大的张力，有的作品似乎就是大笔直接"横扫"出来的。譬如《碧海银光》。

周：线的扩大是面，都是写出来的，不是平涂横刷，是笔墨运动。

黄：传统的中国画常用的三远透视法，俯视的作品很少见。尤其是画长江

莽莽帕米尔　纸本水墨　144cm×365cm　1998 年 中国美术馆藏

三峡，大都是一个模式。而您这一年创作的《月涌大江流》，采用的则是俯视的方法，令人耳目一新。您是怎么做到的？

周：我考察长江很长时间，从长江源到入海口，特别是三峡这一段，考察从五十年代一直到八十年代。我是爬山看长江，坐船看长江，从不同的角度观察长江。特别是从宜昌到重庆这一段的考察，我随着航标船，晚上点灯，早上收灯。过去条件有限，要是不用航标灯晚上航行容易出事故。早晨随着他们收灯的时候我就登岸，除爬山看长江，还坐船看长江，不仅白天考察，而且夜晚静观，从不同角度不同条件下观察长江，感悟长江，目的就是要找到真正表现长江内在精神的东西。国内很多画长江的人就看到"两扇门"，翻来覆去，都是大同小异，实在是太老套了，我要打破这种形式。

这幅画的感受来自巫山。在巫峡这个地方，上山看神女峰，晚上就坐在江边喝茶休息，看月光下的长江。这幅画首先是受大自然的启发，晚上月光下的长江水是亮的，水的滚动、形状和黄河完全不一样。很多人画水都概念化，不管是洞庭水、长江水、黄河水、海洋水都是一样的画法，根本就没有好好观察，其实，长江水滚动的形状是有线条的。这幅画的标题是根据杜甫的诗句"星垂平野阔，月涌大江流"取题的，叫《月涌大江流》。

黄：您的这幅画不仅打破了传统的的图式和画法，而且很现代。细观，您画的长江水是有线条的，而且线条中还富有变化。您是如何捕捉到这些水波纹的生动姿态的？

周：长江水的流动，上面平静得像镜子，底下滚动得非常厉害。怎么样才能看到它的波状呢？这种波纹白天我观察很多次找不到语言，感觉是平的，怎样把它滚动的感觉画出来？找不到线条，等于找不到表现的语言。一次偶然的机会，我在月光下看到长江水波纹的形状，而且也只有在月光下才可以观察到这些线条的生动姿态。这些线条不是太规则，但它是有韵律感的。线条要是不画出来这种韵律感，这张画就空洞无力，语言表达就会不到位。

黄：不仅要观察细致，而且要提炼出它的语言，还要赋予它内涵与情怀。

周：这也是中国画特殊魅力之所在。中国画家要讲究文化内涵，对山川大地的情感赋予一种特殊的情怀，而外国人画风景画就没有这样的情怀。从《诗经》开始，"关关雎鸠，在河之洲"，讲的是山水情怀；北朝的民歌"天苍苍，野茫茫，风吹草低见牛羊"，是大地情怀。所以中国山水画内涵丰富，有一种很浓的乡土情怀。

黄：而您同一时期的《莽莽帕米尔》，则以刚劲强悍的笔墨语言，塑造出苍茫无垠的帕米尔高原。线条的张力与冲击力，与大面积的晕染相互生发，画面空间的前后关系是虚实有无，却生发出强烈的动感，观者完全被线的磅礴气势所震撼。

周：刚柔相济，虚实交替，是这幅画的特点。到过帕米尔高原的人都有这样的感觉：高原的风大，云像是在奔跑，山脉也像是在奔跑。在我看来，画画是心灵的闪光，不是刻板的公式，难以预先设计。好比感情的熔岩在冒出火山口的时候，就索性让它喷发，至于是意在笔先还是意在笔后，都无关紧要。就像音乐和诗歌一样，是从主体内抽绎出来的灵感和思绪的升华，画家只有在拿着画笔"走棋子"时，才能决定出胜负来。

黄：而另一幅《九龙奔江》更是一个抽象的空间，宽阔的墨线在画面上蜿蜒飞舞，如同一条巨龙在江中翻腾，物理空间不见了，好像只有您激荡的思绪留在画面上。这种精神空间的灵感来自哪里？

周：在长江三峡，屈原的故里秭归县内，有九道石梁横卧在长江的江心，非常壮观。这幅画不是写实也不是简单的写意，而是从楚文化中汲取灵感，特别是把楚漆器中的感觉放大，把圆与方造型引向旋律表现。坦率地说，我的画是现实生活对我长期哺育的结果，是生活积累

月涌大江流　纸本水墨　122cm×247cm　1998 年

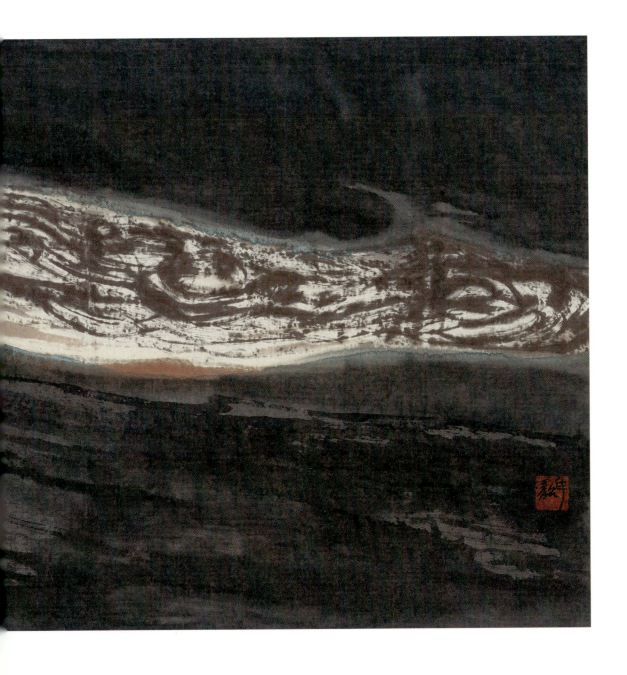

九龙奔江之一　纸本水墨　144cm×365cm　1998年

　　的必然产物，也是因学习古今中外而酿制成的，它们是物我交融的综
　　合体。

黄：您的作品几乎是一画一格，且变化多样，好像没有什么定式。而在传
　　统绘画中是讲究分类的，您如何看绘画的分类？

周：对绘画的分类，它既有意义也没有意义。应该从两方面去看。有意义

的地方，在于绘画是在局限性里打天下，要达到千锤百炼的境界，必须经过几代人的努力。为什么中国画到了现在，大家总是谈黄宾虹、傅抱石、潘天寿等？用经典语言去形容他们，这就是分类的意义。没有这，文化就没法保存，就不可能无限深入。但是，艺术要发展，要突破，就必须离开原来那个"类"进入一个新"类"，如果

今天一个样、明天一个样，样样都不成熟，文化就没法保存下来。要保存的话，最后还是一个"类"。当然你要突破的时候，就不管"类"不"类"。对于绘画，一个人只能做一点贡献。有那么一点贡献就了不起。作为评论来说，对此应该采取宽容的态度。

黄：您显然更倾向于突破。但您主张的是东、西方融汇，而不是对立？

周：是的，我是主张东、西方融汇。以东方为基点，采取"拿来主义"。我不主张对抗，我不是建立东方艺术来对抗西方艺术。

黄：您所关心的和追求的是既要有鲜明的风格又要有世界语汇？

周：对。是有着鲜明的东方风采、东方风格，但是属于全人类的，没有国界。因为凡·高没有国界，贝多芬没有国界，我为什么一定要有国界呢？在这一点上，我又不是像好多人那样标榜自己是绝对东方的。所以二十世纪八十年代我就提出"冲出区域，走向世界"，当时就有不少人反对。

黄：您觉醒得比较早，这与您的观念和视野不无关系。1999年8月初，您赴北京参加何海霞艺术研讨会，并为其画集作了序？

周：是的。我觉得非常抱歉，何海霞在世的时候没给他写篇文章。他跟我很谈得来，实际上他心里有这个想法，但他没有说出来。我当时就没有理解，因为忙着搞自己的创作。后来何先生过世后，他的儿媳妇跟我说起这个事。正好那时候我老伴因为癌症住院，我没法工作，要天天在医院陪她，我就抓紧这个时间，一边照顾病人，一边写这篇文章。

　　可以说，在老艺术家中，何海霞的传统功力应该说是最高的。但是他始终没有被扶到一个应有的位置上。在我看来，中国的青绿山水、金碧山水在唐代是极盛时期；宋代的青绿山水也是很好的，但是到后来就慢慢衰落了；元朝还有个吕纪的重彩；到了明代只有个仇英，但他画得有点小家子气。何海霞在京西宾馆、友谊宾馆、北京饭店都有好多大画，这些大画跟那些近现代名家或古人的画放在一起来比，我认为他在某些方面超过了张大千，也超过了古人。所以我写了《青绿金碧第一人》，我要给他一个应有的学术地位。在写这篇文章的过程中，我还在想，应该在他活着的时候让他看到，究竟是有人真正认识到了他，结果他自己没有看到，这是非常遗憾的。

黄：他画古人、画老师用的时间太多了，而留给画自己的时间又太少了。

周：没错。何海霞的儿媳妇说他知道自己患了癌症后，在卫生间里，坐在马桶上号啕大哭。儿媳妇问："爸，你怎么了？""没什么事，没什么事。"他心里感到自己要画自己的东西怕是来不及了，他还有很多抱负没有实现，心里特别难过。画了一辈子画，画的是古人，画的是老师。何海霞没有摆脱张大千，无论是画还是书法，都没有摆脱，这不能说不是一个遗憾。这个事，我跟何海霞谈过，他也不回避，也非常坦然，他说："我这一辈子，先是画古人，后是画老师。"他画古人，画得很到位。他在琉璃厂那个时期，当时临摹的那些古画，以假乱真，都可以当作原作买。

黄：也包括临张大千吗？

周：张大千后来好多画都叫何海霞画，连题款也不自己题，让他代题。因为张大千这个人社会交往非常多，应酬非常多，大画都是学生给他代笔。国内收藏的张大千的画，好多是学生代笔，不光是何海霞，有好几个学生给他代笔。有些重要的场合，一半是张大千画，一半是何海霞画。有一年我去河南博物馆，当时是辽宁博物馆和河南博物馆收藏的张大千作品展览，我去一看，好多不是张大千的亲笔。

黄：可见，仿得再好，也不如创造。

周：只见别人，不见自己。何海霞先生给了我们最好的启示。

我去的目的就是给吴冠中解围

　　吴冠中不仅擅画，而且能写敢说，常因言语犀利而惹人关注。他撰写的《笔墨等于零》最初刊发在香港的《明报周刊》上，当时并没有引起内地人注意。1997年11月，这篇文章在《中国文化报》发表后，却引起轩然大波，传统派们轮番上阵，对吴冠中是口诛笔伐。吴冠中自然不甘示弱，两年后，他决定在北京召开研讨会进行反击。正在重庆开会的周韶华接到邀请，没有半点犹豫，直飞北京。他说："我去的目的就是给吴冠中解围。"

黄：1999年8月中旬，您与施江城等到波兰彼得库夫出席第三届国际美术创作会，为波兰在二战期间被掠夺的艺术品做国际性援助。捐赠的作品有《葵花》《长河落日》。为什么选择这两幅捐赠？

周：这两幅画有其象征意义，也是那次画得最好的，因为要陈列在波兰国家美术馆。

黄：作为二战的老兵，参观奥斯维辛集中营，看到德国法西斯残杀犹太人的遗址时，您有什么样的感觉？

周：我与所有有人性的人都有同感，为无辜的战争死难者感到悲痛，也很赞赏德国的认罪勇气。

黄：8月28日，你们到了俄罗斯参观克里姆林宫、红场、列宁墓时，当时您又是什么样的心情？

周：我对苏共垮台很痛心，这无疑也是我们应该牢记的教训。

黄：你们还参观了普希金博物馆和特列季亚科夫画廊。

周：我不得不说，俄罗斯尊重艺术、保护艺术的态度让我深受感动。

黄：回国后，您参加了晴川画会二十周年画展。画展分别在天津、威海、淄博、厦门举行，每站都参加了吗？

不尽长江万古流　纸本水墨　95.5cm×180cm　2005年

周：说句实话，晴川画会如无周某，就没有所有的展览活动，画会的初衷是建立长江画派，但硬是被人搅散了。

黄：此时，好像唐大康早已去了美国？

周：如果唐大康不去美国，或许还在人间，他英年早逝，令人痛心。

黄：1999年10月，您到重庆参加长江九省一市"互动时代"展览与研讨会。您还送作品参展，还记得参展作品的名字吗？

周：记得，叫《不尽长江万古流》。

黄：这期间发生的一件事很有意思。吴冠中撰写的《笔墨等于零》在《中国文化报》发表后，引起轩然大波，传统派们对吴冠中是口诛笔伐。吴先生也不是吃素的，要召开研讨会进行反击。好像他也邀请了您？

周：是的。当时我在重庆开会，家里人打电话告诉我，说吴冠中在北京开研讨会要你一定参加。我就从重庆直飞北京去了。我当时思想上有非常充分的准备，我去的目的就是给吴冠中先生解围。在我看来，他当时确实有一种被"围剿"的感觉。

黄：吴冠中绝非等闲之辈，按他的个性是不可能坐以待毙的。

周：没错。他当时邀请了很多有分量的人物，像法国的朱德群呀、熊秉明呀，还有英国博物馆的馆长、日本东京博物馆的馆长，中国台湾的、香港的重要美术馆的馆长都去了。我看到陈传席也来了，我怕他乱放炮，就过去问他："传席兄，你今天准备发什么言？"他说："我都准备好了，有一万多字，我要炮轰吴冠中。"我说："你这个家伙经常放歪炮、放臭炮，这一回你要手下留情，吴冠中是何等伟大，你可不能随便乱放炮啊。"尽管他嘴上没同意，但心里还是接受了，发言的时候只是曲里拐弯地批了一下，没有直接正面批。吴冠中是个英雄，那个时候"左"倾桎梏把我们框在里面，政治标准第一，艺术标准第二。艺术首先是艺术规律，把艺术规律丢了，不讲形式美，大家都不敢讲，只有吴冠中站出来讲艺术的形式美，在那个时候讲形式美就意味着非挨批不可。

黄：当时无论是老派画家还是新派画家，很多人听到"笔墨等于零"一说，也没有仔细研究吴冠中的文章，就表示反对。特别是老先生们表现得尤为强烈。

周：甚至还包括他的学生。我的好朋友何溶，他爱人是中央美院史论系的支部书记，马可西莫夫当年来中国讲学时，她给马可西莫夫当翻译，也是有名的理论家。一次我去他们家，见她在写东西，就问她："在写什么东西？"她说："在写一篇批吴冠中的文章。"我说："冯大姐，你可千万手下留情，他敢在这个时候讲形式美，对中国美术是个大解放，你若写了这篇文章，历史会向你算账的。"她说："我当然要写，多少年我都没说话了。"我说："你要说话也不一定这样说呀。"说了好半天，她答应我，并说："吴冠中也是我的老师，我会客气地跟他说。"结果，她依旧坚持了自己的观点，还是发了文章批吴冠中。由此可见，"左"倾思潮对人的思想影响毒害有多大啊。

黄：您是如何看吴冠中对中国画的贡献的？

周：吴冠中对中国画是有贡献的。他虽然用的不是古人的那一套，但他将西方抽象油画的方法巧妙地移植到中国画里，画得是那么轻松、那么随意、那么灵动、那么鲜活，当代有哪位画家能与之比肩？况且古人也讲以神法道，以神法道就是用心、用精神支配画笔。譬如南朝的谢赫讲的"六法"："一气韵生动是也，二骨法用笔是也，三应物象形是也，四随类赋彩是也，五经营位置是也，六传移模写是也。"

　　我为什么要站出来批评那些持"唯笔墨论"的人？原因就在于他们把中国画最重要的"气韵生动"丢了，要表现的以神法道丢了，把生生不息的中华文化精神丢了，其实这些是最难追求最难把握的东西。当然笔墨要呈现某个东西，是要表现这个东西的气与质。分离出来讲，"笔墨"它只是一种媒材，一种媒介，一种手段，一种功力，这种手段和功力固然是很重要的，但是它也应该以气韵生动为前提，因为气韵生动是艺术的生命和精神境界。唯笔墨论者只把笔墨当作中心，当作唯一的传统，中国画的结构和形式就变得程式化、单一化了。应该每个人都有自己的形式语言，这种形式语言自己也不要老是重复来重复去的，要不断地去摸索一种新的东西。复制是最没有希望的，只讲一个东西把它强调到一种超过极限的程度，过了一种极限，那就把中国画框死了，把大传统丢了。所以说，从这个意义上讲，吴冠中是个非常了不起的画家。

　　当然，吴冠中也有不足，完全是可以说的，但优点是主要的，而且他做的别人做不到。你看他那个东西简单，他是将抽象油画变成中国画的语言，把画画得那么简洁，那么空灵，中国的老画家没有人能做到。有些人看不到他的优点，只是一味地贬低他，是毫无道理的。吴冠中的理论逻辑有些是讲不通，比方说"笔墨等于零"，一下子让人家抓住了，猛攻击他。他是一个搞艺术思维的，应该用理论思

1995年5月30日，吴冠中（右）参观"周韶华画展"后与周韶华交流艺术心得

维谈这个问题。

黄：有一个小插曲，需要向您求证。从前，您和吴冠中先生之间不时有往来，譬如美协开会、学术交流、作品评选等，除此之外，你们之间好像还有书信交流？

周：因为他在北京，我在武汉，因地域之远，难以面见，我们之间的交流，多为书信往来。

黄：有一封吴冠中写给您的信现在看来很特别。

周：我们通过好多信，不知道你说的是哪一封？

黄：这封信是我们在整理您的文献时发现的，落款是5月7日，我们查看信封邮戳上的日期，是1984年5月7日写给您的。这是信的复印件。

周：噢，我想起来了。吴先生先是去了山西的永乐宫、河南的南阳，又去了巫峡等地写生，到宜昌时本想来武汉看我，听说我到湖北东部地区抓全美展去了，最后他经武汉返京时也没有停留。我看到这封信时感到很是遗憾，错过了一次与吴先生畅谈的机会。

黄：吴先生在这封信中还透出三个信息：一个是他一直很想看看您在拷贝纸上创作的原作；二是表明要坚持走创新之路，他在信中表示："探路者的脚印永远吸引着我，宁可粉身碎骨走自己的路，决不人云亦云"；三是他非常赏识您，信中的原话是："我仰视您这样的勇士，祝您插红旗于雪峰。"按照吴先生的秉性，能说出"仰视您"这样的话不容易。

周：吴先生比我大十岁，我视他为兄长。严酷的岁月里，每当自己黯淡沉郁，是兄长的信鞭策、抚慰并支撑我捱过难关。平心而论，我对吴先生是非常仰慕和敬佩的，我们俩经常说彼此是"一个战壕的战友"。虽然他身边总有一些风波和对他的批判，但是他对于自己的艺术之路非常坚定，坚持自己的发展方向。其实，很多人并不了解他的思想和他的艺术。在吴冠中以前，中国画基本还是传统面貌，到他这

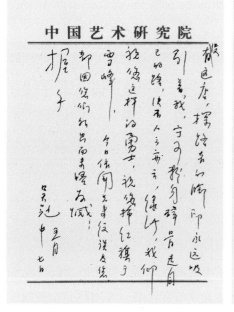

韶华同志：

　　我这回去了永乐宫、南阳、巫峡等地，经襄樊及宜昌时切听说您到湖北东部地区抓全美展了，因此最后经武汉返京时便未去麻烦美协。本想能有机会看看你在拷贝纸上作的原作，仅在电视里看过只是看看热闹，作品是灵魂，上次在京展出时我又去了凉山，真遗憾。机会还是会有的，但过了这村便没有这店。探路者的脚印永远吸引着我，宁可粉身碎骨走自己的路，决不人云亦云。缘此，我仰视您这样的勇士，祝您插红旗于雪峰。今日（刘）依闻兄来信谈及您，都因您们外出而未晤为憾！

　　握手

　　　　　　　　　　　　　　吴冠中（一九八四年）五月七日

儿中国画焕然一新，有了新风格新风采。随着历史向前推进，我相信历史会对他作出更为准确和中正的判断。吴先生在信中希望我的艺术创作能够像是"插红旗于雪峰"一样，这是他对我的希望，是一种鼓励，也是我一生所追求的。可以说，我们两个对于中国画的革新追求是一样的。

黄：我们还是回到座谈会上吧。您在座谈会上的发言后来好像发表了？

周：对，在《光明日报》上发的。发了以后不久，就报道了别人的批驳文章，我看后觉得没有再去反驳的必要了。这也算是我对吴冠中先生的维护吧。

黄：吴先生对您的发言满意吗？

周：他对我的发言应该是满意的，不然他就不会在座谈会中场休息时专程走到我身边，拍拍我的肩膀，贴着我的耳朵说："我们是一个战壕里的战友！"

5

点亮心灵之光（2000—2009）

周韶华《汉唐雄魂系列二十》（局部）

经历本身就是财富

周韶华自述："正因为跋涉过泥泞，才知道岁月如金，意识到生命的尊严与力量。经过打磨的我，早就不再是过去的那个我了，至少现在的我，已不同于过去的我。如果没有早期的生命之旅，怎么能展示出现在的生命价值？生命之旅对我的改造，远远超出了我的预期。"

黄：2000年5月，您到甘肃兰州举办了个人画展？

周：在兰州美术馆举办个展，并在西北师大、兰州师专讲学，随后到甘南、尕海、玛曲等地采风。这次采风对黄河上游的认知更为本真，当时不知道从玛曲翻过山去就是九寨沟，是完全不同的两种地貌和气候。

黄：只有走到，才能知道。

周：是的。

黄：6月，在西安举办"周韶华现代水墨画新作展"，这是一批什么样的新作品？

周：有《征服大漠》系列，有《葵花》系列等。这期间，程征好像还写了一篇文章，标题是《画坛大将周韶华》。

黄：这里是长安画派的重镇，长安画派已根植于本地艺术工作者的血液之中，听说他们对外省的艺术家不怎么感冒。您在西安有不少朋友，他们对您的作品态度有什么不同吗？

周：西安可以说是我起步的一个点：一是近有石鲁为代表的开宗创派的新型画家；二是远有半坡的仰韶文化、商周文化、秦汉文化以及十三朝古都遗迹，是北方文化的重要发祥地。西安早已在我的脑子里有了朦胧的雏想。我与西安美术学院、陕西省国画院、陕西省美术家协会关系都很好。所以，我的作品在这里不受排斥。

黄：您好像还在西安美术学院举办了讲座，都讲了些什么？

周：我坦率地对他们讲："长安是十三王朝的古都，传统文化资源丰富，大家关注还不够，利用则更不够。"

黄：一下子点中了要害。这期间，您还会晤了哪些朋友？

周：重要角色都见了。

黄：随后您又去宁夏银川举办画展。这里朋友多吗？

周：这里朋友不多，很少几位。

黄：接下来您又到了什么地方？

周：去了贺兰山、西夏陵园采风。看岩画收获很大。

黄：您从五十多岁开始，直至古稀之年，历时近二十年，纵横黄河、长江上下，探访三江并流的横断山脉、戈壁大漠的深处，攀昆仑、登祁连、入敦煌、走甘陕……历尽千辛万苦，行程数万公里。您这种精神来自哪里？

周：是时代赋予的使命，要求我们创造符合时代精神和风貌的作品。一个时代要有一个时代的文化担当，既然赶上了，就不能退却。不把祖国大山大河都看到，就很难改变山水画的面貌。因为时代赋予的使

2000年6月在贺兰山看岩画

命，就是创造性的，使中国艺术从古典形态转化为现代形态，建构我
们时代的文化大风格，从文化意义上使中国艺术进入国际大背景，成
为具有新世纪风神的新的东方艺术。

黄：您似乎对西部的大河、大漠、大山、大峡谷、大冰川……都有着一种
异常的兴趣。一次次的远足跋涉，是不是就如同经历了一座座的人
格、气度、魂魄的大熔炉、大炼狱呢？

周：只有这样，才能"胸中藏宇宙，笔下走风雷"；"笔落惊风雨，诗成泣
鬼神"。无穷的感受潜伏到了我的心灵深处，变成了我生命的一部分。
我要表达的时候，山水自然而然地流泻在我的画幅上，具体地说不上是
哪座山，哪条河。总之，是我感受过并埋伏在潜意识里的东西。

黄：您也因此具有了一种既不同于传统文人，也不同于今天那些体制内的
一般文人的现代知识分子新型人格。这一步的跨越，不但成了您山水

画变革实践真正的突破口，同时也是您所跨出的最具有战略意义的一步。

周：这是变革中国画，使中国画转变成现代形态的必由之路。在我看来，当今水墨画的最大解题莫过于图式换型、艺术语言转换，重新规范价值标准和真正确立自己的价值取向。邵大箴教授曾撰文称誉我为"气势派开宗创派人物"，在这方面尽管我还要继续充实、完善，他却是第一个说出了"气势"这一聚焦点，是一位我在艺术上的真正知音者。

黄：2000年7月，您应天津《国画家》杂志之邀去深圳讲课。讲的什么？

周：改变中国画的风貌必须从内在精神上发力，从探索形式语言入手。

黄：随后，您在烟台美术博物馆举办个展。说到这个展览我要向您求证一件事，听说为了帮一个学生在北京买房子，您把这个展览的作品几乎都贱卖了？

周：有这回事。当时有个学生在北京看好了房子，但钱不够，他向我求助，做老师的哪能袖手旁观。至于说是不是贱卖，那要看当时的情况，都想卖高价，有几个买得起？

黄：您把卖画的钱给了学生，学生有什么表示？

周：先是磕头感激，后是渐渐忘怀。

黄：现在来往多吗？

周：不闻不问。

黄：对此，您作何感想？

周：我做人的原则是：能帮的就尽力去帮，能做的尽量去做，做到尽力而为，问心无愧，仅此而已。

黄：进入2000年之后，您创作出一大批优秀作品，如《白云岩》《玉龙山脉》《冰雪昆仑》《这里有山泉》《雪域雄魂》《混沌初分》《雪域之灵》《昆仑夕照》《碧海银光之二》《大风起兮云飞扬》《战风沙》系列等。我尤其喜欢《白云岩》，那粗犷的线条纵横交错，大块的墨色氤氲沉厚，画面下方的长篇题跋，交叠出中国传统与现代抽象相互融合的空间，从中既可以品味出写意画的灵动畅快，又可以体会到现代抽象绘画的奇幻与激荡。甚至能想象到您当时的那种洒脱与快感。这种看似轻松的作品好不好把控？

周：看似寥寥几笔，还带有几分狂野，但你并不觉得它空，或者感觉过于简单，这就是创新带来的成果。创新要落实到艺术本体上创造自己的形式语言系统，有自己的切入点、攻坚点。一个不要程式化，一个不要随意化，因此要创新，要规划。我认为中国画要发展，必须从古典形态转换到现代形态，这个转换既包含观念的转换，也包含艺术形式、艺术语言的转换。

黄：艺术形式、艺术语言的转换也应该是艺术转型的关键？

周：是的。艺术形式、艺术语言的转换是有条件的，必须要有几种文化的碰撞、融合才能生成新的东西，单因子是无法实现转换的。它应该是复合结构，是多因子的，还要细化，找到切入点。比如我提出的"横向移植"和"隔代遗传"理论，都是当年到农村下放时，从农业生产中获得的启示，种子杂交才能优产嘛。中国画长期以来都是单因子遗传，它不是复合结构，因此需要"横向移植"。既要把西方的文化融入进去，还要把中国民间的文化与庙堂的、宗教的文化进行融合，才可能产生新的形态。只有复合结构才能够发生变化，变化以后还需要拿别的东西来复合它，才能变成新的品种。

黄：那我们再来欣赏您的另外一幅作品《朝夕昆仑》。在黑色背景之中，用大红色表现出山峰的主体，周围是很浓的墨色，色彩对比十分强烈，这种表现形式在传统中国画作品中极为罕见。大开大合，色彩强烈的形式语言，给人很强的视觉冲击感。

周：对。用色块与黑块的交替组合是对中国画的华丽转身，类似变奏通向

白云岩　纸本水墨　123cm×247cm　2000 年

音乐，可大做文章。这得益于我将色彩引进中国画，因为中国画，特别是文人画，色彩是很单一和单调的。我要引进色彩，改变原有的单一和单调，让中国画的色彩丰富起来。开始处理起来也很麻烦，搞得不好墨就把色遮挡了，后来慢慢找到了解决的办法，能够墨破色，色破墨，而且能墨包围色，比方我的这幅《朝夕昆仑》，它四周是黑，中间上面是色，下面是白，形成强烈对比，非常响亮。

黄： 类似这红与黑，形成强烈对比的灵感来自哪里？

周： 来自两个方面：一是大自然现象，西部的傍晚，夕阳映照下的山体顶部如同红山；二是红与黑在楚文化中是最普遍的色彩，比如漆器基本上都是红与黑。你看看楚文化的东西是多么有味道，没有色彩艺术就没有魅力了嘛！我的切入点和攻击点，就是把色彩引进中国画。你看这张画，红与黑，黑与白，对比非常强烈，而且也不繁琐，这是对过去中国画进行变革最强烈的回声。

黄： 看来经历和视野是很重要的，而且不仅要着眼于圈内的艺术，还有放眼于圈外的世界；不仅要关注当代艺术发展的趋势，更要从历史的经典中去探寻发现。说不定哪一点就会引发灵感。

周： 对。经历对搞艺术是很重要的，看得多、经历得多，你就积累得多，到关键的时候就会排上用场。对于艺术家来说，最重要的是对自己想做的一切具有清醒的了解，善于发现自己的特点并充分发扬自己的特点，就是寻找独特的、足以表现自己心声的艺术语言，与别人拉开距离，走自己的艺术道路。高明的歌唱家最了解自己的嗓门，专唱适合自己嗓门的曲调，不适合自己嗓门的曲调哪怕再好，他自己是决不会唱的，让别人唱好了。你是低音歌唱家，就不要唱高音。画家也应该有自知之明。

黄： 您讲得很形象。只有正确认清自己，才能准确表达自己。其实，一个真正的艺术家本身就是个复合体，除自身专业外，对戏曲、音乐、声

朝夕昆仑　纸本水墨　69.5cm×137.5cm　1999年

乐应该有通感。

周：是的。音乐的旋律、节奏、音调、音色、节拍、速度、力度、和声对位等表现手段，具有直接从情感上发生影响的感染力。山水画家如能从中受到启迪，引而用之，将受益无穷。如大气运动的韵律，空间的旷远，山脉的起伏，流水的波动，线条的长短反复，色调的分寸感，气氛的渲染，都好像是音乐演奏。情感的笔锋，飒飒有声，高山坠石，如闻击鼓，感情的色彩，或激昂响亮，或浓郁悲壮。山水画如果没有音乐感，意境难形，枯燥乏味，人们情感体验里最细腻、最微妙的东西难以抒发出来，观众也不会产生近乎听雄壮的进行曲或抒情曲般的感受。倘若能使欣赏者感到金声玉振，情韵不匮，那就发挥了艺术赏心悦目、益人神智、潜移默化、净化灵魂的审美功能。

黄：2001年1月，您随文化部组团到欧洲法国、意大利、荷兰、比利时、卢森堡、摩纳哥、德国和梵蒂冈等访问，这个团一共有多少人？

周：十几个人。

黄：与当地的艺术家有交流吗？

周：抢时间看重要的美术馆和博物馆，日夜兼程，没时间交流。

黄：在巴黎联合国教科文组织总部举办画展，您有作品参展吗？

周：主要是我的作品。

黄：2001年3月，"周韶华60年艺术探索展"先是在武汉拉开序幕，随后在广州、上海、沈阳、哈尔滨等地巡回展出，9月下旬在北京中国美术馆落下帷幕。您想通过这个历时半年的巡展传达什么样的讯息？

周：还是围绕解放思想、改革开放、张扬艺术民主。核心目的是探索、创新。尽管到此时我已进行了二十年的跋涉与探索，做了大量的艺术实践。遗憾的是，某些人总是高高在上，视而不见。这次巡展，不为别的，就是让作品说话！

黄：改革开放这么多年了，想不到美术界的保守派还如此固执！

2001年3月，周韶华在武汉举办的"周韶华60年艺术探索展"上作艺术讲座

周：　固执得很。1995年我在北京办展览，在国际艺苑开研究会就引起好
　　　多争论，争论的焦点就是"笔墨"。说白了，他们认为我的作品中少
　　　了传统的东西——"笔墨"。其实，在我的作品中，包括我的手稿里
　　　面，看看我的用笔，我所画出来的线条，无论是力度和气韵，不谦虚
　　　地说，就是画传统画的也没有几个人能够企及。

　　　　从1995年到2000年间，我画了不少大山大河的作品，期间，由于
　　　夫人患病到1999年去世，好长时间没有举办展览。在筹备这个展览期
　　　间，还专门征求了邵大箴同志的意见。他说："你又不是没有这方面
　　　的功夫，有些画面加强笔墨表现的东西不就行了。"因为邵大箴这个
　　　建议，就画了《白云岩》《托起心中的太阳》《江汉抒情》《九龙奔
　　　江之一》等大尺幅有线条有笔墨表现的作品。2000年开始着手筹备，
　　　2001年正式展出，先是从武汉开幕，随后在广州、上海、沈阳、哈尔
　　　滨等地巡回展出，最后在北京中国美术馆落幕。

黄：　如此大的动作，代价也一定不会小。那么，是否达到了您的目的？

周：　办这个展览的动机和目的就是革新与保守的斗争。尽管代价很大，而
　　　且这个展览也没有什么特别决定性的意义，但我觉得是值得的！

托起心中的太阳　纸本水墨　144cm×365cm　2001 年

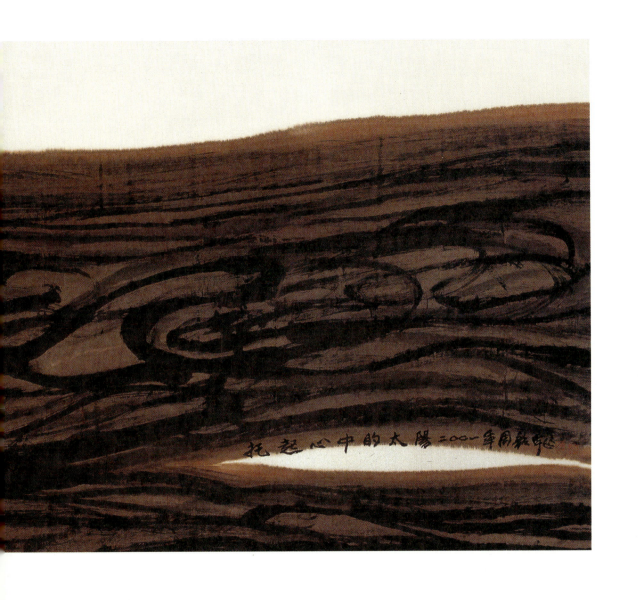

托起心中的太陽 二〇〇一年用鈍驄

再难总得有人做

为实现中国画转型，周韶华不断地提出问题，又不断地寻找破题方案。他纵横数万里，上下五千年，随着问题的不断提出与破解，已渐渐接近他的理想目标。他练书法、作交流，不断充实完善自己。虽然辛苦，却乐此不疲。当一直为中国画革新披荆斩棘、冲锋陷阵的周韶华看到"俗眼、俗心、俗手、俗画"在腐蚀着中国画坛时，他感到责无旁贷，于是，开始思考如何培养有创新潜质的艺术新人……

黄：2002年头三个月您投入到书法创作，是什么让您舍得花这么大的功夫？

周：书法是我的短板，要补这一课。因为书法这个东西非常专业，要写好也不是那么容易的。每年冬天我都是累得不行，事情特别多。2001年冬天我就准备休息休息，干什么呢？我就开始练书法，练了一段时间，有了一些心得，我想，练书法就要好好地练，好好搞，练出点名堂，搞出个展览。真正的创作也就两个月的时间，后来装裱花了一个月，还出了一本书。

黄：是不是河南美术出版社出的《周韶华书法作品集》？

周：对。我的思维跟书法家不一样，这个书法展览，也只是画家的书法。本来还想到北京展览，但是要到北京展览，还得充实很多东西，譬如说传统的东西还要搞得过硬一点。后来想了想还是算了，我这是在侵犯书法家的领地，就没再行动。

黄：您的思维跟书法家不一样，为什么？

周：艺术是有个性的，又是多元的，本来画家的思维和书家的思维就不太一样，画家着重于图像结构，而书法家着重于书体结构，因而表现形式就大为不同。

黄：4月，"周韶华书法艺术展"在湖北美术学院美术馆展出，这也是您

陶文·曲　纸本水墨　70cm×69.5cm　2002年

陶文·美　纸本水墨　67cm×67.5cm　2002年

的第一次书法展？

周：是的。

黄：我有幸看过这个展览，从陶文符号、甲骨文、金文到篆、隶、正、行、草以及现代书法，都出自您独特的书写体验，确实给人一种耳目一新的视觉享受。也只有像您这样的艺术大家才敢如此呈现，假如是位书法家，恐怕很难有这种转换能力，也不会有这种效果。

周：我这个展览是个学书展、练兵展，也是探索展，怎么可能一举成名呢？

黄：展览中的《曲》《羊》《美》《午》等单幅字，这些从陶文符号里转换而来的文字，创造性地赋予了新的美感，既是传统的，又是现代的。若没有深厚的绘画功底，很难有此夸张的表现力，而且又如此协调。

周：其实，我也是在探索——探索"转换"的可能性。

黄："周韶华书法艺术展"后来又去哪里展出？

周：没有，以免贻笑大方。

黄：2002年5月，您好像去四川美术学院参加了一个座谈会？

周：受邀参加"1977—1978届毕业生创作座谈会"。这是对小平同志提出
　　重新开始高考的一次大检阅，当时涌现了一批高材生，如罗中立、周
　　春芽等。

黄：9月，"周韶华艺术馆"在您的家乡山东荣成博物馆举行隆重开馆
　　仪式，包括《铁壁江山》《雪原雄魂》等三十九幅作品将作永久陈
　　列，这也是您无偿捐赠的精品力作？

周：是的。

黄："周韶华艺术馆"馆名是请沈鹏题写的？

周：沈鹏也是我的好朋友。

黄：这一年10月，您还去了美国旧金山，举办了"周韶华艺术展"。这次
　　是哪里邀请的？展览了多长时间？

周：旧金山南海艺术馆邀请的，展览为时一周。

　　　2002年9月，周韶华向山东荣成"周韶华艺术馆"无偿捐赠作品，与时任荣成市
委书记滕宝玉举行交接仪式

2002年10月，在美国旧金山举办个展。马克·海都曼市长（左一）向周韶华（中）授予荣誉市民证书

黄：有哪些人出席了画展？

周：马克·海都曼市长出席了画展，他盛赞这个画展是最成功的一次画展，并授予了我荣誉市民证书。

黄：除了旧金山，您没有到其他的地方游览？

周：游览了太浩湖。

黄：2003年3月，您为李青萍画集作序《一颗伟大的艺术心灵》。您是什么时间认识李青萍的？

周：早在五六十年代，我曾多次到荆州，但对李青萍的踪影却一无所知。粉碎"四人帮"后，我回到省里工作后不久，就到荆州李青萍家去看望了她，并请政府为她平反。

黄：您如何评价李青萍的艺术和价值？

周：她是一位了不起的艺术家。即使在极端困难的情况下，李青萍的艺术思维还能如此鲜活，本体语言还能如此生动和有现代感，还有新鲜的视觉冲击力，这种艺术魔力究竟是从何而来的呢？我想，李青萍

李青萍怀抱周韶
华、张大千画集
（张之先摄）

的画风、神韵与她的人生经历紧密相关，她似乎在坎坷的经历中找
到了绘画艺术慰藉。在她的画中，找到了对人生坎坷的解脱，如盐入
水，有味无痕。她的画以凝重瑰丽的色彩、丰富奇妙的联想，没有
伤痕，没有眼泪，凭积淀于心灵的印象感觉，形成了泼彩图像所独具
的浪漫情调。如果说她的前期作品是以泼彩图、西洋画和风光描绘为
主的话，那么她的后期作品，则体现出东方写意与西洋绘画技巧的珠
联璧合，画风更为成熟、凝重和浪漫不羁，在艺术中更多地体现了人
性，是一位极不平凡的大艺术家。

黄：她有一张晚年照片，手里抱着两本画册，一本是您的画册，另一本是
　　张大千的画册，可见她是很尊重您的。

周：她还送给我一幅油画。

黄：2003年4月，"周韶华艺术工作室"在汉阳的晴川阁成立，为什么把
　　工作室放在这里？

周：当时的汉阳区委宣传部部长很热情，诚邀我把工作室放在汉阳晴川阁，说在那里可以俯瞰长江，远望汉水和武昌。工作室有厨师、有客房，可以接待外地来客作画、开会。

黄：工作室紧靠长江边，风景很好，但交通好像不是很方便？

周：对，此处虽好，但我缺乏交通工具，离我家又远，难以兼顾，加之开支较大难以维持，后来不得不放弃。

黄：但工作室成立后还是做了不少事情，譬如策划"当代中国水墨神韵提名展"，在合肥与中国科学技术大学合作举办"中国画高研班"等活动。为什么选择与中国科学技术大学合作？

周：主要是科学家朱清时先生的支持。朱清时校长是位很有思想且极具现代意识的大学者，他还是中国科学院的院士。我被朱清时校长聘为该校客座教授，还给科大师生上了几次美育课，包括讲艺术与科学的关系。朱校长也给我的"中国画高研班"讲过课。

黄：2004年2月28日，由周韶华艺术工作室与中国科学技术大学合办的第一期中国画高级人才研修班在科大开班，共招收了多少学员？

周：近四十名。

黄：与中国科学技术大学合办中国画高级人才研修班是基于什么样的考虑？

周：主要是培养新人。我个人的力量有限，中国科学技术大学给予了很大帮助，学员的吃住与教学楼都由科大包了。之所以要办这个高研班，我是有感于"俗眼、俗心、俗手、俗画"在腐蚀着中国画坛，尽管困难很多，但还是要办。

黄：研修班的学员应具有什么样的基础和素质？

周：按孔子说的"有教无类"，"因材施教"。

黄：教员都来自哪里？

周：我当时能请到的具有新思维的名人都请，如尚扬、李宝林、程大利、

朱清时院士（右）拜访周韶华（吴军和摄）

卓鹤君、刘正成、姜宝林、冯今松、何家英、刘骁纯、邵大箴等，平均每天一位。

黄：就教员队伍而言，放在全国八大美院都是很强的。高研班为期多长时间？

周：我请的教员多半是名校的名教授。高研班为期一个月，属于速成班。

黄：高研班最终的结果与您的设想差距大吗？

周：选好学生太难了，但再难总得有人做。事情总是要在艰难中跋涉，做了总比不做强。国民教育、国民素质不是你个人能把它提高的。你看陶行知，他的意义非常重大，他是不是能把问题全部解决了，不可能的。蔡元培的主张那么好，北大建立起那么样一个学风，那么样一个学术思想，蔡元培走了以后，继承的人做到了吗？没有完全做到，但蔡元培是伟大的。

不是翻译，而是艺术转换

仰韶文化距今约有5000—7000年的历史，其色彩斑斓、形式多样的陶器被称为"仰韶彩陶"。为把这一民族元典艺术上的活水源头引入到当代艺术中，周韶华对彩陶文化进行了二十多年的潜心研究、解读、破译，并加以延伸、开拓与转换，创作出了"梦溯仰韶"。这是一次真正意义上的文化寻根，不仅改变了中国画以往的创作模式，而且使中国画的发展具有多种可能性，由此揭开了中国画的新篇章。

黄：　"梦溯仰韶"组画里的作品主要是在2002—2003年间创作的。实际上您开始表现仰韶文化的时间应该更早。

周：　从二十世纪八十年代，我到西安讲学时参观了半坡仰韶彩陶就萌生了创作冲动，限于了解和研究不够，偶有涉猎，不敢深入。但我对它是痴迷的，心中始终没有放弃对它的眷恋。

黄：　"梦溯仰韶"不但是"大河寻源"的继续和延伸，而且也是一次真正意义上的文化寻根？

周：　其实，我在"大河寻源"时就从未漏掉对仰韶文化的关注，而且在四次黄河溯源中都没有遗漏对仰韶文化的考察和研究。因为它实在是太美了，所以令我沉迷其中。还有一点非常重要，那就是从文人画里看不到这一传统，大传统中断了，失落了。笔墨是文人画的贡献，古人没有把笔墨作为一个单独的问题提出来，用色、笔法这些东西无所不取其极。现在的趋势和现象演变成了"黄宾虹风"就更不合情理，在艺术上独尊一统很像在搞霸权主义。

黄：　您长时间对仰韶文化的关注和迷恋，仅仅是因为她的外在美吗？

周：　美是重要的一方面。当我们在思考如何走向现代时，不可切断文化传统的血脉，这就不能不去寻找中华文化与民族精神的源流，不能不在

"上下五千年"这个时空背景下展开，不能不坚持民族文化自立性不被消解的立场。所以必须目饱前代奇迹，胸存天地大观，充分占有民族文化资源，得人文之助，在向未来深入时，不致使民族文化断裂，并且为她造血、充氧，使她获得再发展的优势。这样才能使历史与未来保持连接，民族气派得到更好的张扬。

黄：能具体一点或举例说明吗？

周：比如说，河南临汝阎村出土的彩陶、青海大通上孙家寨出土的彩陶盆、西安半坡出土的彩陶盆，以及马家窑、柳湾等地出土的彩陶，可以称为东方古代的"现代派"，比较容易与现代艺术接通，所以欲饮不竭之泉，必先探本穷源，披露它的奥秘，为今天所用。彩陶艺术中流露出来的人类童年时代的纯真心灵，神奇般的幻想，完全是一种历史的产物。

　　当先民们还不能支配自然力的时候，大自然的魔力是不可战胜的，永恒运动着的宇宙，神奇莫测。于是自然崇拜——图腾崇拜、巫术礼仪支配着人们的意识，远古祖先认定始祖是蛇身人面就是实证。而代表自己部族的族徽或标志，则是本族最神圣的象征和精神支柱。这说明图腾艺术也是氏族艺术。陕西宝鸡北首岭出土的彩陶壶，画面上出现了最原始的龙凤形象，据说夏的族徽是龙，不知这一彩陶画有无"鱼跃于渊"的联系？河南陕县庙底沟出土的许多花卉彩陶器，丰满圆润，构成巧妙。据分析，这种花卉彩陶，可能是中华民族的图腾。

　　可以说仰韶彩陶给后世艺术家的最珍贵的礼物是想象的自由，凭单纯的线条和色彩排列组合成有形的主旋律。在这时，大概既不存在着"怎样表现"的问题，也没有什么精神创伤，而是要表达情感体验里最深秘难传的那种自由的本真力量，充沛着内涵意义的人的意识的物态化和客观对象意象化。可以肯定地说，这是中国艺术本质特征的摇篮期，对以后中国艺术的发育成长影响深远。

黄：那么，先民们的这些智慧又是从哪里来的呢？

周：由于先民们生活在原始荒野的大自然中，他们有一种天然的宇宙意识，对自然界的感受力非常敏锐，有些是现代科学才得到证实的东西，那时便直观地反映出来了。令人神往的彩陶几何线纹，各式各样，总起来看，不外乎是对空气、水、阳光、火焰和土地的颂歌。由此派生的其他一切形象，均可以找到它们的生活原型。正是这些"元气"的精粹赋予了人类以生命，赐给大自然以生机。

黄：您对彩陶的研究前后用了多长时间？

周：我对彩陶艺术的解读，前后经历了差不多二十年的消化过程。创造符号和使用符号是史前文化最伟大的贡献。符号文化、方圆意识、各式各样的线型几何结构以及方圆的分解与重构，不仅为中国书画生成提供了基因，而且也是中国书画诞生的里程碑。由于对仰韶文化符号的破译和解读，当方分解为各种直线、垂直线、水平线，圆分解为弧形线、抛物线、波状线、曲线、涡纹线，在直线与弧线重构组合时，无穷的几何变形被魔术般地幻化出来，绘画与书法的造型规律便齐备了。当解析了这些结构的奥秘，我的"梦溯仰韶"组画便应运而生。因此，我认为要运用传统，首先要解读传统，并把传统转型为现代。前提是喜爱传统，搞懂传统，才能更有效地发扬传统。

彩陶纹样之一　　　　　　　彩陶纹样之二　　　　　　　彩陶纹样之三

黄：有了如此深入的解读，那还需要与之相配的表现技艺？

周：当然，技术也得很好地跟上才行。有些东西的表现力是非常强的，譬如青铜器那种力度，仰韶文化那种自由，它也是天上人间，宇宙的行踪运动，有的彩陶上是手指的一个指纹，先人们发现了，把它放大了，手指的指纹跟银河系的星体运动行迹很相似。类似这样的宏观和微观非常有意思，你对艺术的感觉，小中见大，从这个意义上讲，见识越丰富创造力就越强。我也常常提醒自己，在自己的有生之年能做多少就做多少，传统是永远学不完的，但不能因为学不完就不去做，不去提出新的东西，我们毕竟是当代人，当代人要创造当代人的文化。我认为要有两种文化身份，一种是民族文化身份，一种是当代文化身份。我要拿来的都是我的素材，是我的出发点，在我们民族文化的根基上，要长出新的枝干，开出新的花朵，结出新的果实，不是重复翻版克隆它。我们这一代人应该是承前启后，继往开来。承前的任务非常重，启后的任务也非常重。继往非常重要，开来更重要，从过去、现在、未来，把它们连接起来。

黄：在很多人看来，您的"梦溯仰韶"完全改变了中国画以往的传统模式，表明中国画的发展具有多种可能性，因此，有人认为这个系列是您艺术发展历程中的又一个里程碑。您怎么看？

周：其实，仰韶文化是中国书画的元祖，是原生态，点线、方圆、几何结构都始于仰韶文化。对当代美术的文化品位的建构，有时需要从远古中去追寻，从梦境中去追求。这样不受时空限制，容易自由发挥，多少带有神秘玄妙色彩和浪漫幻想，使艺术生命力和文化力达到表现的极致。

我觉得画家的创造力不但表现在他的自我超越能力、自我调节能力和自我更新的能力上，而且表现在他对传统的解读能力、优化选择能力和对僵化的东西的瓦解能力上。当代艺术的一个显著特点就是

家园　纸本水墨　182cm×245cm　2003年

　　弘扬个性与开放性，尊重多样性与包容性，在民主精神中体现人性和
人文关怀。所谓新空间，实质上就是人性空间，新语境，本质上也是
对当代审美的人文关怀，都是以人为本的，让人生得快乐，死得痛
快。反人性，只会使艺术堕入歧途或盲区。

黄：2003年7月，"梦溯仰韶·山河壮丽"画展在江苏常州刘海粟美术馆
　　开幕。随后又在上海美术馆、中国科学技术大学博物馆、北京炎黄艺
　　术馆、四川美术馆、湖北美术院美术馆展出。人们已习惯了您的山
　　水画，当他们看到满壁皆是仰韶文化时，是否有错愕的感觉？

周：人们以前见所未见。我是艺术语言转换后的"仰韶"，不是翻译，而
　　是艺术转换。

黄：纵观这个画展，您大多撷拾彩陶中某些典型要素，如线纹、蛙纹、鱼

纹、人纹等，或者类似康定斯基的抒情抽象方式，或者类似冷抽象的几何构成，再以放大局部的夸张手段，造成视觉形象的冲击力，是在显示您自己的精神世界吗？

周：无论是采用哪一种表现方式，都是通过视觉形象来产生冲击力，有些是形式简洁但并不单调，目的是给观者读画留下体味的空间。譬如在《家园》系列之二等作品中，我有意地压缩了画面空间的深度，以质朴的粗线条勾勒交织出远古文化的粗犷豪放、简朴稚拙。同时，整个画面又是动态的，富有节奏感的，那些手牵手的小人就是这个快乐乐章里最活跃的音符。

黄：我更喜欢您创作的《文明的前夜》。这幅作品无论是语言的转换，还是意境的营造，都恰到好处，给人以身临其境的感觉，仿佛能听到她们快乐的笑声。

周：半坡遗址彩陶里"手拉手"的图案相信给我们每个人都留下很深的印象。如何激活这颗快乐的文化种子，让它绽放出新的生命光彩？我从"一个民族的希望，是从仰望星空开始的"得到启发，将彩陶的意象化符号进行转换，让彩陶上图绘的先民们活起来，并赋予新意。于是，营造了在夜幕的笼罩下，在静谧的月光里，一群"少女"手牵着手在翩翩起舞，还原了数千年前的皎洁与美丽——那是一个群星灿烂的夜晚，那是一个文明曙光点亮的前夜！

黄：我觉得"梦溯仰韶"系列从文化意义的角度来审视，是一次具有历史维度和文化内涵的美术创新，是彰显文化力和文化表现力很好的印证。

周：文化力包含着整个民族在一定历史阶段的巨大精神力量，它熔铸着全民族的生命力、创造力，凝聚着全民族的整体精神。呈现在文艺作品中则是民族精神火炬的象征，是催人奋进的号角。反映在艺术主体身上，文化力主要包含在三大块里：一是画家对民族文化的观照力；

家园之二　纸本水墨　183.5cm×246cm　2003年　中国美术馆藏

文明的前夜　纸本水墨　143cm×367cm　2003 年

二是对外来文化的融合力；三是对当代美术的创造力，这"三力之合"就是文化力或文化表现力。文化力与综合国力有关，与国际竞争有关，从这个大视角来看，对美术的文化力的关注具有重大意义。我们有着五千年辉煌的文化传统，只要我们能找到某个切入点，找到与当代的契合点和发力点，便会有所创造。外来优秀文化是人类文化，没有国界，要善于融合，优势互补，它会强化我国美术的文化表现力，并且具有超民族的当代文化意义。

要把失落的辉煌找回来

汉唐是中华民族盛世文化的象征，中华民族伟大复兴，就必须从中汲取琼浆。为此，周韶华数次穿过黄土高原，走进河西走廊，在丝绸之路的古道上，体会汉唐盛世的气息，一股豪迈的英雄气在他的胸中涌动。他说："不论是楚汉浪漫主义一往无前、不可阻挡的气势、运动和力量，也不论是魏晋的清秀、风骨和睿智，盛唐的健康丰满和最强音，对于这些久违了的大传统和失落已久的中华文化大美，我们应当追寻回来。"这也表达了他对中国文化巅峰时期的追慕与建构盛世文化的思考。

黄：2003年，重症急性呼吸道综合征（英文：SARS），也就是非典型肺炎在全球迅速蔓延，全国上下如临大敌。这期间您在哪里？在做什么？

周：6月8日，我去了江西景德镇制瓷。

黄：这是您第一次在陶器上作画吗？

周：是的。因在抗"非典"期间，所有国营厂家及其研究机构都停工放假锁了门，没有高手指导，也没有好的材料，总体上感觉这次制瓷没有达标。

黄：在陶器上作画与在宣纸上作画有什么不同？

周：媒材不同，其他自然不同。

黄：在景德镇待了多长时间？画了多少作品？

周：没有具体统计，从某种程度上讲，数量不能说明质量。

黄：这一年，人民美术出版社出版了《中国近现代名家画集·周韶华》，圈里人戏称"大红袍"，这是否意味着能进入"大红袍"就等于登上了中国画坛的最高层？

周：不可完全这样看，也有鱼龙混杂的情况。

黄：是否做过统计，在您之前，有多少人进入了"大红袍"？

周：我虽然也当过评委，但并不在意这些，中国有些好事中也有不好的，还是要具体分析。

黄：2004年3月，您主编出版了《当代中国水墨神韵提名展画集》，并对提名画家进行点评。同月，由周韶华艺术工作室与中国科学技术大学主办的"当代中国水墨神韵提名展"在合肥举办。您对这个提名展怎么看？

周：是经过挑选的，质量上乘。

黄：随后，"周韶华梦溯仰韶画展"在北京炎黄艺术馆展出时举行了"周韶华艺术奖"的颁奖仪式。哪些人获得了这个奖项？

周：两人获得此奖：崔振宽和隋易夫。

黄：在我的印象中，提名展好像只办了这一次，为什么后来没再继续？

周：自己办不起。

黄：这一年，您开始进入"汉唐雄风"系列作品的创作。"汉唐雄风"系列应该还是"大河寻源"的延伸吧？

周：准确地说，是"三大战役"中黄河战役的延续。

黄：为什么要画汉唐系列？

周：我总觉得我们的中国画好像丢失了中国的大传统，包括那些标榜自己

2004年4月，"梦溯仰韶"画展和"当代中国水墨神韵提名展"在北京展出，邹佩珠、邵大箴、水天中、程大利等出席开幕式

是传统文人画的继承者，有些跟大传统不沾边，都是在笔墨的技术层面上，技术层面也只是指文人画的笔墨技巧。其实，汉唐的艺术更辉煌、更灿烂、更伟大。实际上文人画是由文学家参与的，他们的文化底蕴很深，像王维、苏东坡、米芾，都是大文豪。金碧青绿山水在唐朝的安史之乱之后开始衰落了，文人士大夫开始逃避现实，很消极地去追求文人雅士的一种信仰自由，把中国文化的博大精深丢掉了，所以，现在要追回失落的最重要的东西——民族文化的精神和魂魄，应追回这些东西。在这之前，我先是搞了个"梦溯仰韶"，是想从文化源头做起，中国的艺术真正的辉煌期是汉代和唐代，要把这个辉煌找回来，不然就显得中国传统如此浅薄狭窄。

黄：这无疑是一次创作大工程，我想知道您是如何分步进行的。

周：我先画了二十多张斗方，为画大画做了初步的准备，准备的工程也很大，像汉代画像石这东西怎么把它重新组合，重新运用？如何把汉代的雕刻、唐十八陵的石雕引进中国画？思考了很长时间，难度很大，思来想去，最后决定还是采取组合的办法。一张画没有组合是画不好的，组合就得先要把这些素材找到。

黄：这需要大量的素材，您想找哪些具体素材？

周：汉代的雕塑，汉代的画像石，唐代的石刻，敦煌壁画和彩塑，形象都很丰富，还有北魏石窟艺术也非常了不起。我觉得它们超过了希腊的艺术，现在只能选取那些最精彩的部分，把这些文明碎片组合起来，赋予它当代的形式美和意蕴。

黄：您过去就有意识地搜集过这些素材吗？

周：没有。这些地方以前我都去过，但是我那时也没有想到会涉及这一类题材，也没这么大的气魄，更没有想到要搞这么大的事情。要想把这些素材搞齐全，着实太难了。就这，仅搜集素材一项就花了我不少钱。

黄：那么，在这些涉猎的素材中，哪些东西对您的创作启发最大？

周：汉代的雕塑、画像石，具体一点就是霍去病墓那些石雕。这些艺术巨匠们并没有直接刻画"束发即言兵"的青年大将霍去病本身，而是在广阔的空间借物寓意。造型艺术往往是如此间接曲折，比如马踏匈奴比人踏上两只脚不仅显得更有力量，而且更耐人寻味：矫健轩昂的跃马和"马毛带雪汗气蒸"的卧马，都把观众引到祁连山那惊心动魄的野战和夜战的气氛中。再看看那静中欲动、虎视眈眈的卧虎、野猪正伺隙待发，而食羊怪兽则狼吞虎咽，更加深了原始山野的惊险恐怖气氛。这些野兽多半在夜间出没，或许这正是作者的有意构思，从而暗示出长驱敌后的霍大将军的大智大勇。这些表面看来是刻画动物，而其内涵和意义是表现人。巨匠们利用石块的扭曲，团块的浑然一

2000年周韶华在甘肃炳灵寺

体，来暗示强大的生命力。即使是平面的画像石、画像砖，也充分运用线的飞动之势，表现了运动美、力量美。这是汉代艺术的本质，正如苏轼所歌咏的"大笔推君西汉手"。有了这种民族精神，才有这种艺术气质；有了这种民族气质，才能创造永恒的艺术。

黄：从"大河寻源"到"梦溯仰韶"，再到"汉唐雄风"，您内心好像始终涌动着一种崇高的激情和一种对大境界的开拓。

周：都是大传统的深入。如果说"大河寻源"及其以后的诸多系列是上篇，它们的同一母题是呼唤民族大灵魂；那么从"梦溯仰韶"至"汉唐雄风"以来则属下篇，它们的中心思想是彰显民族文化大灵魂。一个是"呼唤"，一个是"彰显"，既有联系，又有不同。

黄：当超越形式和笔墨语言而进入您的作品内核的时候，我们会发现，在那雄强、豪迈、高古、空旷的作品语境背后，始终沉潜着一种对大灵魂的呼唤。这种呼唤是那么执着、那么激越、那么惊心动魄。尽管您此时已是古稀之年的老人，但您的骨子里流淌的血液却像青年人那样依然澎湃。您的这种澎湃的激情从何而来？

周：是我的文化使命与责任担当。

黄："汉唐雄风"由四个系列组成，我能不能理解为这四个系列您是在中国文化的经典语境中进行独特的解读、彰显和建构的？

周：是元典精神的联结。以沉雄博大的汉唐文化为资源的"汉唐雄风"，力求凝铸整体性的民族文化精神，它是中华民族伟大魂魄的象征。中华民族的伟大复兴，不能不从汉唐文化汲取琼浆。我的"汉唐雄风"以汉唐文化为母本还在于探索中国画的新的表现形态。不论是楚汉浪漫主义一往无前不可阻挡的气势、运动和力量，也不论是魏晋的清秀、风骨和睿智，盛唐的健康丰满和最强音，对于这些久违了的大传统和已失落年深的中华文化大美，我们应当把它追寻回来。我是采取整合的方式，对水墨画的形式进行重新诠释。引进设计、建筑、雕塑、壁画等艺术门类的各种素材，通过重新组合与互补，旨在拓展中国水墨画视野。

黄：《汉唐雄魂》系列则又回归到中华文明的主脉，画像石、画像砖、陶俑石雕得以大量出现；而《幻梦的净土》系列当中经典的佛教造像也自成文明的序列；《天地人和》系列则将文化符号与天地背景有机地结合了起来。

周：是对这些典型元素的组合与交相辉映。在《汉唐雄魂》系列作品中，

周韶华石虎、石猪等写生稿

　　我是大量吸收了石窟艺术、壁画艺术、石刻艺术的元素。当然不可能面面俱到，只能挑拣最要紧的、最有价值的东西来表现，比如石窟里的彩雕、石雕等等。这些经典的东西就是中国优秀文化的集中体现。我曾经两次去敦煌，最早去的时候壁画颜色十分好看，后来去看颜色都变黑了，氧化得太厉害了……汉唐是中国最强大繁荣的时期，我着意表现的是其精神气魄。

黄：特别值得一提的是《幻梦的净土》系列。您一改往日的阔笔浓墨，宛如当时造像工人那样的虔诚与信仰，细腻表现诸佛的慈悲，一刀一凿，一笔一画，不论是云冈石窟帝王佛的挺拔宏伟，或者是龙门造像卢舍那大佛的圆满优美，您的笔墨彩绘出动人的文化融合的内涵。这种巨大的反差是创作的需要还是有意为之？

周：佛教文化的最大贡献是净化人的灵魂，与之相适应的艺术手法是细腻深入，潜移默化。经典的东西是要认真研读的，即便是认真研读也是读不完的，因为它们的包容量和信息量是很大的。

黄：刘国松说过："不能了解真正艺术技巧的人，就不能把握住真正艺术的本质；没有真正技巧的人，就不可能成为真正的艺术家。"您是否也强调艺术技巧？

周：这个论点是二十世纪八十年代我写他的艺术构成时共同敲定的。

黄：生命与艺术，原本皆会有"绚烂之极归于平淡"，但您前后期笔性的变迁，似乎与题材选择有关联。我的问题是，题材本身是静物性的，是决定在抒写情感时更为深含不露吗？

周：就是恩格斯说的："现实主义的观点愈隐蔽愈好。"锋芒外露并非好的艺术。

黄：您的"汉唐雄风"系列，以对汉唐艺术的回味、对历史遗产的整合及对现实的追问，将我们导入到中国哲学天道意识的解读之中，其文化着力点在大美和壮美，核心是文化自信。

汉唐雄魂系列之二
纸本水墨
250cm×144cm
2004年

周：就当今文化发展而言，中国文化和中国画转型不是要转到西方去，我们的主体还应该是从五千年的文化中提炼、继承、发展起来，从历史的辉煌中创造新的辉煌。譬如"汉唐雄风"这组作品的画面，最上方背景式的壁画，其图案多来自墓室壁画中的祥瑞及石窟壁画中早期的飞天；中间占主体的是汉唐的代表性独立石雕，尤以西汉霍去病墓的动物石雕为主；下层是表现生产、生活场景的汉画像石，昭示的是一种贯穿民族文化始终的"天人合一"精神。更重要的是，汉唐精神是一种为捍卫和平而不可战胜、不可征服的民族精神，艺术家要呼唤的应该是文化自觉、文化自强、文化自信、文化自振，要充分地呈现我们中国文化的核心价值观。

黄：中国文化的三条主脉——道家、儒家、释家的精义被您以一种非常个性化的笔墨语言进行了新的生发。很多陌生的物象和文化形态在您独特的语言同构中却具有了很强的亲合力。您是怎么做到的？

周：融合的要义是作品内涵的包容量。

黄：您期望以自己的画笔和思想，使中国画超越一般的表象阐释，而直逼中国哲学天道观那种朴素单纯却又宏大深邃的宇宙意识和存在意识之中，从而使大美在大灵魂的导引之下成为当代中国画的主音符。这好像是您一直孜孜以求的目标？

周：是的。

黄：从2005年元月开始全力筹备"汉唐雄风——周韶华新作巡回展"，先后在武汉、南京、杭州、上海、成都、西安、石家庄、北京、济南等地展出。巡回展期间，还应邀在全国一些大专院校举行了学术交流和讲座？

周：是的。这一次是马不停蹄，工作量很大，很像是一次南征北战的运动战和大反攻。令人欣慰的是，每到一地都受到广泛的好评，这种辛苦还是值得的。

黄：听说"汉唐雄风"在成都展出期间，有位房地产老板愿出一千五百万元买您展出的作品，被您当面拒绝了？

周：有这回事。

黄：为什么不卖？

周：接下来还有几个地方要展览，卖了我还展什么？

黄：2005年4月，"汉唐雄风"画展在武汉展出时，时任中共中央政治局委员、湖北省委书记俞正声陪同中共中央政治局委员、中宣部部长刘云山前来参观展览。您事先知道吗？

周：不知道，是碰巧遇上的。

黄：两位政治局委员同时参观一个展览，在地方省市是很少见的。他们对您的作品有何评价？

周：刘云山是每幅都问，看得很仔细。最后问我："全国像您这样创新的还有没有别人？"我说："目前还未看到，过去也没有看到。"

黄：有一个珍贵的镜头被记录下来，就是两个政治局委员一左一右搀扶着您一同走下楼梯，场景很自然又很温馨。

周：我只顾与领导交谈，完全没有意识到。

周韶华（前中）与俞正声（前左）、刘云山（前右）一同走下楼梯

真實不虛故說般若波羅蜜多咒即說咒曰揭諦

波羅僧揭諦菩提薩婆訶　右寫般若波羅蜜多心經

如是我聞一時佛在舍衛國祇樹給孤獨園與大比丘僧千

二百五十人俱皆是大阿羅漢眾所知識長老舍利弗摩

訶目干連摩訶迦葉摩訶迦旃延摩訶拘絺羅離婆多

周梨槃陀迦難陀阿難陀羅睺羅憍梵波提賓頭盧頗羅墮

迦留陀夷摩訶劫賓那薄拘羅阿㝹樓馱如是等諸大弟

子并諸菩薩摩訶薩文殊師利法王子阿逸多菩薩乾陀訶

提菩薩常精進菩薩與如是等諸大菩薩及釋提桓因等無

量諸天大眾俱　爾時佛告長老舍利從是西方過十萬億

佛土有世界名曰極樂其土有佛號阿彌陀今現在說法

二〇〇四　周敏書

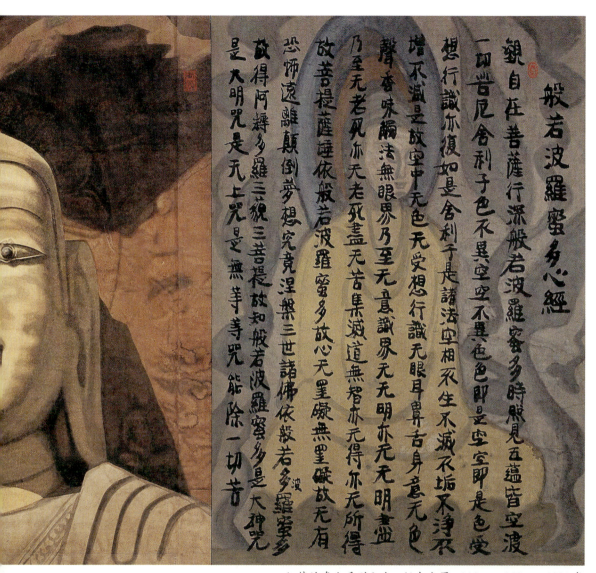

般若波羅蜜多心經

觀自在菩薩行深般若波羅蜜多時照見五蘊皆空度一切苦厄舍利子色不異空空不異色色即是空空即是色受想行識亦復如是舍利子是諸法空相不生不滅不垢不淨不增不減是故空中无色无受想行識无眼耳鼻舌身意无色聲香味觸法无眼界乃至无意識界无无明亦无无明盡乃至无老死亦无老死盡无苦集滅道无智亦无得亦无所得故菩提薩埵依般若波羅蜜多故心无罣礙无罣礙故无有恐怖遠離顛倒夢想究竟涅槃三世諸佛依般若波羅蜜多故得阿耨多羅三藐三菩提故知般若波羅蜜多是大神咒是大明咒是无上咒是無等等咒能除一切苦

幻梦的净土系列之九　纸本水墨　144cm×370cm　2004 年

呈现物的精神之光

如果说周韶华的"大河寻源""梦溯仰韶""汉唐雄风"是具有深刻文化价值和精神意蕴的专题展，那么，他的"77抒怀"则侧重于追求神韵性内涵的韵律美的抒发，从容自得而悠然意远。但这种抒情也只是他短暂休息间的挥洒，"呼唤大灵魂，就要振臂高呼，威武雄壮，而不是那种温情脉脉"才是周韶华的本性。于是，他再一次走进中华文化元典时代，以古长江文化为背景，聚焦最具代表性的楚文化，因而"荆楚狂歌"也成为国内首次以美术作品诠释楚文化精神的力作。

黄：2005年7至8月，您去了山东石岛，在那里进行封闭式创作，为"77抒怀"画展做准备。这批作品较以往主体性作品显得更轻松、更自由、更抒情，这是否与您此时的心境有关系？

周：殊不知，我当时是累病了，不能画大画，只能画些小画。

黄：为何以"77抒怀"命名？

周：这一年我正好七十七岁，俗话说"七上八下"，本年正巧碰上两个七字。不知是鬼使神差，还是别的原因，便"上，上"！一年中完成了两个画展。我也说不清楚，怎么这样来神！

黄："77抒怀——周韶华画展"后来分别在威海、泰安、武汉展出。从展览效果看，无论是艺术家还是收藏家，甚至是普通的观众，对这批作品都给予很高的评价。您怎么看？

周：它们是在我的"大战役"过后为调整紧张状态而画的带有休闲意味的一批抒情性作品。在我的心目中，抒情性的作品是把意境幻化为情境，更加重情。也是我对生活、对人生、对自然、对大千世界和对无限宇宙的新的感受、发现、感叹、赞美和依恋。我对情境的最高表现是呈现它们的生命与神韵。通过笔墨、色彩、水撞等运动，以情感抒发为基调，强化性情、情趣和人情味的表现，并以节奏、韵律、形式美感为特征，从容自得而悠然意远，以艺术魅力渗透入人们的肺腑，滋润人们的心灵。许多画中的情境，究竟是生命的节奏、宇宙的旋律、对美好的憧憬，是梦境或是神秘世界的回音，还是人间诗意和情思？其实这都是我所仰慕和追求的。

黄：尽管多是抒情性的作品，但还是能看得出内在的格局很大。

周：我的艺术倾向是高扬主体意识，保持高洁情操和爽朗性格，有一种超越自我的辽阔的心理空间。所以，我追求的还是呼唤大灵魂，而不是那种温情脉脉。

黄：其实，注入感情的作品，即便不是鸿篇巨制，也同样可以打动人，譬如《天涯万里远征人》就是这样一幅作品。画中所表现的沙漠与以往的沙漠表现手法有所不同，请您谈谈这幅作品的具体表现手法。

周：绘画审美分两大类，一类是壮美，一类是优美。如《黄河魂》《狂澜进行曲》等作品基本上是壮美、崇高美。这幅《天涯万里远征人》就属于是抒情美、优美一类。这幅作品要表现优美存在非常大的矛盾，因为沙漠地带最大的问题是缺水，而要画出水分的感觉，跟自然地貌是完全矛盾的。在沙漠地带，你看不到线条而都是块面，以至于我没法下笔。

后来从河西走廊回到山西大同云冈石窟看雕塑，当我看到大佛背后上面的水往下渗漏，流得一道一道的，突然就找到了灵感，我在那一道一道的水渍痕迹里找到了线条，才开始把沙漠画好。沙漠本来是荒凉的、干燥的，简直没有生机，要画出优美的线条需要经过很长时间的观察摸索，从别的东西里找到技法，这就叫"他山之石可以攻玉"。你看到的这些线条都不是用墨线来画的，是这些颜色里水分多跑出来的，跑出来的水含有一种胶质，带有矾的性质。利用水出来的纹路的感觉，这样组合起来，就有一种韵律感。有的人造我的假画，以为这种线条是用笔画出来的，那就错了。这线条是笔触与笔触之间挤出来的道道，也就是常说的艺术技巧。

在沙漠地带也有一些植物，这些植物经过风霜、经过沙尘暴的吹打，树干子都是这种形状，在内地看不到这种感觉的树。绘画是技术问题、技巧问题，要解决很多问题。解决就是突破，解决不了就没有突破。再看画中远处雪山的这种黑白对比起画龙点睛的作用，非常突出。雪山要是画在前面就不可能产生这种响亮的对比，黑就是黑，白就是白，经过对比以后就非常打眼。首先吸引眼球的就是黑白关系，看到它以后慢慢地看才能看到其他东西。黑白对比形成一个

天涯万里远征人   纸本水墨   68cm×68cm   2006年

视觉中心，把你的眼球聚焦到这个地方，画的艺术处理要懂得这个窍门。

黄：2006年1月，您先后赴湖北省博物馆、荆州博物馆、荆门博物馆、湖南省博物馆收集楚文化素材，为创作"荆楚狂歌"系列作品做准备。这应该是您的"三大战役"中的第二个战役——长江？

周：准确地说是长江文化中的一个重要部分。说来也巧，湖北省委宣传部决定在北京搞"湖北文化周"，两个展览，三台节目。美术展览要我出台，文物展览由省博物馆负责，两个展览都在国家博物馆举办。我想"湖北文化周"就应该表现楚文化，这个展览也应以荆楚古典文化为素材。于是开始准备创作资源，奔波于洞庭湖南北。

黄：长途奔波，加上高强度的工作，您的身体出现了问题，住进了武汉陆军总医院，是什么病？

周：感到身体不适住院查体，查出心脏出了问题，安装了起搏器。

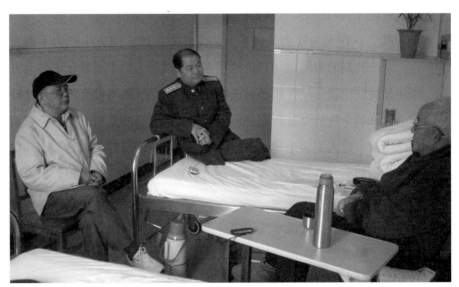

2006年2月，徐本一（左一）、黄诚忠（左二）看望在武汉陆军总医院住院的周韶华先生（吴军和摄）

黄：我和徐本一去看您，您还在病房里整理资料、创作构思呢。

周：是的。住院期间，一边养病，一边把准备的素材进行分类，一个一个信封都装满素材。构思中还涉及人物，有老子、庄子、屈原、宋玉、楚庄王和重臣伍举等，每幅画都有素材。

黄：康复出院后便投入"荆楚狂歌"系列的创作。在您看来，长江文化与黄河文化的最大不同点是什么？

周：虽然黄河、长江文化都有水文化在其中，但黄河先民是洞居，陆地开阔。长江先民因处汪洋广泽是巢居，仰看天象，俯视千湖，对水的感受是耳濡目染，且土家、苗族巫术文化盛行，能歌善舞，与黄河文化迥然有别。楚文化是天上、地下、人间同台演出，艺术空间没有边界，充满着浪漫主义。在楚艺术中，人与自然是和谐统一的，在表现上是把外部世界的规律性以及色彩、线条、节奏等与人的内心情感的韵律结合得浑然一体的；"流观"自然的思想，即在运动中把握整个宇宙空间而不局限在有限的、静止的个别事物上，这与自然主义的艺术观是毫无共同点的。这是其一。

其二，在人与社会的关系上，与北方相比，南方生产力不够发达，宗法礼制的束缚也相对松弛很多。所以楚人的本质异化不如北方那样显著，比较多地保留了对氏族社会的回忆。人与社会的关系比较和谐，人的个性能够比较充分地发展，类似天真的儿童，情感率真而想象自由。楚人更多地是从自然的美好这个角度去观察自然和表现自然的，他们高度重视大自然和生命运动之美，追求辽阔无限、天人合一的宇宙空间美，无处不洋溢着大气盘旋的宇宙感，恍若置身于无边无际的宇宙中。行云流水式的曲线美表现得至为突出，好像是流动着的血液，呼吸着的生命，使生命运动的美得以充分地表现。

黄：楚人除重视与大自然和谐统一，充满浪漫主义色彩外，在审美特征上与中原人有什么不同之处？

周：楚人对美的追求既没有受到枯燥的纯粹理性的束缚，又没有被风行于南方的巫术引向粗野和低级的宗教狂热。灵动的绘画与屈原"书楚语、作楚声、纪楚地、名楚物"的南国之音交相辉映。耐人寻味的是，豪迈超脱的艺术境界，冲破了题材本身的束缚，让丰富的暗示力与象征力居主导而不拘泥于映象式的写实。最能代表楚国艺术审美特征的是漆器和丝绸。不仅色彩艳丽、巧夺天工，而且境界深邃阔壮、精神四射。严格区别于中原北国粗犷、雄浑、庄重等阳刚之美的特征。

黄：在对楚文化考察研究中，哪些东西让您最为着迷？

周：音乐、造型与线条。特别是线条的流畅波动，宛如宇宙的旋律。水平高超的楚国音乐，不仅在《楚辞》中有绘声绘色的描写，并且有曾侯乙墓出土的六十四个编钟和管弦打击乐器，早在两千四百多年前就创造了完整的十二乐音体系，是古代最庞大的交响乐团，被誉为世界罕见的伟大奇迹。楚国音乐的发达，熏染着造型艺术家的情感，使楚国造型艺术笼罩着既超脱又神秘的音乐情调，而隐藏在这情调深处的是人们在征服自然、反抗强暴过程中的坚强意志和信心，是完美的生活情绪和永恒的向往与不断的追求，也天真地流露了无法解释的现象，使人生和自然界达到和谐一致。

天地山川，行云流水的空间构造，并不在物的刻画，而是暗示着自己对这些形象的情感；线的圆浑流动，表现着生命的运动，意绪狂放，一气呵成，气脉通贯；从云山水乡中窥见了宇宙的神奇，表现的是永不停息的宇宙旋律；一些漆绘虽在实用器具之上，但却意在实用之外，成为纯粹的审美对象。在现实生活中不能同室共居的双凤虎座，鹿角鹤身，浑然一体，体现着楚国的审美心理。艺术匠师们并不关心认识的写实，也不在意实体间是否合理，而是着重于情感的抒发、想象的奇异和潜藏的智慧的表达。在情调上既有低吟曼唱，又有

逍遥游　纸本水墨　144cm×369cm　2006 年

引吭高歌，优美和壮丽融汇一体。

　　楚国人民的心理结构创造了楚国艺术，楚国艺术更高地创造了楚国社会的共同心理结构。后人引以为傲地誉谓"惟楚有才"，并非夸大其辞。

黄：那么，您又是如何将这些认知注入到您的创作之中的？

周：楚国艺术家是以音乐的心灵领悟宇宙奥秘的。他们追求的是宇宙的全面节奏与和谐，是用心灵的眼睛去观察无尽的空间，以感情、知觉、想象与理解的结晶表现现实。作为楚文化发源地的画家，我不是"直接遗传"，而是将其移植、拼贴、重构，创造性地进行语言转换，以表现现代心理结构，强化视觉效果。心中之想全在笔下，空间构造，服从于全部节奏和情感表现的支配。让楚国人的心理结构和所孕育的浪漫主义艺术，升华为时代精神，使其成为现代中国画艺术蓬勃生机的根源。

黄："荆楚狂歌"与前期创作的"汉唐雄风"，都属于对历史鼎盛时期的精神追慕，在您看来，它们之间最大的区别是什么？

周："汉唐雄风"表现的是"文景之治""贞观之治""丝绸之路"，发展经济，改善生活，开放包容，给人们带来福祉，从而才有了汉唐盛世。荆楚文化的意义，是重视个体的生命和自由的意识，摆脱了儒家道德规范对个性的束缚，同时也洋溢着天真活泼的浪漫精神。"荆楚狂歌"则是以楚文化为素材创作的，表达楚人与宇宙无间、天地和合的意识。

黄：我觉得，"大河寻源""梦溯仰韶""汉唐雄风"与"荆楚狂歌"还有一个不同，前三个系列的人物多半是隐藏于器物具象背后，而"荆楚狂歌"系列的相当篇幅则是把人物直接推至画面中间。

周：你说得对。楚人自由创造精神和爱美心灵的物化，在二者的关系中，人是占主导地位的。如"大武铜戚"正中铸着一人，他一手操凤，一手持夔，一足踏日，一足踩月，就充分表现出了人是世界的主宰这一主题，是人本主义与神话幻想的高度结合。在"荆楚狂歌"系列里面有提出"道生万物"的老子，有独与天地精神往来的庄子，有创楚骚神韵的屈原和春秋五霸之一的楚庄王等，这四位应该是楚国八百年思想家、文学家、政治家的顶级代表，在中国乃至世界都是赫赫有名的人物。但如何将他们融入写意山水画中，对我来说既是一种尝试，也是一大难题。在创作过程中我重点把握整体画面的协调性，既凸显中国山水大写意，又要刻画人物的精神面貌，努力展现老庄哲思、屈赋诗境、庄王壮语，与人物绘像相融会，至于融合得怎样，只能说是仁者见仁。当然，这其中也动了很多脑筋，想了很多办法，比如以楚兵器上的勾喙寓意庄王意欲"问鼎中原"，以楚兵器上铸造的腰缠蟒蛇、手执夔龙、脚踩日月的羽人表现屈原《国殇》的勇武精神等。

黄：您好像还大量使用了这种比兴手法？

周：人对自然的情绪的对象化，也是中国画特有的强项。比如以编钟支架的扛鼎力士群像，象征楚人举国一致的意志；以充当灵魂守护者的彩绘方相士，反映楚人魂魄二元的观念；以鹿角林立表现楚人镇邪逐怪、驱暴安良的诉求；用群凤朝阳展示楚人的凤火崇拜及对"大乐与

驾日凌月　纸本水墨　144cm×366cm　2006年

天地同和"境界的追求，如此等等。

黄：不少作品您只选取某种实物的局部，放大并进行组合，却能给人一种
很强的视觉冲击力。

周：这也是楚艺术的特色之一，将具象世界的实物以及想象中的神物（如
龙、凤）肢解打散，加以变形，根据表现和象征的需要，予以选
择、重组，造成"钩佩与环饰"样式，达成流畅瑰丽、富于想象力的
形式美。我在画作中对青铜器、漆器、帛画的精彩细部，极力追求质
感上的逼真，又进而对典型细部烘托、比拟，以昭显楚文化的某种精
义，点石成金、化腐朽为神奇。同时，我还将金文、篆文、秦简、楚
简等引入画中，在构图上以求与绘画珠联璧合。

黄：对于荆楚文化精神的掌握，在面对中国画创新、审美意识的现代化问
题时，您是如何将二者有机统一的？

周：我以前提出过"全方位观照论"——将天、地、人融贯为一体，历
史时间与当下时刻相连，把对整体的宏观把握渗透到形象底蕴，同
时，把纵向、横向和多层次的观察与想象连接起来，变现生命与灵
气，呈现物的精神之光。比方说楚辞《离骚》，它问天问地，但不
是在狭小的圈子里思考问题，思维的跳跃很大。现在出土了很多

雄阔抱负　纸本水墨　146cm×352cm　2006年

东西，看了着实令人惊奇。无论是青铜器还是漆器，简直是奇妙无比，造型是那样精美绝伦，那样富有象征意义。我们现在搞的东西非常肤浅，没办法和古人们比，都是很简单直观的东西，所以我一直强调要潜心学习大传统。对传统的东西的解读应该是宽广的，一段时间心无旁骛地盯着那个东西，反反复复观察它、研究它，时间长了就会潜移默化，不管从哪里切入，都大有文章可做。

黄：2006年11月22日至27日，"荆楚狂歌——周韶华新作展"在北京中国国家博物馆开幕。在"荆楚狂歌"座谈会上，邵大箴主持，毛时安、刘曦林、吕云所、老甲、夏硕琦等评论家和艺术家先后作了发言。值得一提的是著名作家莫言也出席了座谈会，并作了《画坛革命者——关于周韶华先生的随笔》的精彩发言。

周：是的。

黄：您是怎么认识莫言的？

周：因为都是山东老乡，是他到我家才见面认识，以前是神交。

黄：您看过他的文学作品吗？

周：有所阅览。

黄：他对您很尊重，而且对您的作品认知也与众不同，你们俩的想法在某些方面非常相似，这和你们都是山东人有无关系？

周：有，特别是在气质上，都很豪爽，有话开门见山，不隐蔽观点。

黄：您的文化寻根从1983年的"大河寻源"开始，到2004年的"梦溯仰韶"，到2005年的"汉唐雄风"，再到2006年的"荆楚狂歌"，可谓是"三大战役"中黄河、长江两大战役的重要总结。

周：只能说是阶段性成果，而不是总结，"汉唐雄风"仍在充实提高，准备作为保留节目。

2006年11月22日,"荆楚狂歌"画展开幕座谈会上,周韶华(中)、邵大箴(右)在听莫言(左)发言

做一个有文化的学者型艺术家

　　周韶华自述:"每个民族的民族艺术,都是这个民族的精神火炬,是由这个民族长期历史积淀的智慧结晶,也是民族整体心理结构与精神力量的象征。作为审美文化的绘画,不仅要深深植根于民族文化的土壤中,而且应充分体现本民族的心灵与魂魄。民族艺术不只局限在文艺领域,在民族文明史上,都是不可消解的民族文化生命之树。"

黄:2006年4月,您被聘为北京大学艺术学院驻校艺术家。

周:专门为我建立学术档案,进行个案研究,有研究生住我家访问,写毕业论文。我与叶朗、朱青生有深交。

黄:9月中旬,您受中国国家画院之邀设立周韶华工作室,并在北京开设山水画高研班授课,共招收了多少学员?

周:招收了十五名学员。

黄：有国家画院做后盾，加上与中科大联合办班的经验，再办班应该是比以前要省心些吧？

周：省了不少心。既然办班，你总要给学员传授东西，不能愧对名声啊！

黄：这次山水画高研班较中科大高研班做了哪些调整？

周：我感到当今的中国画界缺失的不是技法，而是文化。所以，在高研班开学的时候我给学员们列出了需要阅读的二十一本书书目。不止于读中国画论，包括文史哲方面的传统经典，也要阅读，这都是中国画的美学基础。目的在于唤起大家的文化意识、大美意识和生命意识，真正解读中国文化传统。虽然我们不一定都要成为美学专家，但要有中国美学思想，以步入中国画艺术的最高殿堂。

黄：这些高研班多半时间都不会太长，有些学员进来一是想跟着大名家学几招吃饭本领，二是借助这个平台多交一些人脉。您给他们列出需要阅读的二十一本书书目的目的是好的，但他们能理解您的这番良苦用心吗？

周：这就需要培养他们建立这种意识。从历史上看中国的画论，大都是由

2006年4月周韶华受聘为北京大学驻校艺术家

画家兼理论家写的，它不只是说理，而是针对实践。这些作者都是大名鼎鼎的画家：顾恺之、谢赫、宗炳、张彦远、荆浩，以及明清的董其昌、石涛等，因为你若不是画画的，你体会不到此中的玄奥处，如不具有理论基础，也表述不清此中的奥妙。这是中国画家不同于西方画家的重要特点。当然，西方也有画家兼理论家的，如达·芬奇、罗丹、塞尚、康定斯基等，他们都是杰出的人物。艺术批评必须有自己的亲自体验，所以他们都是画家与理论家集于一身。由于历史的各种原因，我们已经看不到其中有些画家的画作了。但是你看看他们留下的画论，能感觉到他对艺术有多么深切的体会，他们对艺术的理解入木三分，都是非常精辟、非常简练的，有的实际上只有几句话，但是我们今天看来都是经典。

再看看我们当代的画家，别说绘画理论了，我非常不客气地说，他们当中有很多在文化上都过不了关。宋朝黄庭坚有句话："一日不读书，语言无味，面目可憎。"古人觉得一天不读书都语言寡味，面目可憎，这反映了宋代文化界的文化状态。当下不少人，见面后说话不像文人，不像画家，甚至净说些脏话、无聊的话和废话，实际都是缺乏文化。我们要建构盛世文化，但在文化上却像是一个残疾人，这与我们的大国国民形象不相符，与建构盛世文化不相符，与自己的文化身份不相符。我们搞艺术的要有一点紧迫感，做一个有文化的学者型艺术家，才符合中国画家的文化身份。

黄：您一直强调画家必须要深入到文化的深层结构；如今又提出做一个有文化的学者型艺术家，才符合中国画家的文化身份，为什么？

周：中国画的再发展，不但需要有前瞻思想的引领，需要有原创意义的作品，而且需要有理论的支持；不但需要对五千年文化传统的传承，而且需要传统与当代融合，尤其需要与时代结合。对于画家来说，他笔下所流淌的东西，从某种程度上说不只是形式，不只是语言，而是当代文化。因为中国画在很长一段时间，虽然存在着这样或那样的问题，但根本问题是文化缺失。这是一个非常大的问题。作为国家的文化建构，甚至一些专门从事这个职业的画家，文化水平很低下，难道还不严重么？中国画过去被称为国粹之一，这个国粹"粹"在什么地方？我认为粹就粹在国人把中国画视为一种高雅的文化载体，它崇尚文化底蕴和"文以载道"的文化含金量，以及以诗情画意见长和以笔墨表现的特殊美感，等等，故称国粹。

黄：西方绘画教学是否也讲学习文化经典？

周：我没做过研究，不能妄加评论。我只能说中国画是一个很有文化的画种，你可以拿它和西方的绘画作一下比较，各自崇尚的东西完全不一样。西方的风景画，它推崇的是自然美，对大自然的描写是非常逼真的。但中国的山水画所追求的是天人感应，天地同和，是感性思维，是意象表现，是一种精神的象征，一种精神境界的表达，是超越性的象外之象，是一种深沉拙朴的精神张力，甚至让人感受到一种神秘虔诚的宗教情感。中国画重理念，重文化情感，因而区别于西方风景画。

黄：按照您推荐要读的二十一本书，就能进入文化的深层结构吗？

周：我之所以一再强调要读二十一本书，是因为我们要走进中国画的大传统，解读中国画的大传统，从而理解中国文化史的奥秘。坦白地说你读了多少，有什么体会，读进去了没有，如果你进不了这个门槛，对从事中国画的人来说你还是个缺失文化的门外汉，你还没入门。你对中国历史、中国传统那么多好东西还不知道，或者知道得很少，不很好地学习，你能说你进了中国画这个门吗？缺失文化就是还在门槛外面，充其量只跨进了一条腿，但是你的另一条腿还没跨进去，等于还未入门。

如果你领悟到学习中国的经典文化是你自身成长的内在需要，

是中国画发展到高级阶段的需要，你确实懂得这个东西了，你才真的进去了，真正走进了中国画美学境界的深处。要充分意识到我们中国画界，尤其是山水画界文化缺失是我们的根本问题所在。其他的东西，比如千人一面，也是因为见解不高，跟着别人往里钻，都成了一个模样。一个民族如果满足于复制，会越来越失去创造力和革新精神，必然导致被动、落后甚至衰亡，清朝后期就是这个逻辑。这是一个非常可悲的问题。这对我们是一个警告，要知道文化缺失会产生什么后果，缺乏创造力会产生什么后果。我们必须承认，就现在的文化水平按中国画的文化要求是不及格的，与民族伟大复兴还有很大差距。

黄：文化缺失所产生的严重后果，确实要引起我们每一个人的警惕。在给学员们上理论课时，您好像浅显易懂地讲解了中国画美学的三个问题？

周：其实，中国画的美学是深入浅出，注重实践的。中国的哲学也是非常朴素，平易近人，叫你一看就明白的。就拿第一个问题来说，用什么眼光、从什么角度来审视中国画的美学价值？庄子在讲美、讲道、讲艺时，就是讲了三个故事。通过这三个故事讲在创作过程中应该是一个什么样的心理状态、一个什么样的生理状态、一个什么样的创作行为。这对形成感性美、意象美是非常切实的。

黄：他讲的是哪三个故事？

周：庄子讲的第一个故事叫"解衣槃礴"。春秋时，宋元君集合许多画师来作画，画师们皆毕恭毕敬地站着作画。此时，一位迟来的画师在揖拜过宋元君后，即刻返回自己的住处。宋元君派人去看，只见他作画时解下衣服，赤膊裸身，尽情挥洒，就好像狂飙为他从天而落，横涂竖抹，随心所欲。笔虽未到而意连，他整个的气势是以气概成章。宋元君赞道："这才是真正的画师！"画画就应该心无挂碍，如入无人之境，这样才能够画好。现代画家傅抱石作画解衣槃礴更是出了名的。他先是举杯狂饮，然后关起门来展纸蘸墨横刷猛扫，如风旋水泻一般。大胆挥扫之后，再加以小心收拾，这样作成的画气势磅礴，于大气中见精微，蓬勃中见真率，如庄子所说的"真画者也"。

黄：庄子讲的第二个故事叫什么？

周："庖丁解牛"。庖丁是个杀牛的厨子，他那把刀用了十九年，杀了几千头牛，但刀刃却像新的一样，又不卷刃，又不缺口。别人问他，你杀了这么多牛，这把刀子怎么跟新的一样？刀口怎么这样好呢？他说，刚开始分解牛体的时候，看见的是一头整牛；三年以后，他看到的已不是暧昧难分的牛体，而是一个个分解为具体单位、界限分明、能肝胆相照的有机部位；到最后，庖丁已经不用肉眼来看，而是凭智慧和经验指引他，哪里可以畅行无阻，哪里应该拐弯抹角。到了这个时候的技术也成了道。这个个案讲的就是艺术创作中作为艺术语言核心的技术到了这种地步，你对自己要干的事情，能做到情之所钟、笔之所至，甚至能做到举重若轻、驾轻就熟的境界，技艺也能升华为道。

黄：庄子讲的第三个故事是不是叫"得鱼忘筌"？

周：对。筌是捕鱼的工具，在南方，过去在用这种工具来捕鱼。这个渔翁得了鱼以后就高兴地走了，把捕鱼的工具给忘了。这种感觉就是写意中国画的一种画感，它是不可名状的，你没法说清楚，只能品味那个意味，体味那种精神。齐白石画画到了一种物我两忘的最高境界，是他到了九十岁以后，他也记不住这个葫芦这个藤的来龙去脉，画的这个藤和叶子互相都粘不到一块去，还有画的花卉看不出来是芍药还是牡丹，但这都无关紧要，感觉的意味呈现了，完全到了物我两忘的境界，进入取精用宏的大写意状态，就是到了最高化境。这三个故事虽然没有标以美学概念，但是他讲的是极有价值的艺术美学。美学就应该是想得到摸得到，是平易近人的。《庄子》里面很多文章都是文学语言，都像讲故事一样，海阔天空，非常好。

黄： 如此通俗易懂，相信一定会受学员的欢迎。可中国的美学画论不都是像讲故事那样，要弄懂其中的美学精义还需要下番苦功夫才行。

周： 中国画美学是阐释中国画作为写意文化表现的特殊规律，这里并不涉及广义的美学范畴，而是扣住如何解读和把握作为写意文化的中国画的美学精义。比如：晋朝顾恺之在他的画论里提出了两个重要的概念，一个是讲"传神"，一个是讲"迁想妙得"。"传神"当时讲的是人物画，后来"传神论"实际上成了整个中国画的灵魂，这里，我只讲他的"迁想妙得"。中国画和西洋画不一样，表现在对自然的观照方式就不一样，西洋风景画是直观再现，比如面对同一对象，中午是什么样的阳光，早晨是什么样的阳光，它都分得很清楚，而中国画并不在意这些，一幅画不仅仅是描写外形，而且要表现出内在精神，就要靠内心的体会、思考、思索，并把自己的想象迁入对象中，去感悟、把握对象的真正精神气质，才有"妙得"。西洋画作画过程是如实描写，同中国画的迁想妙得完全不同，它不是自然的翻版，西洋画后来到塞尚以后才有了一些转变。

黄： 您在高研班上讲的第二个问题是"人品、学养、天才"。为什么您把"人品、学养、天才"看作是艺术创造的决定性因素？

周： 很多人对人品问题不以为然，觉得把画画好了，人品一般也没有多大关系。在我看来，完全不是这回事，人品是实践美学中最根基的东西。我理解的人品，在画里是带有信息和"脚印"的，在画中会留下画家自身的正气、骨气、文气和情操的轨迹，也就是这个画家人格力量的表现。孟子说："我善养吾浩然之气。"这种浩然之气是艺术生命的本原。人品高，画里就有正气、骨气、文气，这"三气"亦即"浩然之气"。作品的底蕴就非常充实，就有亲和力，这就是你的人格力量的魅力之所在。有的画家不注重人格力量的培养，作品的品格就难以提高。文天祥能唱出《正气歌》来，是他有这个气节，有这个人格力量。试想没有正义感的人或私心重的人能唱出《正气歌》吗？这就是人格问题，人格即艺术品格。

黄：中国画是非常讲究文化底蕴，讲究艺术品格的。那么，学养、学问自然也就很重要了。

周：关于学养和学问，古人讲了很多道理，其中最精辟的是高僧蕅益大师所言："有出格见地，方有千古品格；有千古品格，方有超方学问；有超方学问，方有盖世文章。"这就要我们深切地意识到，中国画没有学养是达不到最高境界的。同时，还要明白一个道理，一定要把学问看成是支撑艺术事业的最大事情。

　　看看中国历史上的那些成功的人士，他们的成功是有许多支撑点的。譬如苏东坡，他的艺术成就和文学成就是多方面的，是互动与相互支撑的。他被贬到湖北黄州，却因祸得福，在后来的三年间，他一心一意地去做自己愿意做的事，造就了他一生最辉煌灿烂的时期，前后《赤壁赋》和《赤壁怀古》，使他的文学成就达到了巅峰；此间书写的《寒食帖》，与王羲之的《兰亭序》、颜真卿的《祭侄文稿》并称为中国三大名帖。他为什么能达到那个高度呢？这是因为他把官场的那些明争暗斗统统抛掉，悠闲地划着小船，在长江上饮酒作诗，不知东方既白。他是真正地自由了、解放了、得道了，才能写出千古绝唱。

　　我在一篇文章里讲我自己的艺术观和方法论的时候，说到博览天地大观，得天地之道，人文之助，画道乃通。你不博览天地大观怎么能得天地之道呢？人文之助讲的是学问，你的阅历多了，你读的书多了，你的聪明才干就来了。所以说人品、学养、天才是实践美学的决定性条件。

黄：您讲的第三个问题是：意境创造是中国画的灵魂，神韵是化境的最高
表现。

周：意是什么？境是什么？根据我的理解，意就是创作主体的主体意识、
意念；境就是大千世界的回声，我与大千世界的感应之和，意气而
成，就是意境。靠的是画里面对所有元素的整合，都携带有自己修养
的信息，你对大千世界情有独钟，它就会意蕴无尽；你从大千世界里
得到好多灵感，大千世界的生命也是你的生命。所以说这个意就是
我的意识，看不看得到你的意识、意念，看不看得到有你的自我存
在是关键。主要是看你对大千世界的感受丰富不丰富，阅历丰富不丰
富，你有没有深邃的艺术感受，感受到大自然的本源及其生命力，有
没有迁想妙得的能力，这是呈现有无意境的根本所在。

古人说："气韵与格法相合，有笔有墨谓之画，有韵有趣谓之
笔墨，潇洒风流谓之韵，尽变穷奇谓之趣。"然而，现在有些画，满
而密，重而腻，看了叫人没法自由呼吸，憋得你喘不过气来。你在
看过一些大的展览之后，不是轻松愉悦，而是审美疲劳，塞给你的
那些东西都是满满的，使你的眼球不能集中去欣赏那种空灵的、简洁
的和精彩的东西。这或许是为了大展而迎合评委得以入选，也或许
是评委们不得不接受由作者造成的这种现实。超写实的也好，准写实
的也好，这种套路与中国画的意笔神韵格格不入，而是走进了一个误
区。走进这个误区，就必然要牺牲很多中国画的特质，譬如中国画
擅长写意，善于表现笔墨，善于表现神韵，善于计白当黑，是品味
自然，是完全用品味的眼光观照自然，画它的味，画它的韵，画它
的神，并且给观众留有想象的空间。你把中国画的这些优点都丢掉
了，就很难再发展下去了，这难道还不应反思吗？

这也是我的人生三部曲

周韶华自述："近三十多年在艺术上做的所有事可用两个字概括：转型。要转型就要有路线图。我的路线图是通过博览天地大观，得天地之道；通过博览群书，得人文之助；通过优化组合，行成于思，争取使中国绘画形式语言翻新。我自然高度重视继承传统经典元素，决不丢失传统文化精华。具体行动计划是面对当代，设计为'三大战役'——黄河、长江、大海三大战役，并用三十年时间交出艺术转型的答卷。"

黄：您自称是"大海之子"，因而，到第三战役中的"大海"时，您该早已是胸有成竹了吧？

周：大海是我的故乡，它早已融入我的血液之中。但实话实说，相比较前两个战役"黄河"与"长江"而言，第三个战役"大海"画得还是太仓促了一点。

黄：按说您对大海的认知和感受是要远远超越一般人的。

周：这个我也不否认。在我看来，深沉雄浑的大海，包容着无穷的智慧与力量。在不同的季节、不同的时间和不同的角度你都会有非常不同的感受。大海引导我尽情地呼吸，尽情地吸纳，任性地发展，有气度而不在意那些闲言碎语。是大海不断帮我消化，也是大海不断使我得到净化，这是过去不曾唱过的海歌。在我的内心深处常常与大海对话交流："大海，如果你能把一道道波浪起伏的秘诀传给我，或者能在我的诗画上吹上一口气，并把海水的咸味、海腥味留在我的作品中，就算你给我开了光，我会终生不忘记你的恩惠。"不信吗？有诗为证："大海唱歌助我乐，我为大海谱新歌；五十年后见分晓，我唱新歌助你乐。"

黄：真是浪漫至极。为全心投入"大海之子"系列，2007年7月，您赴威海刘公岛进行封闭式创作。

周：“大海之子”在本质上做的实验，就是强调创作主体的精神情感，包括生活体验、生活积累等与创作技巧、形式语言一起作为与艺术本体血肉相连的实验。“大海之子”的意蕴及其形式感可以说是我一生的体验。我对大海的体验证明，有什么样的体验才有什么样的表现。

黄：您能否进一步介绍一下构成“大海之子”内在意蕴的历程？

周：正如拉美特利所言：“大海越是布满暗礁，越是以险恶出名，我越觉得排除重重危险去寻求不朽是一件赏心乐事。”不朽与磨砺是难解难分的。在我的这一生中，苦难并没有把我压倒，白眼冷遇和遭人菲薄也没有使我退却。我的体会是活着要有勇气，要有像大海一样的深情，大海一样的心胸，大海一样的勇敢，像火一样燃烧的人格力量去直面人生的挑战。至于个人的价值的实现，关键是要经得起人生的考验，同时还要看自己为这个世界创造了什么。这就是我的人生价值观，也是“大海之子”的创作灵魂。

黄：也就是说，您画的大海不是写生的大海，也不是写实的大海，而是由精神生发的您心中的大海。

周：对。我画的大海具有大海的包容，隐藏着很多的沧桑感，不仅有大海的威严，也有大海的温情脉脉。在图式上是天连水尾水连天，山亦海涛海亦山，总是铺天盖地的结构，对大海的感受无处不在，充满了海腥味。可以说生活对我影响最深的是大海，大海是我的艺术灵魂，大海作为“第三大战役”的母题是理所当然、顺理成章的。我自诩为“大海之子”并非夸张，因为我生在大海之滨，驰骋于大海，聆听大海的呼唤，我的艺术是大海的回声，我领悟大海的神秘，彰显大海的广博与深沉，也是本真的我的人生阅历的浩歌。

黄：在“大海之子”总主题之下，您又分列了《沧海横流》《海天长风》《神游沧溟》等三个小题目。这批作品能不能说是填补了一千多年以

周韶华在创作《大海之子》（张建军摄）

来中国山水画以大海题材为主题的一个空白？

周： 是否填补了中国山水画在大海题材方面的空白，自不敢当。其实画过大海的人不少，据文献记载，唐朝的阎立本、展子虔、李昇，宋朝的董羽、吴元瑜、李公麟、赵伯驹，元代的王蒙，明代的周臣，清代的石涛等，都涉猎过大海题材的绘画，这些作品多属于道释类，大都是基于空间想象的鸟瞰式的画面。近现代中国画家中也有创作大海画的，但大多限于画大海的景色，形式上与传统山水画没有太大区别，只能算是山水画的延伸。但像我这样表现大海内涵的，能闻到海腥味的，可能不多。

黄： 您画的大海有什么样的不同？

周： 我画的大海与他们不同，非但不是传统意义上的山水画，不重复道释神仙的内容或者文人画的意趣，并且根本无意于地理意义上的具体景点，甚至不拘泥于景物布置，描写地理风貌，而是凝神于海水，海水的流动性，将海水作为观赏的主体，聚焦于描绘海水奔腾激越的特

虎啸龙吟浪排空   纸本水墨   195cm×770cm   2007年

征，表现海浪的磅礴气势，展示那种浪花飞溅，泡沫飘扬，海潮奔腾
的瞬间感受，揭示的是大海的精神力量。我画的大海，以海水形态为
语言，抒发自己的观海感受，以博大、开阔、包容表现开放国度的海
洋精神，以及与国运休戚相关的生命气息。

黄：的确，您这方面的作品多半没有具体的景物，表现的全是海水。

周：是的，很多作品根本不画景物，而只表现海水，主题是海水，确切地
    说，是画文学化、诗意化的奔腾不息的波浪、湍流。

黄：在"大海之子"系列作品中，无论是宏篇巨制还是小幅斗方，都能给
    人一种磅礴瑰丽的气势感。

周：画幅无论大小，我都是充满感情，用心写照，无论表现的是抒情还是
    激越，我都想与古人、与他人拉开距离。其突破点不仅仅在于构图上
    的新颖、变化，更在于捕捉大海的精神，海水的形态语言，以现代人

　　的视觉抒发自己的感受。整个系列作品，不仅有大海的波澜壮阔，还有水下世界的五彩斑斓，它们汇聚成一部我心中的大海交响曲。

黄：其中，《金碧海峡》堪称表现大海方面的杰作。不仅尺幅大，而且激情异常充沛，精神内涵十分丰富。您充分地发挥了色彩的表现力，还借助了急速运动的笔触，以及充满张力的满构图、丰富的层次变化等，达到了强烈的表现效果，真乃是万丈豪情尽溢画面，让人观后有一种热血沸腾之感。《金山银海》采取了强烈的冷暖对比方法，达到了"一半是火焰，一半是海水"的夸张效果。该作采用了向左右延伸而又上下均衡的满构图，既大胆出格，又大方稳重。在细部处理上，布满了表现性的线条和笔触，既生机勃勃，又耐人寻味。

周：这两幅略有象征表现主义色彩。

黄：《虎啸龙吟浪排空》是一件富有表现意味的巨幅佳作，充分利用了大写意的笔势、笔力和动感的表现作用，加上一些肌理的效果，使人感到了生命激情的高涨和热烈狂放的浪漫情怀。

周：在这幅作品中，我没有拘泥于具体的景物，展现的是惊涛汹涌的状况空间，在这里，没有了海天之分，笔墨已经幻化为浊浪排空的波涛，沉凝浑厚的墨色，铺天盖地在宣纸上渲染开来，如激荡在我心头的思绪，如惊天动地的交响，动人心魄，天地万物都幻化为墨与彩，具有"喷风激飞廉，鼓波怒阳侯"之意。

黄：2007年10月，回到武汉后又继续完成"大海之子"部分作品创作。前后一共创作了多少幅作品？

周：从未计算，只想着往前追赶。

黄：好像创作技法也有新的变化，尤其是色彩上更加丰富多彩。

周：心情激越，自然如此。

黄：有人评价说，您画大海的洋流激浪，"常以墨彩为主，或者极少见笔，基本靠浸染、渍染、泼染、冲染和特技制作出来的效果"。您认同吗？

周：从未忘记用笔，只是笔触有抑、扬、顿、挫，或放大，或一波三折，强调笔的变化和迁想妙得。

黄：您为此还创作了一百多首《大海之子》题画诗？

周：这也是为了弥补我的短板。

黄：您开始筹划一个大型展览，并着手编辑《周韶华艺术三部曲》画集。

周：这个展览的标题是"献给改革开放三十周年——周韶华艺术三部曲画展"，其规模可与"神游东方"相比，气势浩荡。

黄：这期间（2008年2月22日），您被湖北省人民政府授予"终身成就艺术家"荣誉称号。和您一起被授予这一称号的还有谁？

周：碧野、陈伯华、莎莱、夏菊花、余笑予。

黄：这其中有的先生已经作古，但好像省政府也没有再增补？

2008年2月22日，周韶华（左八）、陈伯华（左五前）、莎莱（左四）、夏菊花（左三）、余笑予（左七）被湖北人民政府授予"终身成就艺术家"荣誉称号。图为部分艺术家与省领导合影

周：现在只剩下夏菊花和我了。

黄：2008年10月15日，"黄河·长江·大海——周韶华艺术三部曲"画展在湖北省美术馆隆重开幕，展览历时四个月。据说，这是湖北省美术馆成立以来展期最长的个展。

周：是省委宣传部下的指示。

黄：这个展览是否可以看作您三十年艺术革新的成果展？

周：是我的"三大战役"会展。三十多年前，我认识到中国将迎来一波新的"盛世文化"，这使得我没有停止对黄河文化的思考。对于中华文化，过去我们知道较多的是黄河文化，因为黄河是中华民族文化的摇篮，但是长江文化也是中华民族文化的摇篮，以前大家提得少一些而已。我们国家对海洋文化认识较晚，从洋务运动开始引进了一些海洋文化。实际上中国以前吃了很大的亏，我们只知道领土而忽视了领海，这导致海洋文化贫乏，没认识到海洋是中国人最大的发展空间之一。有学者认为我三十多年来画了黄河、长江、大海三大系列，是"三大战役"，以崇尚崇高大美，呼唤民族大灵魂，这也算是我的人生三部曲。但是中华文化太博大了，"三大战役"，每一块都太大了，我一个人把它都拿下来，不太可能，只能说接触到某一些点。

黄：您自己对这三十年的革新成果满意吗?

周：基本上算是满意的，但今后的主要目标是把自己的保留节目充实完善。三十年跑遍了祖国的大山大河，行程数十万里。我的作品的文化底蕴和风格气派，都是我的生活感受。我所表现的自然，是人化了的自然，自然是人的本质力量对象化，是天人合一的艺术形态化。它们都体现了我与祖国山川和无尽宇宙的神交与对话，是"神与物游"对崇高大美的追慕。

黄：您已经取得了有别于前人的绘画成就。甚至和西方艺术家相比，您的作品呈现了不一样的范式、艺术风格和自然观，而这得益于中国传统的哲学思想。在您看来，这个展览将能给艺术工作者带来什么样的启迪?

周：各人的观点不同，选点也不一样。我自己的发展战略就是通过发掘黄

"黄河·长江·大海——周韶华艺术三部曲"开幕式（张建军摄）

河文化、长江文化、海洋文化这"三大战役"，重构中国画的当代性。每一战役都留下了很深的脚印，由这"三大战役"实现了我对中国画转型的初衷。深深感受到"小道悦人耳目，大道动魄人心"的痛快！作为一个文艺老兵，我还要追随民族伟大复兴大军的脚步，暂时还不能放下武器，还要与大家一起并肩战斗。

跳出三界九天外

在完成了"黄河·长江·大海"艺术三部曲之后，周韶华开始筹划编纂全集，同时又将目光投向茫茫天宇。他要借助现代科技手段，以独特的艺术形式，展现浩瀚的宇宙新境，这就是他的"大风吹宇宙"。正如《湖北日报》记者诗一般的报道："挟带着光，挟带着火，挟带着电，挟带着天风海雨，挟带着火山爆发般的视觉冲击力，永不服老的周韶华又一次续写传奇，让震撼继续……将'宇宙'化为水墨，将无垠之浩渺总揽怀中，这是何等视野！何等胸襟！"

黄：2009年2月28日，您在北京798艺术区桥画廊举办了"周韶华画展"。您选择在这里展出是基于什么样的考虑？

周：是受人之邀去的。而且创新更不应该是一种模式，我可能是另一种样式，艺术应该多元化。

黄：798艺术区是因当代艺术和798生活方式闻名于世。在这里做活动的多半是年轻人，因为有实验的成分在里面。作为功成名就的您在这里展览有没有"水土不服"的感觉？

周：没有。我对别人宽容，但艺术创新要防流行感冒。

黄：随后，您好像创作了一批组画，叫"国风归来"？

周：对。"国风归来"是把民间艺术与中国画交融，也属于横向移植，跨界超越。但遗忘民间艺术是重大缺失。

黄：这期间，您一边继续创作"国风归来"组画，并为"梦溯仰韶"组画补充作品，一边开始酝酿编辑《周韶华全集》。有了编辑全集的想法后，与哪些人进行过接触？

周：此事的编委会组成是关键，尤其是主编人选的重要担当，要考虑水平和组织能力，于是选择了刘骁纯和鲁虹，尊重他们的意见。

黄：编辑全集对个人来说是一件浩大的工程。您自己是怎么考虑的？

周：根据我的作品分类，每卷都有主题，每卷有主编，总主编总揽，实际上我是暗主编，自己不用心很难编好。

黄：6月份，《周韶华全集》编委会成立。刘骁纯任总主编，鲁虹任执行主编兼第一卷主编，丁遵新、陈孝信、罗彬、邵学海、贾方舟、殷双喜、孙振华分别担任其他各卷主编。这些人都是您自己找的吗？

周：是与总主编商议的。各位主编在编书时工作开展都很顺畅。

黄：刘骁纯是您的好朋友，对您的研究有独到之处，曾写过《周韶华的意义》和《革新大家周韶华》等有分量有深度的文章，他任总主编不感到意外。我好奇的是，为什么编委会没有彭德？按说他跟您时间很长，艺术上也应该是最熟悉您的。

周：彭德说我好别人会有保留。再者，谁来做总主编不好分配，鲁虹可以担当总务，他思维敏捷。

黄：除了开始酝酿编辑全集外，您投入了很大的精力进行"大风吹宇宙"的创作——这完全是一个新的领域。近千年来，水墨画都是据守在一个有限的空间，没有超越眼前的视野，是什么诱发您的创作灵感，让您把视觉投向浩渺的宇宙星空，决然迈出这历史性的一步？

周：为什么要画大宇宙呢？就是想要回答和呈现一个不一样的宇宙洪荒。记得前些年在北京旧货市场潘家园有个卖旧书的摊子，当时风刮得很大，冻得我耳朵生疼。摊主人很好，专门搞了一摞书让我坐在上面翻。当时我翻到一本书，是很早很早以前外国人写的英文书，里面有照片，好像是美国哈勃望远镜拍摄的宇宙太空的照片，那些图像简直太梦幻太神奇了，一下子把我给吸引住了。从此我开始关注宇宙太空，以及相关的文章和资料。这是编外话题。人们以往的艺术视野都在视线以内，如焦点透视、散点透视，都是把视觉空间局限在视觉以内。我主张跳出三界九天外，开放视觉空间，用画宇宙为证。也为我的跨界说找到一个最有力的证明。

黄：为此，您还赋诗一首："老夫顿发少年狂，汪洋恣肆探八荒。跳出三界九天外，摘星揽月游天罡。"

周：这是其中的一首，我为此作了很多首，也可称一个系列。

黄：我更喜欢您的《艺术宣言》：

是什么力量能使人心旷神怡；

是什么力量能震撼人的心灵？

一心张扬高尚精神，

让人崇拜真善美；

只有呈现艺术魅力，

才能使人热血沸腾。

艺术就应以真情春风化雨，

它的功能就要以大美滋润心田。

我的创作不为别的，

一为感动中国，

二为感动世界，

让大时代、大思维、大视野、大气象的

艺术魅力，

像大风吹宇宙，

大爆炸后诞生了太阳系　纸本水墨　36cm×60cm　2008年

沁人肺腑。

周：我认为中国画要扩大视野，扩大思维空间，超越自我，更要无我超越。

黄：为进入这个全新的领域，您都做了哪些准备？

周：首先是学习有关宇宙论、天文物理等，不能闹出笑话。还要有相关的宇宙天体资料，这方面的出版物奇少，多半靠想象，结果还是闹出笑话。我的部分作品命名"河外新星"系列，后来我向中国天文台台长请教，他说现在还没有能力观察到银河外星系。

黄：作为一位山水画家，可以亲临江河源头，感受大山大水的雄伟壮丽，也可以在可见的遗迹中溯望历史，贯古通今。然而，面对遥不可及的茫茫天宇，您是如何通过艺术手段，给人带来视觉上的震撼？

周：靠想象，画幻觉。当然，也有一部分参考资料，关键是要敢于向自己挑战。

黄：您创作"大风吹宇宙"的过程，与创作山水画时的精神状态一致吗？

周：对不同的对象要用不同的手法，千篇一律是违背艺术规律的。对我而言，"大风吹宇宙"系列是一个全新的表现领域。表现天体与天象不同于表现山川大地，江河湖海，更不同于表现仰韶彩陶或汉唐遗存。面对这个广袤而神秘的世界，仅靠过去常用的宽笔大线是远远不够了，好在以前曾经积累了多种表现技法，在这个新的领域都派上用场。特别是在这个独特的大千世界中，光、色彩和肌理构成冲击视觉的主要因素，而传统的绘画语言根本无法应对这样的表现领域。

黄：其实，在中国现代艺术中，将视野扩展到天界并且有所成就的还有您的好朋友刘国松。他早在二十世纪六十年代末，就以阿波罗登月为题材，直接采用照片拼贴手法创作了《月球漫步》，此后又创作了一系列表达时空观念的作品。您的创作与他有什么不同？

周：我与刘国松有所不同，他的视野局限于太阳系。

黄：就是说您的视野更宽了，那您又是如何展现的？

周：我把这些作品分为四个系列：《我们的太阳系》《我们的银河系》《河外星云》《在宇宙的深处》，从离我们最近的太阳系到我们所属的银河系，直到银河系以外的河外星系，及最遥远的宇宙深处，一一涵盖幻想目睹宇宙万象的奇诡壮丽，天体运动中的流光溢彩。在巨大的宇宙空间中，以圆形为基本构成的视觉实体——各种质地不同、大小不同的天体，围绕天体形成的光晕、尘埃、气流、星云、星际物质，以及天体在运行、碰撞、解体中形成的奇异景象，都足以让我们忘掉自己的生存现实，在心旷神怡中发出从未有过的慨叹。

黄：很难相信，您靠想象竟自信地用画笔表现这些神秘莫测的宇宙世界。

周：其实爱因斯坦、霍金等都没有条件通观宇宙，但他们有关宇宙的论述，却令人信服。

黄：在前辈画家中，林风眠将浓烈的色彩引入水墨，改变了以墨为主的局面。您是把光色引进中国画中最成功的艺术家之一。到了"大风吹宇

乾旋坤转　纸本水墨　46.5cm×60cm　2008年

　　宙"系列，您在光与色的表现上达到巅峰状态。

周：我始终感到五彩缤纷的光色世界，具有无穷无尽的魅力，色彩的嵌
　　入，使奇光异彩的天象景观无不变得绚烂夺目。这里面有好多灵感是
　　被一些天文摄影激发出来的，我在语言转换时有意摆脱天文科普挂图
　　的残痕，从而转化成自己的太空梦境。通过这些作品将我追求的浪漫
　　主义、乐观主义、崇尚大美等推向自由的想象空间，并让水拓、冲
　　色、拼贴等新技法、新材料的探求得到自由的释放，使五彩斑斓的光
　　色世界必将给中国水墨画带来革新的曙光的主张得到尽兴发挥。

黄：贾方舟说："周韶华在色彩上多年探索，也在这一领域结出了成果。
　　可以说，'大风吹宇宙'系列作品是二十世纪以来水墨画转型过程中

"大风吹宇宙"开幕式上，周韶华同两名少年共同开启天幕按钮（张建军摄）

融入色彩的典范，也是他本人在艺术上的又一座新的里程碑。"您认
同他的评价吗?

周：用"自我超越"可能更准确。

黄：2009年12月26日，"大风吹宇宙"画展在武汉美术馆开幕。至此，您
在艺术上从古往今来到天、地、人，又将视线从大地移向太空，其时
间与空间的跨度之大，已是无人可比。

周：估计用中国画形式表现宇宙星空的专题展览并不多。

黄：作家董宏猷说："倘若有艺术之'奥运会'，先生的'大风吹宇宙'绝
对会夺取金牌，创造新的'艺术奥运'记录的。"您怎么看?

周：这也是董宏猷的一家之言，是浪漫之语。

革新永在路上（2010至今）

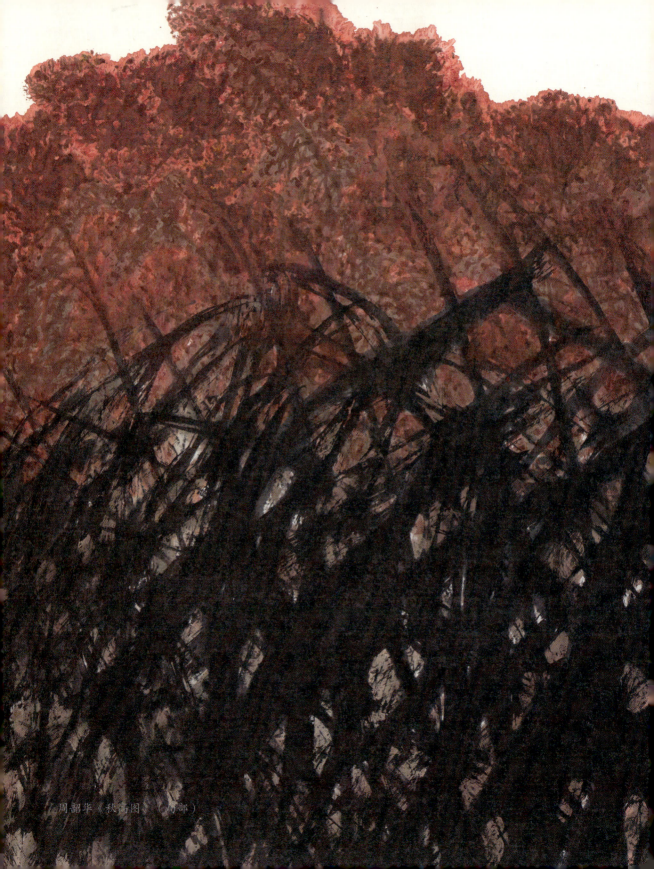

周韶华《秋高图》（局部）

出全集是为了还原历史的真实

　　周韶华自述："我从事文艺工作几十年，终于迎来了一个空前的大好时代，改革开放使中国成为一个崛起的大国。中华文化上下五千年，我们的美术特别是中国传统绘画处在一个转型期，我自己在这个改革大潮当中，着重在两个方面下了功夫：第一个方面是传承和转型，第二个方面是本土性与世界性。这三十多年随着改革开放，我可以说是全力以赴地思考和解决这个问题。但从中国当前的现状来看，好像这个问题还困扰着很多人，我通过自己的探索实践，可以用事实来回答这个问题，也就是说，全集是我艺术转型和语言转换的答卷。"

黄：2010年的头等大事莫过于编纂《周韶华全集》的工作了。为什么要选在这个时段出全集？

周：我从事文艺工作几十年，特别是改革开放这三十多年来，着重在两个方面下了功夫：第一个方面是传承和转型，第二个方面是本土性与世界性。我通过自己的探索实践，可以用事实来回答这个问题，也就是说，全集是我艺术转型和语言转换的答卷。因此，出这个全集就很有必要。尽管工程浩大，要花费很多时间，我想趁着自己还健康的时候来做这个事情，这对我们当代中国艺术界是一个很有意义的工作。

黄：出版全集，绝非是一件容易的事情，要面临诸多问题和困难。

周：困难肯定会有的，困难再大也是可以克服的，这一点我有充分的思想准备。比如说，就全集的作品而言，我自己认为比较好的作品一部分捐献给了中国美术馆，一部分捐献给了我家乡的美术馆，还有一大部分作品在我的手上，没有进入市场。朋友手里有一些，可以说我的代表作都还在，出全集应该是没有问题的。散落在社会上的作品也可以收集，实在收集不到也无所谓，只要把现有的作品整理好，已足够用了。

黄：编纂全集是一个大工程，除了作品整理比较辛苦之外，还有诸多方面需要磋商和协调。这项工作应该是一个团队在运作？

周：每个人做事的风格不一样，我做事情不喜欢复杂，关键是把要干的事情想清楚。至于说到困难，干什么事情没有困难？但凡做有意义的事情都会遇到这样或那样的问题和困难，问题和困难并不可怕，我相信办法总比困难多。比如说我这个全集跟其他人出的全集不一样，别人出的全集多半是从头到尾的过程，也就是按照事件发展的时间顺序进行编纂的。我的全集是按照回答问题的编辑思路，作为一个时代的答卷，每一卷都是回答问题，回答我自己是怎么解决问题的，按照问题分类来做，计划总共编辑八大卷。

黄：您设想的八大卷都涵盖了哪些内容？

周：我的总体设想是：第一卷，表现我对传统文化的追根寻源。追根寻源从原始艺术开始，主要是彩陶，还有岩画，再就是汉唐时代，基本上以大时代的元典东西作为我的艺术元素，作为艺术的跟进，也不是亦步亦趋的传承，我要的传承是一个大传统，这个大传统包括"大河寻源""梦溯仰韶""汉唐雄风""荆楚狂歌"等，基本上都是立足于黄河文化、长江文化来组织我的作品，这一点可以说是内容非常丰富，以此作为第一卷。

第二卷，表现我对天地大观的切身感悟。因为艺术创作最重要的还是要从生活感受来发展，所以中国画也可以说是改革发展。我们的前辈画家也是从写生受到启发来改变过去的传统语言，所以这一卷主要是三江源头，喜马拉雅山、巴颜喀拉山、帕米尔高原、戈壁大漠、天山南北、横断山脉等山川江河都留有我的足迹，基本上把几十万里的行程留下的作品，包括摄影作品，做一次集中呈现，这卷内容也是非常丰富的。

第三卷，重点是山水画。这些年来我追求大美，表现祖国的山河，表现异乡的江山，以大山、大水创作为主题，既有我各个时期的代表作，也有一部分早期的作品，这一部分数量虽然不多，但可以说明这个创新之路是怎么走过来的。

第四卷，主题是梦溯仰韶。因为仰韶彩陶在中国历史上的发展史有六七千年，过去我曾经搞过展览也出过一些作品，这一次丰富了很多作品，基本上以原始艺术为元素，以一种新象征主义的表现手法，把它转换成一种现代性的作品。

第五卷，以民间艺术为主要素材的作品，我取名叫"国风归来"。过去我们讲传统的时候，基本上都是以文人画为主流的传统，还有一大半的东西是民间艺术传统，大家并没有重视这个东西，我就是把民间艺术的很多元素拿来变成平面的，用水墨的形式来进行表现，这对发展中国画是非常有意义的。这一卷基本上就是把民间艺术进行了一个充分的表现。

第六卷，表现的是新的星空系列，取名"神游星空"。这一部分，主要是表现一种时空超越和自我超越。过去我们都是以自己眼睛、思想看得到的地方来判断这个最好，那个最好，都是一个有现实的东西。这个星空系列是一种超时空的、超越眼前的，展现的是太阳系、银河系等未知世界，也是作为我的艺术发展的一个标准，超越时空。

第七卷，搜集了我自己这些年呼唤大美的有关文章，都是为艺术转型，创造大美，呼唤民族大灵魂，将这一类有代表性的文章作一次集中巡礼。

最后一卷主要是我艺术活动的年表，以及有关的活动和评论家对我艺术的评论。包括了王朝闻等很多美学家、理论家、文艺评论家的文章。因为他们的评论和我的作品是非常呼应的，就是以立足本土的很多观点呼唤艺术转型。

黄：全集共收入多少件作品？

周：936件绘画作品，74幅摄影作品，文章若干篇。所以它是我艺术转型的一个波澜，艺术大观。也可以说，出全集是为了还原历史的真实。

黄：说一句冒昧的话，一般情况下都是故去的人才出全集。而一个在世的艺术家出全集有什么样的意义？

周：出全集的主意是我自己想、自己定的。我想趁自己还健康，思路还清晰，亲自参与出版全集工作，这样更能符合我的本来面目。因为出全集需要一个团队，对编辑整体思路要很清晰，要用作品说话，更要用事实来说话，才符合它的本来面目。我自己选择我自己的东西，既不夸张，也不缩小，实事求是，这样做出来会比较好。我在，我能搞得清楚；我走了，别人有好多事情就搞不清楚，也就很难还原真实。拿我自己来说，我认为自己是一个有争议的人，但在别人看来就难说了，有人说你这个地方好，有人说你这个地方坏，不能说人家的意见都不对，但是我自己就能够比较冷静地加以分析和甄别，自己做过的事情自己最清楚，哪些比较符合事实，哪些比较符合我的本来面目，尽可能地还原我的本来面目。总之一句话，现在做比后人做要方便得多。等我不能说话了，有好多事情大家说不清楚。所以我自己来做会把这个事情说清楚，尽管我的事情还没有做完，还要继续做下去，后面做的以后再补一卷还是两卷，抑或是另外再搞，也不会出现大的问题。因此，我要趁着现在能做就尽量地做出来。

黄：您这部全集对于美术界来说又有什么样的意义？

周：不仅是把这个事情的实情说清楚，从哪里来到哪里去，而且我觉得还要回答我们作为一个艺术家怎么跟这个时代相匹配，怎么跟这个时代相对应，怎么为这个大时代的文化现实尽到我们自己的责任。我自己这样做，就是把它拿出来，让大家来评判，让后人来评判，我想很多人看了以后会有作用的，相信有良知的人会觉得我是有担当的，是有历史责任感的。

黄：2010年3月，《周韶华全集》编委会第二次会议在江西景德镇和婺源召开，为什么要选择这两个地方？

周：很多编委没有去过，这两个地方很有特色，也别有意趣，大家都觉得很兴奋。

黄：您全程都和编委会的成员在一起吗？

周：我是主角，不能缺席。

黄：这次会议重点解决了什么问题？

周：就各卷的编辑思路统一认识，统一敲定。

黄：您对什么时候出版应也做了计划安排？

周：当时设想在年内出版。那时已经有了整体的架构，每一个编辑都有一个初稿，这个初稿就是有一个编委会，有一个主编，有责任编辑，我自己从头到尾都要认真地来看，这个过程没有几个月恐怕做不完。我自己要估计、要防止遇到什么麻烦，现在看起来应该没有什么大问题。

周韶华与《周韶华全集》编委会成员在一起（吴军和摄）

黄：开完第二次编委会会议，（4月）您随团赴台参加"2010鄂台经贸文
化交流与合作论坛暨台湾湖北（武汉）周"活动，在台北中山纪念馆
举办了"山河呼唤——周韶华画展"。您这是第几次去台湾了？

周：我也记不清是第几次了，反正去过多次。对出席画展开幕式的人都很
面熟，有些已是老朋友。

黄：台湾报人说您是中国绘画由传统僵固守旧转向现代画风的重要推手。

周：既是推手也是弄潮儿。

黄：他们还说，在您的作品中，读到一种前所未见的雄浑苍茫的大气魄。

周：大陆、台湾都是中华儿女，研习的都是中华文化，我自己崇尚浩然之
气，作品中呈现的也多是阳刚之美，他们从中能读到雄浑苍茫的大气
魄，说明我们的文化基因是一样的。

黄：在台期间，都到了哪些地方，会晤了哪些老朋友？

周：这次只去了台北和台中。因当时刘国松在英国办展览，所以这次只见
了李奇茂、黄光男等。

黄：从台湾回来后，您去了十堰，开始为《周韶华全集》第七卷和第八卷画插图。说是插图，其实也是山水创作，只不过是尺幅比以往小一点而已。

周：这组水墨画是根据我探险巴颜喀拉、喜马拉雅、可可西里、帕米尔高原、昆仑山脉、天山南北和三江源头这些神奇的地方，整理写生稿而成的。

黄：这批东西画得很轻松、很随意、很自由，当然也很精彩。

周：我的艺术道路是爬山涉水走出来的，从不走别人的老路，走的是自己选择的路，画的是自己的画，自然就轻松愉快。我认为构成艺术作品的三大元素，一是视觉经验，二是文化底蕴，三是形式语言。取得这三大元素都必须走进生活现场，与宇宙自然神交对话、与传统文化对话，直觉感应，聆听大千世界的回声、生命的回声，实现物我共生共振。

黄：这批画非常符合您说的"三大元素"。实践也证明，西部是您艺术创作的不竭源泉，是您艺术采掘的富矿。

周：对。当初我选定并走进我国西部去博览天地大观，寻源追根，最大的收获是：找到了采气的艺术气场。它激活了我的艺术灵感，让我明确了自己的艺术价值观，得天地之道，人文之助，形成了终极宇宙观。即穷天极地的对道的观照，体味宇宙沧桑，对历史兴衰的忧患意识，体验人生的大甘大苦，从小我世界跨越到大我世界并摸索出一套对艺术形式内涵的创造性转型。转型要靠整合，整合中必有转型，正如传承中有开拓，在开拓中有传承一样，外在世界与内心世界的交相辉映，视觉经验与道的统一。艺术创造靠的是一气运化，别构出一种灵奇的意象世界。我在艺术场中搜妙创奇，实现对物的实体性超越、对自我的超越，追求人生的自由境界，追求化境的大美神韵，终极目标是达到在物我对应的意象世界中大道与天地同和，获得我的艺

长江源头　纸本水墨　32cm×44cm　2009年

术生命之源。

黄：您所获得的艺术生命之源孕育出多少新的艺术生命，而且个个阳刚、
　　灵动、鲜活。

周：确实如此。

黄：2011年元月，《周韶华全集》由湖北美术出版社出版。全体编委聚会
　　于湖北美术馆畅谈收获，雅昌艺术网全程直播。您自己对全集满意
　　吗？

周：只能说有了这个东西比没有好，真正的全集还没有画句号。

黄：2011年4月，北京国家图书馆举办《周韶华全集》首发式与画展开幕
　　式。中国文联、中国美协、国家画院等领导到场祝贺，对您几十年来
　　孜孜不倦的探索追求，从不同角度给予了高度肯定。

周：未见在心。

2011年1月湖北美术馆《周韶华全集》首发式现场（张建军摄）

黄：随后您向国家图书馆、中国美术馆、北京大学图书馆、清华大学图书馆、中央美术学院图书馆、国防大学图书馆、山东省图书馆等十家图书馆捐赠《周韶华全集》。为什么选择这十家图书馆？

周：图书馆可以保存，也可以广泛阅读。之所以选择这十家图书馆是考虑到它们所具有的代表性。

黄：接着举行了座谈会。这次的座谈会与以往也有所不同，不仅请了美术界的艺术家和理论家，还请了作家、学者和文艺批评家。邀请不同行当的名家座谈是基于什么样的考虑？

周：要突破小圈子，世界是广袤的。

黄：在座谈会上，有三位名家给我留下很深的印象：一位是北大教授叶朗，一位是学者舒乙，还有一位是作家莫言。叶朗从美学的角度用历史的观照，阐明您的艺术品位与历史定位；舒乙则从观赏者的角度用艺术比较的方法，阐述您的作品的独特性；莫言更是从革命者的角度

2011年4月在北京国家图书馆向国防大学等十家图书馆捐赠全集（张建军摄）

用文化历史的维度，阐述您的作品的文化价值。不知您是否同意我的
观点？

周：各抒己见，各种意见都要听，好听的也不要洋洋自得。

黄：座谈会上也不是一个声音，郎绍君就提出了不同的意见。他在肯定您
在山水画创新方面所取得的成就外，认为您的画仍存在着气势有余而
笔墨不足的问题。

周：批评家有他们自己的想法，我表示欢迎。

一点一线通乾坤

周韶华自述："在绘画上我虽然打下'三大战役'（指黄河、长江、大海），但作为一个中国画家，缺失书法这半壁江山，则深感不安。为了攻下这一堡垒，我做了长时间准备。我的战略高地是：'一笔一划一世界，一点一线通乾坤。'书法艺术生命是大自然的回声，艺术境界是与大宇宙交响。在这个大书法观的统领下，去追求书法艺术的核心价值。"

黄：2011年4月9日，中央电视台《大家》栏目播出《周韶华·浩气写大美》专题片。很多人看过后反应很好，您怎么看？

周：并不洋洋自得，这只是过程中的一个碎片。

黄：全集出版了，接下来也该停下来休息一下了吧？

周：还有很多事情要做。比如说很多人希望我把书法搞进全集，我自己觉得我的书法还应该再下一番功夫，所以这一次没有放到全集里去。下一步我要在书法方面很好地研究一番，探索和解决一些问题。

再一个就是理论上目前存在着一个非常大的问题。比如说现在中国画的发展，有点儿偏离了中国文化的精华。看看现在的中国画，几乎都是写实的，不讲笔墨，没有激情，成了照相机的翻版，这样的作品哪还有什么生命力？千万不能忘了我们的传统美学，写意才是中国文化的精华。比如说魏晋南北朝，包括汉唐，看看那时的东西是多么恢宏，又是多么瑰丽，而且是丰富多彩、气象万千。我们现在的评选标准完全离开了这个东西，搞得千人一面，画得都是密密麻麻的，光光亮亮的，跟中国的写意文化离得越来越远。另外，还有一个现象，就是无论是专业的，还是非专业的，其文化底蕴和艺术素养等方面都很不够。没有文化底蕴，你哪来的思想？没有艺术素养，你又哪来的意境？这个问题我自己也要好好地做一番思考，写一些东西，做一些补救性的工作。当然，我也不能放松我的主业，还要继续创作。所以事情还是很多的，时间一点不能松懈，好歹有一个好的身体，这是完成一切工作的前提。

黄：这一年11月19日，您赴北京出席第九次全国文代会。您先后参加过多少次文代会？

周：记得的有四次。

黄：从北京开完会回来，您正式办理了离休手续。从12岁参加革命，到82岁正式离休，整整70年，这在全国恐怕也算是个奇迹吧？

周：没有废除领导干部职务终身制以前不好说，之后可能算是在职时间比较长的。但对我来讲，离休也未休，因为我没有下火线。

黄：正常一般是六十岁退休，为什么会拖延那么长时间？

周：前面已经讲过，这是省委的安排，我本人请求多次也不让休息。

黄：或许有不少人误会，认为您是迷恋权力，不愿意离开这个位置？

周：不想离开的也要把他拉下马，这不是个人意志所定。

黄：2011年夏季，您又全力以赴进入书法创作。很多人不理解，您都这把年纪了，可谓是功成名就，即便是在艺术家层面也是德高望重，干吗还整天不知疲倦地创作啊？是什么让您停不下来？

周：美在追求，不追即逝。

黄：这次的书法创作好像进展并不顺利，中间有过调整。开始多是传统式的创作，大家看后感觉不是那么兴奋。您的伟大也正在于此，善于梳理和总结，并能从中找到解决问题的钥匙。接下来的创作好像换了一个人似的，完全是一种全新状态和面貌。您是怎么做到的？

周：奇思妙想，面对挑战。在我几十年的艺术实践中，创新是我的主线，转型是我的目标。绘画如此，书法亦如此。对中国书法艺术的当代性，许多书法家对其探索的热情如风起云涌，热浪滚滚。有成功的，也有失败的。作为一个参与者，有些问题也曾困扰过我。如怎样把运动与情感确立为当代书法的内在精神，凸显当代书法的表现性，以及对时空结构的全新把握，对传统经典元素的吸纳和对现代结构的把握，等等，找到我们"从哪里来，将到哪里去"的连接点，把创造性思维引向一个广阔的空间。

黄：这次书法创作，您在草书类如《天马行空系列》和《骠骑将军系列》中，有意强化了书法的艺术性，淡化了汉字的实用性，书法线条在完全摆脱了文字符号之后，所释放出来的巨大能量，排山倒海的气势，特别是线条所展现出来的仪态万方的腾挪变化，仿佛真的让人进入了"大象无形"的美的自由王国。

周："大象无形"是宇宙本体。在书画分道扬镳后的漫长历史长河中，只有引书入画而无引画入书的记载，我的这种原汤原水的引进行为可谓破天荒。把书与画进行重组与融合，美其名曰"书画汇流"，自称为"书画同源"新版。在构图上以书写为核心，以线条为神经控制画面，仍不失以书写为主要"演员"。书法艺术在多元结构的当下，对于有反向思维的我，继续发扬我敢于创造的艺术精神，侧重于书法形式的创新，把图像结构上升到首位，不知能否得到书家同仁的宽容和理解。

黄：而《天地通流系列》好像又充满了音乐舞蹈般的旋律节奏。

周：回肠荡气的笔墨节律运动，无不通向音乐；婀娜多姿的笔墨情态结构无不通向舞蹈，这是当代书法的无尽魅力。我的当代书法语言探索就是把着力点放在线条的旋律节奏上，有意识地将情态结构的抑扬顿挫造成舞蹈运动那样的形态美，赋予当代书法以音乐舞蹈美的特征。

黄：您在书法艺术创作中的注重点以及所遵循的规律是什么？

周：我觉得第一要把当代人的生命脉动与情感表现确认为当代书法的主流倾向；第二对空间结构的表现也要做新的调整，以与时代大环境相适应。这就要对经典元素做新的挑选与语言转换，尤其要把线条表现提

天马行空系列

骠骑将军系列

升为主角，以书写为核心，以线条为神经，张扬线条的表现力，使线条运动成为主旋律，让意笔神韵成为最强音。书法发展到今天，它应成为书家的心灵之歌。尤其应把线条单独抽绎出来，让它充分发挥变幻莫测的空间结构美，让它随手万变，随心所欲地成为心灵的舞蹈。诚然，书法艺术的底线是要守住书写性线条的质量，最大限度地发挥线条运动节律的美，使它成为神思神韵，与天地通流，超自然的风骨气度，是化一而成的精魂与魅力。

黄：您想通过这个书法展达到一个什么效果？

周：借古开今，追求一种能被广泛认同的当代书法艺术新风尚，开拓书法艺术形式的新视觉效果，使载体更加多样化，以丰富和满足当代人的精神生活，使书法艺术的审美本质更具当代魅力，更贴近当代人的心灵。

黄：2012年2月18日至3月11日，"天人交响——周韶华书法艺术展"在湖北美术馆展出，《天人交响——周韶华书法艺术》（上下卷）也由湖北美术出版社出版发行。这个展览很有意思，作品分两个展厅：一号展厅呈现的多为传统意义的书法作品；二号展厅呈现的多为现代意义的书法作品。为什么要这样呈现？

周：之所以这样呈现，是对"我从哪里来""要到哪里去"做出响亮的回答。一号厅是从追溯书法的活水源头开始，一层层地深入到中国书法这个深层结构，回归到这个传统的原点。原点也是起跑线，起跑线也是新的原创点，这样才能追回书法艺术的大生命，也只有本着这个书法艺术大观才能真正追寻到书法艺术的本质结构。我们只有借经典的火炬点亮心灵之光，才能步入当代书法艺术的圣殿。所谓"阅历知书味，艰难识世情"，有这种历练熏陶，才能领会书法经典的形而上之道。这就是"我从哪里来"。

书法既然是一门艺术，就应该把汉字的实用性与书法的审美功能加以区别。这就是回答"要到哪里去"。二号厅所展示的就是在注重书法审美本质的同时，强化现代表现力和视觉冲击力。我把这美其名曰当代书法，是凝固在纸上的"音乐舞蹈"。这样的线条节律，让心灵与天地同构，与古今文明共生，去争取"生为自由"的大自在境界。一切创造性行为都随天趣气息而生，如行云流水，如天马行空，把线条运动的张力美发挥到极致，这也是对审美标准的一种很大

2012年2月20日，"天人交响——周韶华书法艺术展"开幕式（张建军摄）

转换。把线条运动提升为主体语言，以与当代的大气场相协调，唱出我们时代的书法之歌，跳起我们时代的书法舞蹈。

黄：这样的立意注定会引起巨大反响的。开幕后，特别是观众看到二号展厅的作品和呈现方式，无不发出惊叹，就连一线的书法家们也是感慨不已。这样的结果是在您的意料之中吗？

周：我有所预料，但实际比我预料的要强烈。人们普遍还是比较容易接受传统一类的东西，比如说行草书，从王羲之到八大山人，我意临了一个手卷，这个东西拿出来书法家都很认同。创新一类的虽是扎根于传统，但一般观众包括传统一类的书法家，接受起来就有一定的困难，包括与我很好的关广富同志。

黄：接下来的研讨会也是少见的，参会者出现了两种截然不同的声音：赞同者铿锵有力，反对者不甘示弱，你来我往的交锋，连见多识广的主持人陈振濂也不得不左右应付。您在现场，是不是有种要打起来的感觉？

天地通流系列

周：气氛确实很活跃，各自的观点也很分明，都有道理，也很正常。后来我消化了反对意见，要补上"向经典的追问"这一课。

黄：其实，这个展览您是向书法界提出了问题，问题如何解决，不可能有一个标准的答案，但一定要思考、要探索。您是否又有了新的想法？

周：我已准备好的下一个展览就与上一个大不相同，转向对经典的追问，努力在较深的层面上去理解书法作为一种审美文化的标志性特征，由此去追寻它的精髓与奥妙之所在。不仅从中借鉴书体结构及其形变所创造的艺术魅力，而且要感悟和理解古人的艺术理念和它所包含的形而上文化精神。这也是从大局出发。

艺术与我的人生是血融一体的

致力于中国画转型，构建盛世文化，一直是周韶华奋斗的目标。为此，他曾向各级领导献言献策，同时，身体力行，把生活现场作为艺术现场，将自己的全部热情和心血凝聚于作品中，以实现中国画走向现代、走向世界的初衷。2013年7月9日，由中华人民共和国文化部、中国文学艺术界联合会、上海市人民政府、湖北省人民政府联合主办的"神游东方——周韶华艺术大展"在上海中华艺术宫开幕。在8000平方米的展线上，呈现的是一场大美视觉盛宴。

黄：2012年3月，湖北省周韶华艺术中心成立。中心就设在湖北美术学院的5号教学楼，是湖北美术学院邀请的吗？

周：是主动要求去的。那里是美术界的集聚中心，抗日战争期间中国美协就成立于昙华林。

黄：这个艺术中心与以前的艺术工作室有什么不同？

周：它不仅是我的后勤团队，也是我走向未来的工作团队，也将是朋友交流座谈之所。

黄：艺术中心能创收和盈利吗？

周：无这个计划，我从未对创收有设计，靠这些人是创不了收的。

黄：那艺术中心正常费用从哪里来？

周：我有自食其力之道。

黄：您想把艺术中心打造成一个什么样的平台？

周：为未来进行研究做准备。

黄：2012年5月19日，周韶华艺术中心正式启动，并举办了"与时互动——2012周韶华艺术展"。据说，这个展览也是配合首届全国九省市艺术联展（武汉站）活动，所以，那天来看画的人很多，买画的人也很多。

周：是吗？

黄：展出的第一天，您的画就被预订了一大半。

周：真的吗？我是只管画画，其他事情我很少过问。

黄：我还听说，艺术中心启动后不久，美术学院的教授们也相继分到了面积不等的画室。从某种意义上讲，您给这些教授们带来了福音。

周：如果真是这样，我还是感到欣慰的。

黄：8月，您受聘为中国画学会顾问。中国画学会是北京的吗？

周：是全国性的自发组织，得到国家批准。

黄：9月，您作为第一届湖北艺术节美术组评论组组长，连续几天都在现场与中青年艺术家们评选作品，据说您还因劳累过度病倒了？

周：小事一桩。

周韶华艺术中心（张建军摄）

黄：艺术评奖可不是一件轻松的事啊。弄不好是要得罪人的！

周：不在意这些，过去挨过不少骂，有这个锻炼。

黄：10月11日，"赤子情怀——周韶华新作欣赏会"在周韶华艺术中心开幕。展出的作品与以往作品相比，色调普遍响亮了不少。是新的尝试还是与展览的主题有关？

周：未想那么多，都是情之所钟。

黄：11月，您去长沙参加了文化部组织的"书画认知与管理"研讨会，并在湖南美术馆举办了画展。湖北卫视《中国No.1》栏目组也专程赶到长沙为您制作专题片，他们还分别采访了参会的理论家。其中，四川大学教授林木谈了您的艺术创新成就以及对美术史的贡献，末了对编导朱旻钧讲了这样一句话："周先生是可遇而不可求的，他生活在湖北是湖北的福气！"在场的人对他这句话还是蛮感动的。

周：这可能是林木教授有感而发。我在湖北生活、工作了六十多年，其间，尽管历经坎坷，但我的命运始终与湖北的命运是息息相关的。可以说，我把最美好的青春年华献给了湖北，把自己的艺术事业也奉献给了湖北，所以，我对湖北充满了感情。

黄：这一点我深信不疑。我还听说您为湖北的文化发展曾给湖北省委书记写信，是真的吗？

周：确有此事，是有感于曲阜之行。我在曲阜大成殿看祭祀礼仪乐舞表演，看到世界各地的游客蜂拥而至，再联想到这些年在世界各地开设的孔子学院，感到山东在开发儒家文化方面可谓是成果丰硕。于是我就在想，中国有两大本土文化体系，儒家文化和道家文化。孔孟是儒家的代表，老庄是道家的代表，儒家的发祥地是齐鲁，道家的发祥地是荆楚。既然山东把儒家文化打造得如此成功，那湖北也可以加以借鉴，好好挖掘和开发道家文化嘛。

黄：这可是个大工程，不是一般人能运作好的。

周：当然，这需要全面规划，整体布局，从长计议。但结合湖北实际，可先抓住两个突破口：一个是屈原，一个是东湖。屈原是著名爱国诗人，是楚文化的优秀代表，在世界华人区，只要提到端午节、说到赛龙舟，都会想起屈原，影响之大之深之广，无人可比；东湖是亚洲最大的城中湖，是西湖的六倍大，可收入是西湖的十分之一，差在哪里？主要是差在文化上。屈原与东湖是有渊源的，如果把两者结合起来，设计好相关的项目，打造一个开放、包容的平台，吸引世界级的文学家、艺术家，以及有情怀的企业家参与进来，让他们的才华在这里绽放，让东湖的精彩向世界传播，相信不远的将来，东湖将会成为一颗世界级的璀璨明珠。我还主动表示，我有这方面的资源，如果需要，我会竭尽全力。

黄：这之后，您好像还给时任全国政协主席俞正声写过信，信的内容方便透露一下吗？

周：是向正声同志就构建盛世文化献言献策。我在信中谈到，我国历史上最为繁荣最为富强的时候，也是文化艺术最为昌盛的时候，也是巨星荟萃大放异彩的时候。中国如此，外国亦如此，欧洲的文艺复兴，也造就了诸多影响世界的大师巨匠。经过几十年的改革开放，我国取得了辉煌的成就，文艺也有了巨大的进步，尤其是群众文化活动开展得红红火火，广大民众从中享受到了发展带来的物质和文化成果。现在，我们是世界第二大经济体，比历史上任何时期都更接近中华民族伟大复兴的目标，但我们的文艺创作水平和精英人才队伍还不能与之相匹配，有高原而无高峰。我们应该有自己的民族文化代言人，要有不愧这个时代的大师巨匠。因此，我向他建议在中央顶层设计时，应该把各类精英人才考虑进去。

黄：俞正声主席看到这封信了吗？

周：看到了，还特意让秘书打电话转达对我的感谢。并说正声同志很重视，批示给文化部部长，由他牵头认真做好调研，然后要专题汇报。文化部蔡武部长还专门给我写了一封长信，主要谈了这些年国家文化艺术发展的状况和取得的成就，并对我几十年来在推进和发展美术事业所做出的贡献表示钦佩，对我关心国家文化艺术的长远发展所提出的中肯建议表示衷心感谢。

黄：这是哪一年的事？

周：2012年。

黄：我们还是说说您今年的重头大戏吧。中心为您策划了带有回顾性的大展，您经过考虑想请张晓凌出任大展的策展人，并与其作了深入交流。通过交谈，张晓凌给您留下什么样的印象？

周：和张晓凌认识多年，他是王朝闻和刘纲纪的得意门生，很有才华，发表过很多颇有见解的文章，可以说，在美术理论家队伍中，他是一个佼佼者。以前我们就中国画的革新与发展有过对话。他对中国文化的现状和发展方向，以及中国画如何走向世界等问题，有独到的看法。后来，在北京我就这个展览面对面地听取晓凌的意见，他认为，这个展览应该在一个全新的语境下来重新评估我的艺术价值。并说作为策展人，希望这个展览是面向全球的起点，目标就是要走向世界。我觉得他是站在一定的高度进行策展，使这个展览有了一个文化战略意义。

黄：为什么将这次大展放在上海的中华艺术宫而不是北京的中国美术馆？

周：选择上海中华艺术宫办展览是考虑很久的。上海是个开放的国际大都会，正在成为世界的自由贸易港。上海人见多识广，世界意识或者说是全球意识向来比别的地方要强烈，我相信上海人民是会理解我的艺术实践的。近代以来，有海上画派才支撑了中国画坛半壁江山。这是由于有创新意识才引领风骚一百多年。中华艺术宫这一最高大的艺术宫殿屹立于东方，成为国际艺术交流的大平台，已引起世人的瞩目。按晓凌的话说，通过这个展览我们也抱有一种希望，就是以此为起点介入到世界的各个平台，从这里走向世界。

黄：2013年9月7日—22日，由中华人民共和国文化部、中国文学艺术界联合会、上海市人民政府、湖北省人民政府联合主办的"神游东方——周韶华艺术大展"在上海中华艺术宫举行。四个正部级单位共同主办一个人的画展，在共和国的历史上好像还是首次。

周：这个展览对我来讲，更多地不是看主办的级别多高，而是看政府在文化战略上的觉醒。

黄：这次上海大展，可谓是对您近半个世纪的创作进行了一次系统性的梳理，使得更多观众可以一睹您创作的整体面貌与演进过程。

周：这个展览在某种意义上是我艺术人生的展示，也是我一生中的大事件。艺术探索是一个非常艰辛的历程。近三十年来，我把全部热情和心血都凝聚于中国画从古典形态向现代形态转型，坚守重建中国画的当代性，以重塑中国画的崇高大美灵魂，并把这一核心命题确定为我的文化使命，为此从理论与实践两个方面双轨同步地向前推进。

　　一是在理论上首先提出"全方位观照论"。以超时空和连接古往今来的视野与思维，以这种大艺术观来引领自己的艺术实践；同时提出"隔代遗传论"和"横向移植论"，从全球化格局中思考中国画的话语权。这两论是革新中国画的两条途径，一条是与我国五千年文明对话，由发掘历史的辉煌来再创新的历史辉煌，主张从历史走向未来；另一条是与西方文明对话，从与西方优秀文化的交融中重构中国艺术的现代形态，主张中国画要世界化，不仅画给中国人看，还要画给世界人看。从这两条路径切入，靠的是上述"三论"当家。

　　二是我的艺术实践有个路线图，这个路线图是把生活现场作为艺术现场。三十多年几乎跑遍了祖国的大山大河，行程数十万里。我的艺术作品中的人文精神底蕴，风格与气场都是从生活感受中得

沉江——悼屈原 纸本水墨 143cm×367cm 2006 年

2013年9月7日—22日，"神游东方——周韶华艺术大展"在上海中华艺术宫举行
（张建军摄）

来的，是生活恩赐给我的。同时，我所表现的自然，是人化了的自然，自然是人的本质力量对象化，是天人合一的艺术形态化。

本次画展中的这些作品中都诠释着我与祖国山川和无尽宇宙的神交与对话，体现了我是如何"道法自然""神与物游"，和对崇高大美的追慕。我的发展战略是通过黄河文化、长江文化、海洋文化这三大战役，并且考虑到人民的愿望，来重构中国画的当代性。从作品中都可看出这样走来的脚印。"三大战役"坚持不懈地打了三十多年，我把自己的终极追求基本上落实到作品中，以此来实现我对中国画转型的初衷，我的这一大美艺术梦是通过博览天地大观，得天地之道、人文之助来建构的。可以说我的艺术人生即我的人生艺术，艺术与我的人生是融为一体的。

黄：现在回头再看这个展览，您觉得这个展览有没有达到您的理想？

周：按张晓凌的策划构想，这个展览之后从上海出港扬帆走向世界，要全世界性地循环。据说这个想法也得到了文化部领导的认可与支持。但后来不知为何没有继续推进。

黄：2013年12月，在中共湖北省委宣传部、湖北省文学艺术界联合会、湖北省文化厅主办，湖北省美术家协会承办的第三届湖北美术节活动中，周韶华艺术中心工作突出，获得第三届湖北美术节组委会颁发的"湖北艺术机构贡献奖"，"神游东方——周韶华艺术大展"作为第三届湖北美术节的重要展览，获得第三届湖北美术节组委会颁发的"湖北最佳个展奖"。这也算是对中心工作的肯定吧！

周：这是大家一起努力的结果。

周韶华在给领导和观众介绍作品的创作历程（张建军摄）

艺术是没有国界的

周韶华自述："确认中国画不仅是中国的也是世界的，故曰'文化大观'。因此我坚持认为，中国画必须从古典形态转变为现代形态，立足当代，面向未来，这样才能与世界相交融，与全人类共享文化成果。中国水墨画要走出中华文化圈，走进世界文化圈，文化艺术是无国界的，但必须坚持中国画要有自己的文化底蕴和艺术哲学，世界一体化，并非艺术共同化，艺术要多样化。"

黄：2014年4月15日，您受邀参加由中国美术家协会、中国国家画院主办的第四届"长安论坛"，并在论坛上讲了话。重点讲了些什么？

周：重视典籍整理最早始于汉代。每个有作为的王朝都重视对典籍的整理，明有《永乐大典》，清有《四库全书》。孔子作为中国古代第一位古文献整理专家，他单枪匹马完成《诗》《书》《易》《礼》

《乐》《春秋》六种古籍的整理和编纂，贡献很大，我们应该效仿。

黄：5月10日，您应中央美术学院邀请，在中央美术学院举办"追寻大美"的学术讲座。您是第一次在中央美术学院举办讲座吗？

周：这是第二次。第一次是1983年"大河寻源"在京展览时，在国画系讲过课。

黄：这个中国美术的最高学府的天之骄子们对您的讲座反响如何？

周：喜欢的很喜欢，都是好朋友。

黄：随后（6月2日）受中国国家画院之邀，您又参加了在北京举行的《丝绸之路》美术创作选题的专家论证会。我很好奇，美术创作还要论证吗？

周：这是一个大战略题目，参加的都是大学者、大史学家，有中国社科院和上海复旦的专家，都赞赏丝绸之路创作大纲，提的意见也很好，如我们的原子弹爆炸，火箭上天，就不必在此展出。

黄：8月20日，湖北省人民政府新闻办公室给您和唐小禾举行先进事迹媒体采访会。此举有什么背景吗？

周：湖北要推出自己的文化人物，这次是美术领域的，还有文学与其他。

黄：以前只听说过先进事迹报告会，先进事迹媒体采访会还是第一次听说。是媒体提问还是你们自己介绍自己的先进事迹？

周：从未自己主动自吹自擂。

黄：2014年9月2日—10月5日，您受邀在俄罗斯国立东方艺术博物馆举行"天人交响——周韶华作品展"。中国驻俄罗斯大使、俄罗斯很多艺术家都出席了开幕式。请您把当时的盛况与我们一起分享一下。

周：这次展览得到中国驻俄罗斯大使馆、莫斯科中国文化中心、俄罗斯国立东方艺术博物馆和湖北省相关部门的关心支持，特别是俄罗斯国立东方艺术博物馆和湖北美术院的通力合作，在画展正式开幕之前成功完成俄语、汉语、英语三种语言的精美画册的印刷。中国驻俄罗斯大使李辉先生和二十多位俄罗斯艺术科学院院士出席了开幕式。为表达谢意，我向莫斯科中国文化中心捐赠作品一件。

黄：在和俄罗斯艺术同行们的交流中，他们欣赏您的作品有障碍吗？

周：没有。我的画与俄巡回画派有某些相似之处，开幕那天，有二十多位俄罗斯艺术科学院院士和众多的艺术家到场参观。在开幕之前，俄罗斯国立东方艺术博物馆馆长亚力山大·谢多夫主持圆桌会议，很多俄罗斯艺术科学院院士和艺术家发表了推心置腹、非常情真意切的的意见，整个气氛还是非常友好的。

黄：他们的圆桌会议跟我们国内的研讨会应该没有本质的区别，我想知道的是，他们的发言风格与我们国内有什么样的不同？

周：俄罗斯是一个文化厚重的国度，俄罗斯的艺术家和理论家都是很有修养的。至于发言的风格我倒没有特别在意。第一个发言的是俄罗斯国立东方艺术博物馆第一副馆长塔季雅娜·梅塔克萨，她一开口便开诚布公："今天在这里有很多杰出的画家，也有画廊和博物馆的管理人员，我希望我们的讨论是一个非官方的发自内心的讨论。"

黄：看来这位馆长讲话还是挺直率的。

周：这也符合俄罗斯人性格。普希金国家艺术博物馆的官方代表说："这次展览的气势很美丽，对我产生很大的影响。从中看到好多连绵不断的山和水，好像是看到一个宇宙一样。我和周韶华先生生活在同一个时代，是一个很大的荣幸，也是一个很大的幸福！我们欣赏周韶华先生的作品，从一开始就一直看，也不想走，好像在我们眼前展现出另外的一个世界。"

黄：可见他们对您的作品充满了好奇与向往。

周：尽管两国之间文化有差异，但对艺术美的欣赏是相通的。

黄：圆桌会议上有没有向您提问的？

2014年9月2日（莫斯科时间），中国驻俄罗斯大使李辉先生在画展开幕式上致贺词（张建军摄）

周：有。俄罗斯艺术科学院委员伊琳娜·斯塔尔任涅茨卡娅曾问我："我想问一下周韶华先生，您在艺术方面的经验是那么丰富，和好几代画家生活在一起，从您的角度，如何界定现代的艺术？"

黄：您是如何回答的？

周：我认为，特别是中国，有五千年的文化史，历史积淀非常深厚，过去非常贫穷落后，很多的灰尘遮掩了中国的文化光辉。我作为一个中国学子，应该承前启后、继往开来。首先对传统文化的经典元素必须很好地保留和发扬，同时要向现代转型，把目光放到全世界。艺术是没有国界的，应该包容和吸收很多国家优秀的文化，进行融合。但是到了自己手上还应该是中国画家的作品，自己是民族的儿子，时代的儿子，应该画出具有现代感的作品。我的艺术不仅有中国文化的传统，而且把俄罗斯的绘画以及法国等西方国家很多现代的绘画中一些很好的元素，都进行了融合。

　　在最近三十多年，我最主要的贡献是对中国画的现代转型，它

2014年9月2日（莫斯科时间），艺术家圆桌讨论会现场，著名俄罗斯收藏家瓦吉姆发言（张建军摄）

已经不是旧的中国画，而是新的中国画，不仅要中国人看得懂，应该要全世界的观众都看得懂，它应该是属于全世界、全人类的。

黄：有没有发表不同意见的？

周：可能是碍于情面，没有听到反面的意见，他们一致认为像这样的展览只有一个月的展期太短了。

黄：您有没有讲话？

周：当然讲了。我说我很热爱俄罗斯，在青年时代所读的书和绘画学习的资料很多都来自苏联时期，其中不乏俄罗斯最伟大的一些人物。比如托尔斯泰的《战争与和平》《安娜·卡列尼娜》《复活》，契科夫的中短篇小说，屠格涅夫的小说，普希金的诗歌，我都非常喜欢，还喜欢列宾、苏里科夫、克拉姆斯柯依、谢洛夫、列维坦等艺术家的艺术，受他们的影响很深。文化交流对一个国家的进步是具有重大意义的。比如俄罗斯的普希金造型艺术博物馆，在彼得大帝以后，俄罗斯对西方艺术的引进以及巡回画派的成长的帮助都是很重要的。所以，我们以往的深情不仅应该恢复，而且今后应该发展得更好。中俄两国艺术家联手前进将对全世界的文化产生重大的影响。我希望我这次对俄罗斯的访问能成为我们今后交流的一个重要开端，能够恢复我们以往的亲密状态。比如苏联时期马克西莫夫在中国举办的培训班就培养了很多的中国学生，对我们都产生了非常重要的影响。所以，我们欢迎俄罗斯画家今后到中国传播俄罗斯的艺术，也希望你们欢迎中国的艺术家到俄罗斯传播中国的艺术。

黄：他们对您的提议有什么样的回应？

周：莫斯科美术家协会副主席阿列克谢·彼得罗夫说："我代表我们六千五百个美术家组成的美术家协会祝贺周韶华先生，我希望进一步加强我们之间的交流，而且我认为我们慢慢地就会从简单的互访到举办展览从而转到更高的层面办一些合作的项目，靠我们画家自己的努力造成新的形势，我希望得到更多的支持。"

黄：俄罗斯是个崇尚英雄的民族，他们知不知道您是二战老兵？

周：他们从介绍我时知道的。

黄：得知您是二战的老兵时，这些俄罗斯的艺术家有什么表现吗？

周：他们在讲话中表示由衷的尊敬。

黄：随后，您还在俄罗斯国立东方艺术博物馆举办了"我的艺术观和方法论"的学术讲座。俄罗斯的艺术同行反响如何？

周：我深切感受到俄罗斯人民的狂放热情，他们除了鼓掌外，有的还跑上来与我拥抱接吻。

黄：在俄期间，您还去了哪些地方？有哪些艺术交流？

周：先后去圣彼得堡、冬宫和列宾美术学院参观，还去了美丽的乡村参观。

黄：从俄罗斯回来后不久，您又去了山东青州，"翰墨青州2014中国书画年会：周韶华作品展"在中晨（青州）书画艺术城展览中心展出（9

周韶华在莫斯科与俄罗斯青年在一起（王保胜摄）

月28日—10月7日）。您还是第一次在青州办展览吧？

周：是的。

黄：有人说：周韶华画好，但市场不好。您怎么看？

周：泰然处之，不是不好，而是时机未到，会好的。

找回中国的文化

周韶华在其《感悟中国画学体系》一书的题记中说道："笔者对传统文化怀着一种受惠的心态，愿同读者和同仁们一道，重读元典，解读元典，复归历史的源头，来寻找我们丢失了的最宝贵的东西，找回中国画学的高深哲理，以图在伟大复兴途中探赜寻源，对中国画的学理体系进行新的整合，把中国画的再生、再创建立在雄厚的主体文化资源根基之上，从而彰显东方文化价值观。"

黄：2014年12月，您的专著《感悟中国画学体系》由湖北美术出版社出版，并在省出版文化城举行首发式。您是基于什么样的考虑撰写这本书的？

周：每个民族的民族艺术，都是这个民族的精神火炬，是由这个民族长期历史积淀的智慧结晶，也是民族整体心理结构与精神力量的象征。作为审美文化的绘画，不仅要深深植根于民族文化的土壤中，而且应充分体现本民族的心灵与魂魄。民族艺术不只局限在文艺领域，而且在民族文明史上，都是不可消解的民族文化生命之树。

黄：您的目的是从本源上找到我们文化的链接点，找到文化的精神因素，重新梳理中国文化，重新树立起中华文化。我的问题是，中国传统文化体系如何划分？在艺术上又有哪些表现呢？

周：中国传统文化可分为两大体系：一是以儒家的孔子、孟子为代表的黄河流域中原文化；二是以道家的老子、庄子以及屈原为代表的长江流域荆楚文化。中原文化偏重伦理纲常并以理性和政治实用为特征，而荆楚文化重在探讨人与自然的关系，具有尚虚无、好玄想等浪漫色彩，敢游离正统轨道，表现出人的觉醒，思想解放，偏重于感性。总体来说，以社会和谐为本位，以人为中心的天人合一的整体观，把阴

"与大家面对面：周韶华新年艺术交流会暨《感悟中国画学体系》新书首发式"上，周韶华为读者签名（张建军摄）

阳两极综合在一起的整合性思维，在艺术上衍生了写意文化。如喻意象征论、形神意象论、气韵生动论、"外师造化，中得心源"论、味象观道与畅神论、化境论等。基本表现手段是依托于笔墨运动，让充满动势的形体组合，伴随着情绪的大起大落，通过笔墨的书写指向人格表现、生命力表现和心灵情感表现。

黄：按照您的说法，中国当代艺术需要追寻大传统这个大根基，中国画也应具有世界语汇，这就需要重读元典，呼唤民族精神大灵魂。那么，您认为当务之急要做的是什么？

周：近三十年，随着国家的不断繁荣，中国画也取得了很大成就，但问题也不少，其中一个严重的问题就是文化缺失。文化缺失是民族文化精神的失落。很多画家满脑子装的都是名利，画出的作品像白开水，还比不上古代的文人画，文人画至少还有书法，这是一种危机。

黄：这恐怕与整个社会现状有关。即使文化缺失，但也不至于是一种危机吧？

周：当然是危机。我还要告诉你，不要小看这种危机，它的严重性不是危言耸听，是有很多历史事实证明的。我举几个国家过去的例子：古巴比伦曾经创造了两河文化的辉煌，那么巴比伦王国怎么在地图上就消失了呢？那就是它已经失去了文化记忆，没有后人继承巴比伦文化。它的文化丧失了以后，祖国也丢失了。古埃及文化是人类历史最辉煌的篇章之一，但到后来埃及人都不懂象形文字了。这就是文化失落和文化丢失的后果，说明文化丢失影响民族的存亡。我们现在那么多画国画的人，自己标榜自己是画传统的，却对中国传统文化的具体精神不知道，只是捡历史碎片堆砌，然后认为那就是传统，其实这是一个误区。另外还有一部分人根本不是用中国文化精神来画中国画，他是用西方文化的标准来画的，重视物体结构、物理性，侧重于质感和量感。中国的写意水墨画是讲文质，这些人是在讲物质，画中国画不讲文质就是文化丢失，这是非常严峻的问题，今后要大声疾呼找回中国的文化。

黄：在您看来，这本书能否给当下的美术界敲响警钟，使一些人觉醒？

周：我不便预言。但作为中国画家应该清醒地认识到，如果你把自己的民族文化立场丢掉了，作品就谈不上是中国画了。我国现在是世界第二大经济体，中国的文化复兴要守住本体，融入世界主流。我画"大河寻源""梦溯仰韶""汉唐雄风""荆楚狂歌"，之所以要依托天地大观，元典精神，其实是意识到艺术作品通过可以触碰到的具体的精神气息，能导引人的灵魂航行在中国文化的河流。所以，当我们在思考如何走向现代时，不可切断传统血脉，不能不去寻找中华文化与民族精神的源流，不能不在"上下五千年"这个时空背景下展开，不能不坚持民族文化自立性不被消解的立场。所以必须目饱前代奇迹，胸

周韶华在读书查阅资料（张建军摄）

存天地大观，充分占有民族文化根底，在向未来深入时，不致于使民族文化断裂或断根，并且还要不断地为她造血、充氧，使她获得再发展的优势。这样才能使历史与未来保持连接，民族气派得到张扬。

黄：既要守住文化本体，又要借鉴西方优秀文化，二者之间会不会发生碰撞或产生矛盾？

周：守住文化本体，张扬民族气派，与融合东西方文化并不矛盾。一个现代形态的东方艺术大风格的形成，包容着民族文化与西方文化二者的优势互补与融合，必然是两种文化交融撞击的火花。中国现代艺术的发展，一是向传统索取，并超越传统；二是向全球索取，实现横向超越。高雅艺术是没有国界的，但艺术家是有国籍的。通过借鉴与优势互补，把外域文化的精华纳入我们的新艺术形态结构中，融为血肉之躯，使我国的艺术中也有世界语汇，能与外界对话，同时又保持着东方艺术独步天下的风采。

黄：我听说，您最初写的是《论意象造境》，而且已经完成了初稿。《论意象造境》文稿有多少字？

周：差不多有十好几万字吧。

黄：花费这么大的功夫，为什么后来您决定放弃出版而重新写这本《感悟中国画学体系》呢？

周：中国画跟西方油画存在很大不同，画油画讲造型、讲色彩、讲构成，平时练习主要靠写生。中国文化是写意文化，不了解博大精深的中国文化就画不出好的中国画来。中国画的意象、意境跟西方绘画完全不一样，这些主要都是因为文化的差异。譬如，中国人喝着黄河水创造了丰富灿烂的黄河文化，甘肃的马家窑有大量表现水的彩陶，从水纹的运动也看到一种天地的运动，这里面内涵多得很。画家必须深入到文化的深层结构，不然创作的作品就是很表面化的。原想建构新的中国画审美评价体系，后来感到中国画学体系更重要，但这个概念又实在是太大了，所以我取名叫《感悟中国画学体系》。

黄：感悟在宏观层面上谈论的自由度上可能要宽松一些，但涉及面仍然是很广大的。您在涉及层面上的度是如何把握的？

周：涉及黄河文化中的儒家思想，但没有局限在黄河文化。长江文化多么伟大，长江文化催生了老子、庄子，它跟北方文化体系有很大区别。楚人灭秦，到后来刘邦建立了汉朝，把楚文化和黄河文化汇合才形成了深厚的汉文化。具体到中国画画学体系，我也没有局限在先秦诸子的文化思想，因为除了先秦诸子，魏晋南北朝的文化思想同样非常伟大，譬如宗炳的"以神法道"、刘勰的"神与物游"，都对中国画画学体系的建构起到过非常重要的作用。

黄：既然我们的文化传统有如此的生命力，而且确确实实有非常迷人的东西，那么是不是从现在开始，可以从这里出发，在大传统里找到再生的原点，开创一种新的艺术气象？

周：构成中国画主体的决定性因素是中国画家，构成中国画本体的决定性条件是不可或缺的艺术语言要素。提升主题对根脉的认识在于主体拥有雄厚的文化资源和专业经验积累，有开疆拓土的艺术睿智；本体建构的关键是吞吐古今、中外融合。把中国画里的系统性进行充分深刻的再认识，以一个参与者来与古人对话，这就包括有开掘和开拓的双重任务，历史的重担落在我们当代人的肩上，这是责无旁贷的历史担当。因此力求用新的眼光，追踪学术前沿，用前瞻思维，融合新知识、新思维，在古今转换、中外对接上，力使中国艺术从古典形态转变为现代形态，在艺术转型上一扫千人一面的恶习。

黄：您是从我们自己的文明和文化传统出发，凭借独特的精神气质和美学特质，在全球的视野里建构新的绘画语言与坐标。您也是这样做的，而且做得非常好。如果让您对当下的美术工作者说一句话，您会说什么？

周："学而时习之。"中国历史上成就卓著的画家，同时也是理论家，有些人好读书，虽述而不作也是理论家的画家，或者是文学家的画家，画中自有文质品位。因此，从这些经验来看，画家必须要有深厚的文化理论底蕴，文化学识与人格力量是艺术的灵魂。特别是不能自我边缘化、沙漠化，也不能只在"高原"上大展拳脚，而要在"高峰"上多做文章，拿最好的作品去影响大众。

不忘民族文化身份

"中华文化人物"是中国首个专门针对全球华人文化领域年度人物进行表彰的活动，旨在"引领文化风尚，塑造时代精神"。2015年1月6日，由中华文化促进会、凤凰卫视联合主办的"2014中华文化人物"颁授典礼在武汉举行。"坚守、传承、礼敬、弘扬"是本年度"中华文化人物"候选榜单中的关键词。对中国山水画孜孜以求探索不止，开创了中国画"气势派"的周韶华，当选为"2014中华文化人物"。

黄：恭喜您荣获了"2014中华文化人物"。您怎么看待这个奖项？

周：我非常看重这个奖项，这是我的幸运。中国画之所以成为传统国粹，是历代艺术家共同努力的结果；有太多贡献巨大的艺术家并没有获得这个荣誉，自己和这个称号还有距离。我要保持谦卑之心，继续充实自己，不能认为自己功成名就，沾沾自喜。

黄：主席团对您的评价是："他的画，他的境界，就像他这个人，高大、气势磅礴，放在哪儿都是威风凛凛。"

周：溢美之词，愧不敢当。

黄：您还记得您的获奖感言吗？

周：我说："得到'中华文化人物'奖诚惶诚恐，中华文化何其博大，我所做的只是沧海一粟，极其有限。这次获奖并不意味着我功成名就，这个奖不是给我自己的，还有一大批人在为中国画的创新而努力。我会把这个奖带给那些志同道合的朋友们，带给为中国画创新而努力的朋友们！"

黄：在我看来，这个文化含金量很高的奖项，是对您三十多年来致力于中国画革新所取得的巨大成就的一种肯定。您觉得呢？

周：我深知中国画创新是非常艰难的。要把中国传统文化五千年的精神带

2015年1月6日，"2014中华文化人物"颁授典礼上，周韶华发表获奖感言（张建军摄）

到艺术中，还要开创我们这个时代的形态。承前启后，中西贯通，这是个大工程，需要一代甚至几代人的努力。

黄：2015年10月25日，由湖北省人民政府、中华文化促进会联合主办，湖北省文学艺术界联合会、书画频道承办的"国风归来——周韶华艺术作品展"在北京中国书画频道美术馆开展。"国风归来"的含义是什么？

周："国风"是《诗经》三大构成之一，"雅"是文人雅士之作，"颂"是对帝王将相歌功颂德，"国风"是民歌民谣。我的"国风归来"是泛指民间艺术。

黄：您是在超越传统艺术画的格局，回到孕育广大众生的社会底层，重塑中国庶民的活力。

周：不错，我的"国风"是中国画与民间艺术的交融。

黄：在西方的艺术史观念看来，似乎绢帛宣纸的经典绘画与书法传统更能代表中国艺术的主流。但在您的"大文化"视野当中，从崖画图腾、原始陶文、彩陶纹理、甲骨金文、青铜器具、画像石刻、汉简魏碑、楚墓文物、佛教造像到盛唐三彩，似乎更能表征出华夏文明的高度与深度，甚至那些民间剪纸、泥塑与图绘，经过您的巧妙构思与拼贴，也能成为为中国水墨造血的媒介。

周：所言甚是。以"国风"为灵魂的民间艺术，有着特立独行的大胆夸张和变形，有着完美的装饰与意匠，有着五彩斑斓的想象自由，有着原创生态和人情味十足，并且具有诙谐幽默的艺术特点，它是群众自发参与的乐己乐他的艺术创造，这恰恰是原有的中国画所缺少的。所以，拿民间艺术元素充实中国画是给中国画造血。

黄：因此，您将这些文明基因与文化符号加以转化，并以符号化的方式让它们得以情感化地表达在画面当中，从而将"主题、意象、喻意、象征、结构"整合为一体。

周：如何将民间艺术的形式语言纳入到当代创作的形式语境中，使之适应当代文化语境，具有现代艺术的构成性特征并赋予它新的生命，从而彰显出中国艺术的大风范、大格调和大趣味，建构起一个立足本土并具有开放性的创新型中国画创作体系，可以称之为"新东方象征表现主义"。

黄："国风归来"中那些剪纸、窗花、住宅、农舍、农具、食器、家居一角，折射的是春天的喜悦、夏天的茂盛、秋天的丰收等季节变迁，都成为您笔下广大民众的情愫与活力。

周：基本上是农民智慧与专业画家相生相促，也是创新之路。文化意义的自觉选择，是艺术创新的前提。选择民间艺术元素来冲撞趋于式微的文人画模式，是为找到一种形式语言转换的突破口。民间艺术是我国农耕文明的恩赐特产，泥土气息蒸腾，蕴含着浓厚的民族文化特征，具有精神自由和情感恣肆的艺术本质力量。

黄：在"国风归来"中有一个《戏曲人物》系列，在这个系列中仿佛能感

国泰民安之四　纸本水墨　67.5cm×66.5cm　2009年

　　受到那令人喜悦的戏曲故事情节以及感人的唱腔与台词，其中掺杂着
浓厚土音，俚俗中夹杂着典雅，庄谐并陈。

周： 画戏曲人物必须懂得戏曲造型的基本功，最精彩的动作都是一瞬的定
格，即亮相。否则画出来的就不是标准的中国戏曲人物，很难畅神达
意。

黄： 您画的戏曲人物与关良不同，他的简洁，您的大气。在您的笔下，透
过笔墨烘染的干湿变化与抑扬顿挫的线条变化，宛如在喧闹的锣鼓、

吹打的民间音乐声响中，展现出无尽绵延的生命感，正如同庶民血液
中流淌着无限活力一般，将中国民间的旺盛生命感表露无遗。

周：画家要善于表现氛围，实际就是气场。老庄的理论核心是元气、天地
精神、宇宙观。通过对民间艺术的重新组合，找到催生中国绘画的另
一种当代形式语言，此中似乎具有某种向传统艺术和民间艺术的回
归，近似有返璞归真的美学倾向。在"全球化"的过程中，从自己的
历史传统中寻找艺术和美学灵感，不忘民族文化身份，不忘符号创造
的"本土化"，"国风"这一概念随着历史发展而发展，因此，反映
在作品中是"大国风"的风度，作品的元素已不仅仅限于民间，而是
吸纳万类但保持着民间艺术的本真。但我也不得不说，我很担忧，中

钟馗嫁妹
纸本水墨
67.5cm×66cm
2009年

国文化现状不容乐观，文化普及、提升工作很艰巨，艺术家需要拿出高水准的创作去感染大众，提升他们的文化品位和需求。对于一个国家来说，失去文化基因是悲哀的，文化需要传承，一个民族没有文化就没有尊严。

黄：2016年9月28日，"八八顽童——2016年周韶华新作展"在武汉汤湖美术馆开幕，"八八顽童"，这个标题有返老还童的意味。

周：2015年，我被病魔折磨了一年，四进四出医院，还动了小手术，好在没有倒下去。不能站着画大画，只好坐着画小画。在这些作品中，没有流露病痛，而是洋溢着与大自然同乐的惊喜，可以与读者分享交流这个"顽童"的真实心态，是病中的休养之作，但不是病中吟。

黄：在展出的作品中完全看不出任何病态。画面流淌的是一派盎然气象。于是我在想，您作画时是不是已经忘记了病体，而将快乐情绪融入笔下天地风云？

周：人与天地自然同和的同一性是哲学的基本命题，艺术也不例外，与大周天近似，人也是一个小周天，有其产生、发展到归一的必然过程，就是循环往复、周流不息。我最感兴趣的是"返老还童"，这种机会每个人只有一次。因此，千万不要放弃还童的快乐与有所作为。

黄：正如王心耀所言：戏喻"返老还童"，恰以"顽童"的方式回归艺术的本体，回归人与自然同和的哲学命题。

周：美中不足的是画得不够放松。庄子说"天地有大美而不言"，老子说"道法自然"，孔子说"游于艺"，孟子说"我善养吾浩然之气"。对圣贤们的经典语言，我是在晚年才有所解读。我们搞艺术的不能靠外在的装模作样和大喊大叫，而是要以神法道，含道映物，神与物游，才能"得大自在"的自由化境。

黄：但也不能否认，现在很多作品已经成为一种技术层面的或者智力层面的问题，却远离了心灵感受和生命本质。

"八八顽童——2016年周韶华新作展"开幕式（张建军摄）

周：我经常思考艺术的本质是什么，当谈到艺术本质的时候，看到今天画坛的很多现实，心中则是一种忧伤。我们应该让艺术回归本体，彰显大美是人与自然的同一性，天地大美与人同和。

黄：能否结合您的创作实践进行简要阐述？

周：在六十多年的艺术生涯中，我的"艺术现场"是现实生活，是与祖国的山川和无尽宇宙的神交、感应与对话，是这个"场"恩赐予我以大美灵感。另一方面是同传统文化对话，是五千年的文明赋予我以智慧，真可以说是得天之道、人文之助，饱览天地大观，才开辟了水墨画发展的全新的艺术主题与艺术符号，因此探索到全新的中国画艺术语言。正是这些要素构成了我的艺术生命。从自己的作品中，不仅可以感受到作者与祖国山川和无尽宇宙的神交与对话，而且还可以深切地体会到中国厚重的历史感。我把绘画作为媒材，更多地在精神层面上对过去、当下与未来这些终极问题进行思考，并不断向历史、自然、宇宙发问，体现的是如何"道法自然""神与物游"和对崇高大美的追慕。因此，具有独立思想的画家，要为中国画现代形态转型和实现中国画的世界性做出应有的贡献。

黄：您倡导的是一种主体自觉的文化意识，通过不断向历史、自然和宇宙
　　发问，以追寻"道法自然"与"神与物游"。

周：人要与天地自然融为一体才有大美。

我把最好的东西都捐献出去

　　几十年来，周韶华秉持来自于人民，奉献于人民的理念，热衷于社会公益事业和希望工程建设，同时，不断向国家及各地美术馆、博物馆、艺术馆，以及美术院校等捐赠艺术作品。2017年6月，周韶华向中国国家画院一次性捐赠163件作品。他认为："对祖国和人民做奉献，是我六十多年革命生涯所养成的一种自觉意识，把我的重要作品捐献给国家是我多年的愿望，也是我全家的共同愿望。"体现了他心系中国美术的大家气度和长者风范。

黄：过去，您曾受到过别人的帮助。在您自己有能力之后，您也帮助过很
　　多人，成为他们命中的贵人。也许有些事情您还不知道，这些善举已
　　经或正在改变着他们的命运，譬如说您捐助的希望工程。

周：希望工程为贫困家庭的孩子带来希望，这是一件有功德的事情。

黄：2013年7月29日，在湖北省希望工程第四届慈善晚会上，您所捐作品
　　《事事如意》作为晚会压轴拍品，拍得善款158万元。所得善款您全
　　部捐给湖北省希望工程。这之前，好像您还捐助了一所小学？

周：常阳韶华希望小学。

黄：您这些年来，先后捐了多少善款？

周：大概在500万元左右吧。

黄：因此，您还获得由湖北省文明办、共青团湖北省委、楚天都市报、湖

著名主持人敬一丹为周韶华作品《事事如意》助拍（张建军摄）

北省青少年发展基金会授予的"楚天助学爱心人士"。

周：是吗？我自己都不记得了。

黄：我们现在就来谈谈您的作品捐赠吧。如果我没记错的话，您是从二十世纪八十年代，更准确一点是"大河寻源"之后开始向有关美术馆或博物馆捐赠的。还记得第一次的捐赠吗？

周："大河寻源"画展结束后，向中国美术馆捐赠《黄河魂》《狂澜交响曲》等十件代表作。

黄：之后，您就开始不断地捐赠。

周：过去我对捐献作品有很高的积极性。大规模的是三位数，中规模的是二位数，这两类捐献有五次。

黄：第二次捐赠您还签署了相关法律文书，约定在荣成博物馆里面开设一个"周韶华艺术馆"。

2012年周韶华出资捐赠并出席常阳韶华希望小学奠基仪式（张建军摄）

周：对。因为这里毗邻大海，比较潮湿，我挑了四层楼的一个大厅，通风朝向都比较好。我出生在这里，也算是家乡养育了我，我要对家乡有一个回报。家乡早就想给我盖一个艺术馆，但我不想单独建馆，因为单独建馆不是政府行为，不是组织行为，时过境迁之后，维持下来是很麻烦的，搞不好就很容易作废了。

黄：您是如何看待艺术作品捐赠的？

周：对祖国和人民做奉献，是我六十多年革命生涯所养成的一种自觉意识，把我的重要作品捐献给国家是我多年的愿望，也是我全家的共同愿望。所以，2005年，我向中国美术馆无偿捐赠了四十六件作品，包括"大漠浩歌"系列、"大山大河"系列，加上之前捐赠的十件作品，共向中国美术馆捐赠作品五十六件，都是我各个时期的好东西。

黄：您还向哪些美术馆或单位捐赠过作品？

周：先后向武汉美术馆、陕西美术博物馆、何香凝美术馆、湖北美术

馆、岭南美术馆、中国航天员科研训练中心、湖北美术学院等都捐
献过。

黄：捐赠的数量有多少？

周：我没有统计过，少的一件，多的几十件，加起来至少有两百余件。

黄：这是截止到2016年以前？

周：对。来自于民，奉献于民！

黄：您还是很有情怀的。

周：我要把最好的东西都捐献出去，留给后代是害他们。你看看，好多画
家的子女为这个吵闹的、打架的，有的甚至还闹到了法庭。好端端的
一个家因为这个而四分五裂，老死不相往来，多可悲啊！

黄：2017年6月2日，您向中国国家画院捐赠一百六十三件作品，这是您几
十年来最大规模的艺术捐赠。此次捐赠的作品是您各个时期的创作成
果，从巨幅鸿制到精细手稿，涵盖了从1963年到最近几年的新作。是
什么促使您下这么大的决心？

周：这次决定把作品捐献给中国国家画院，是经过郑重严肃的思考，绝不

2013年周韶华向中国航天员科研训练中心捐赠作品（申西冰摄）

2017年6月2日，周韶华向中国国家画院捐赠作品（张建军摄）

是感情用事，而是运用法律手段，不但保证了作品的安全，而且还要发挥作品传播的效能。最主要的是我信任国家画院，并预见到他们将会做些什么。他们给我感受最深的是，自从国家画院新的领导集体上台后，画院整体呈现出强烈的国家意识、国家观念和国家意志，表现在对"一带一路"的顶层设计、创作谋划与艺术实践，都做得扎扎实实，有声有色，成果非凡。他们要把国家画院做大做强，与大国文化相匹配，成绩也是有目共睹的。再者，画院的研究力量很强，展示传播功能也会越做越强。我的作品落户国家画院是适得其所，它们会与国家画院同行同命运，前景必定是光明无限。并且，国家画院要在新建的陈列馆给我设馆中馆，为我成立艺术研究所，这些都是很庄重的事。

黄：中国国家画院美术研究院"周韶华艺术研究所"是否已经开始运作？

周：正在筹划中。

黄：艺术研究所的成立，将会全面地对您的艺术展开系统性研究工作，这对中国美术继承与创新、从高原走向高峰都有借鉴意义。

周：理应如此。

黄：紧接着2017年6月29日，"周韶华先生《荆楚狂歌》作品捐赠仪式"在湖北省博物馆举行。"荆楚狂歌"系列一共有多少件作品？

周："荆楚狂歌"系列共计五十五幅作品。

黄：这批作品由湖北省政府授权委托湖北省博物馆接收此次的捐赠。湖北省博物馆如何处置？是设专馆作常年陈列展出吗？

周：是的。举行这个仪式，就是公诸于众。

黄：在捐赠仪式上，时任湖北省副省长郭生练代表省政府向您表示感谢，并希望全省的广大美术工作者，向您学习，牢记社会责任，勇攀艺术高峰，创作出无愧于时代和人民的艺术精品。您也讲了话，都讲了些什么？

2017年6月29日，周韶华向湖北省政府捐赠作品（张建军摄）

周：我说自己出生于山东，是以儒家文化为代表；同时自己又长期生活在武汉，浸润在以老庄为代表的荆楚浪漫主义文化中，这两种文化在气质上有所不同，在语言形式和具体表现形式上也都不一样。所以我在"汉唐雄风"中用到了拓片，而表现荆楚文化则采用了与荆楚文化相近的色调、笔墨、造型。这两个系列既有区别，又有融通，与仰韶文化系列，一起构成了我的三大人文主义绘画系列。

黄：这批作品在您的艺术体系中占有非常重要的位置，决定捐赠是不是下了很大的决心？

周：是的，因为我在湖北战斗、工作和生活了半个多世纪，湖北是我的第二故乡。是党和人民把我培养成为一个艺术家，因此我从内心里有一种涌泉相报的感激之情。我的主心骨是为祖国和人民服务，我的艺术是属于人民的，我的创作应该表达人民的意志和愿望。

黄：您有没有考虑过，把过去不同时期的代表作都捐了出去，将来有一天您自己建美术馆或艺术馆该怎么办？

周：有想法，须许以时日。

做自己的上帝

艺术创造看似容易，实际很难，在某一方面有一点突破就是巨大的成功。纵观当下的艺术圈，就如同看戏，角儿就那么几个，更多的是跑龙套的；角儿是有自己的思想，有独特的声腔韵味和表演程式，而龙套就不需要那么费劲，跟着角儿跑，围着角儿转就有饭吃。周韶华要打破这个常规，他呼吁同仁们要艺术觉醒，不要吃别人嚼过的馍，要敢于尝试敢于创新，做自己的上帝。

黄：在中国艺术现代化的进程中，您认为哪些事件影响过艺术的进程？

周：最早唤醒美术界和整个知识界的是列强炮舰打开了中国国门，中国人民萌生了美育救国的思想。"打倒四王"和"美术革命"的口号是在这一背景下提出来的。五四新文化运动进一步唤醒了美术界，激发了科教救国的思想。一批先贤学子出国留学，认定新兴美术发展的基础在于现代美术教育。他们学成回国后都把精力集中在兴办新型美术教育上。救亡运动改变了中国美术的内容与形式。譬如鲁迅倡导的新兴版画运动和延安鲁艺都为新兴美术造就了大批骨干。如果没有新型美术教育的兴办，没有救亡运动和反内战、反饥饿运动，不可能给新中国提供如此巨大的人才资源。

回眸前五十年，新兴美术的创生是帝国主义和封建落后逼出来的。"左"的指导思想，特别是"文革"十年，给美术造成严重断层，后遗症至今可见。但是历史的前进运动常常是在"相反相成"中运行的。后来的"伤痕美术"的出现，以及像《父亲》这样观照人生的作品的诞生，尤其是美术作品多元化的出现，也是极左思想的对立物。改革开放的春风给美术繁荣营造了宽松的环境，给每个个体的发展提供了机遇。《美术思潮》的创办，遥相呼应的《中国美术报》和《江苏画刊》以及"中国画新作邀请展"在武汉举行，都催生了新潮美术，成为第三代画家崛起的摇篮。但与市场经济并行也会滋生出"拜金主义"和牺牲艺术品格的危险。图名图利，急于求成，也妨碍着美术的发展。一个清醒的艺术家，贵在自我判断和自我控制，不被物欲所诱，不被潮流所惑，始终能把握住本分，去追求应该追求的东西，做自己的上帝，永远保持常态，专心于自己的艺术事业。

黄：艺术人才的培养有赖于国家的艺术教育，您认为当下的艺术教育如何，还存在着哪些问题？

周：艺术教育为新中国提供了丰厚的人才资源，贡献巨大，正反两个方面的经验都很丰富。但时至今日，传统的美术教育模式和教学内容正面临着越来越大的冲击和检验。从发展的逻辑上讲，美术教育必须与现代化并肩同步，自觉地面向现代化和适应现代化对美术教育的需要，树立起大美术的发展观点。我认为下列问题应是思考解决的重点：

一是我们要弘扬民族哲学思想和文化精神，但是它应以什么形态进入现代社会是不容含糊其词的，这个方面的革新任务还很艰巨。

二是在科学技术日新月异，信息高速发展的时代，事实上美术将担负着改变人民的生活方式和思维方式的作用，视觉上的革命，艺术形态上的革命将应运而生，美术教育如何与科学技术相结合，也是十分紧迫的问题。

三是过去几十年对美术校型设置过于单一，忽视多元化的群雄竞争机制，在师资结构配置上也是近亲配偶与直系遗传。如在同一学校中，有老师的老师和学生的学生，不但缺乏学派竞争，而且是用单一化的风格铸造学生，用单一的标准来框正一切。

四是基础训练与创作分割，把学生的个人心理素质和艺术想象力从基础训练中排除出去，把对绘画的形式语言的认识和掌握，仅看成是将来创作时的事。不太注意引导学生对被描绘对象的各种视觉形式和表现形式做多种选择，忽视了每个学生的各方面才能的综合、平衡和协调发展，把学生束缚在老师周围，试图把学生规范为"世袭"的或复制的天才。在现代生活面前，我们要培养学生的主动精神，培养善于独立思考的开创型人才。

黄：现在的展览也是五花八门，您如何看待目前官方的展览机制？对"全国美展"寄予何种期望？

周：在现行体制下，举办五年一遇的"全国美展"，势在必行，作用不可代替。它不仅是五年一度的艺术检阅，而且也是艺术比赛的主战场。它的优点还在于没有商业气味，普遍认真对待，注重质量。如果不受某种气候影响，指导思想保持常态，大展会越办越好，从而增强其吸引力。但是偌大一个中国，五年只办一次，容量有限，使很多人失去参展机会，长期被关在美协的大门外。必须设法弥补。

我建议还应采取调选、提名选的双轨制，以保证精品入选。评委会不必全由各个艺委会大包大揽。在艺委会之外不乏德高望重的艺术权威，适当聘请几位参与，有助于提高评委会的权威性，有助于改变偏重写实类型、繁密类型、超大类型和千人一面的状况，以升华当代艺术的文化品位。作为大展的重要补充，建议充分运用社会力量合办各种学术性的中小型展览，真正扣住艺术本体，切入艺术本质。这样既减轻了大展的压力，又有利于专题研究，综合起来看，五年积累的成绩可能不亚于现在大展效果。

黄：您对当下的中国画坛怎么看？

周：说实话，当下的中国画坛，问题多多，最严重的是文化缺失。这反映在两个方面：一是有些人也讲传统，但他们没有大传统的主体文化意识，无视写意文化所需具备的文化素质，只把局部碎片视为正宗，一叶障目，不见泰山。他们把中国画同质化、同一化、定势化，把有生命的写意文化变成了僵化的套子，不仅丧失了中国画的文质，也丧失了它的有意趣的生命。艺术的特性是要强调差异性，突出个性，在艺术上搞同一性即意味着同质化、雷同化。

二是有些人把中国画的本体结构误导为物化的物理结构。不是以"道法自然""以神法道""神与物游"地"澄怀味象"，而是以冷漠的眼光，直观反映、模拟自然，把对象照相化，画照相，把意象结构、心象和超以象外的意象表现物质化、物理化，背离了写意文化的本体结构。写意的中国画家绝不是自然的附庸。由于水墨画的随机性、灵动性和偶然性，特别需要自由创造的形式化能力，需要迁想妙得和随机应变，从有限引向无限，通过幻觉、联觉趋向内省感悟，把自然作为人的表现，以呈现人的思想感情和人的本质力量，画物也是以物喻人。因此，我们特别需要以哲学的精义追问艺术的精义。

黄：我们曾谈过文化缺失问题，这里您再次谈到这个问题，可见您是非常忧心这个问题。文化缺失将会带来什么样的后果？

周：我非常忧心这个问题，因为这方面的教训太沉痛了。君不见曾创造了两河高度文明的巴比伦王国在世界地图上的消失，就是因为没有文化延续，也不知他的后人是谁；君不见曾经创造过辉煌的古代文明的埃及，也是因为没有杰出的文化传人，人们也不知道古代埃及的子孙是谁。难道文化缺失的后果还不严重吗？这种教训还不够沉痛吗？由此可见，要有文化危机感，这种危机也是亡国危机。

黄：那么，我们又该如何补上文化缺失的短板？

周：最直接也是最重要的是要找回我们的文化元典，那就是我们的先贤们创造的灿如星河的经典文化。试想，假如中国先秦没有"四书五经"等经典，没有诞生老子、孔子、孟子、庄子、屈原、韩非子、墨子等这些不落的太阳；汉唐期间如果没有司马迁、顾恺之、王羲之、展子虔、韩愈、柳宗元、李白、杜甫、王维、白居易、吴道子、阎立本、张萱、周昉、李思训、韩幹、韩滉、颜真卿、柳公权、欧阳询、褚遂良、虞世南这些历史巨人对文化的传承与创新，同巴比伦与埃及的命运会有什么两样？如果没有霍去病墓的石雕艺术，大规模汉画像石以及敦煌莫高窟、洛阳龙门石窟、大同云冈石窟、麦积山石窟、大足石窟等规模与气势宏大的石窟艺术以及唐十八陵石雕艺术，怎么会有汉唐的文化巅峰？国家文化也要看文化气象与整体文化阵容。

黄：这也正是我们文化自信的根基。想要成为民族伟大复兴的正能量，就应对照这面历史的镜子，看看我们的文化素质、艺术素质、艺术成就和精神状态是否与巨人时代相匹配。

周：没错。艺术家最需要超常的想象力、创造力和表现力。这种超常源自于何方？一般来说是源自他的学识积淀、阅历和历练、经验和天赋，包括他对人类文化的观照力，需要有多个支撑点。如杜甫诗中所言："读书破万卷，下笔如有神"，"天地入胸臆，笔下生风雷"。有感于中国画的再生、再发展，有感于对中国画人文价值的再追问，有感于主体建构的迫切需要，现在要造成一种舆论：要讨回中国主体文化精神，要为文化自觉招魂，要为中国画家进行文化充电而呼！

黄：您说过，一个当代中国画家，应能由历史连接未来，从民族通向世界，有自己的文化针对性，不是只有是民族的才是世界的，而是只有是世界的才是民族的。这该如何理解？

周：有使命感的艺术家，是把民族艺术置于当今国际背景下来思考和创作的，从充实和发展艺术的生命血气出发，应抛弃狭隘的地缘文化立场，不背民族文化优越感的包袱而故步自封，不拒绝引进，但也不盲目引进；不拒绝民族性与国际性的对接，但同时又保持和发扬民族艺术特色。通过异质文化优势互补，使本土文化获得再发展的新生机，以孕育一种以本民族文化为基石的新的东方艺术体系。二十一世纪应着力推动东方艺术西进，在民族性与国际性接通之后的新东方艺术是没有国界的。中国艺术应当具有世界性的语汇，能与世界交流，在国际背景中确立民族艺术的位置。

黄：您的社会阅历和政治经验比一般艺术家要丰富得多，我想听听您对当下艺术市场的看法。

周：对于市场这个问题，过早地炒作没什么意义，你要让历史去说话。过早地炒作反倒会有负面效果。本来大家觉得你的画不错，被你炒作炒得大家都很反感，专门挑你的毛病。不要着急，对自己要有信心，你炒它干什么。现在只要够用的，老想挣钱怎么会搞好艺术呢！

2014年夏天，周韶华在青岛刘柱昌（左）处撰写《感悟中国画学体系》书稿期间，操琴遣兴（刘敏摄）

黄：对中国当代艺术的发展您怎么看？

周：从表面上看，美术教育规模是空前的，"书画热"参与的人数之多也是空前的，各种大奖赛的金、银、铜奖得主之多，更是史无前例的。但是冷静想想，深层次的问题也令人担忧。主要有两大误区。第一大误区是艺术的商业性太重，商业操作到位，炒作更甚，而艺术品位下降。甚至很有名的画家也迎和媚俗，把绘画工艺品化，看上去像景泰蓝放大，失去了绘画语言，创意失落，文化底蕴稀薄。艺术的商业性已风靡全国，可能毁掉一代天才。现在能像李伯安那样以生命投入艺术的人太少，在这种情况下，很难生成汉唐雄风。第二个误区是模仿西洋与模仿古人。甚至某些前卫画家也在模仿而不是创造。这两种模仿都不能进入历史。

我最近看了老赫创作的一批东西，好得不得了。他新搞的这批东西，完全可以跟塔皮埃斯放在一起比高低，可以说塔皮埃斯的东西还没有老赫的东西丰富。不管怎么说，人家是初建者，毕竟走在前头。但是，老赫做的这个事情与过去相比是个大翻身。过去，我对他的意见很大，觉得他不务正业。现在他步入正途了，非常令人可喜，也非常值得期待。

黄：习近平主席提出要文化自信，落实到艺术创作上应该如何体现？

周：一个艺术家，应该既是民族的儿子，又是时代的儿子。艺术家应该通过自己的作品，提升传统文化精髓，营造民族灵魂的空间，汉唐艺术所带给我们的，不仅仅是雄浑、博大的视觉效果，它所昭示的是一种贯穿民族始终的精神，就我的作品而言，我一直力争通过对汉唐经典图式的全新表现寻找到图式背后的民族情感，并由此呼唤着一种新时代的民族自信。

2017年夏天，周韶华（左二）在老赫（左四）工作室交谈甚欢（张建军摄）

作品就是话语权

把中国画由古典形态转变为现代形态，完成图式转型和语言转换，周韶华用了三十年；让中国画具有世界语汇并走向世界，达到中国人喜欢，外国人同样喜欢，是周韶华的最大心愿，也是他矢志不渝的奋斗目标。2017年9月，在武汉与德国著名画家马库斯·吕佩尔茨的对话，让周韶华看到了目标的桅杆。

黄：2017年9月10日，您和德国著名艺术家马库斯·吕佩尔茨在美丽的东湖相遇了，策划者还取了个有意味的名字，叫"东湖会"。您是第一次与吕佩尔茨见面吗？他给您留下的第一印象是什么？

周：我和吕佩尔茨先生是第一次见面。此君风度翩翩，蓄白胡须，着黑色西服套装，上衣口袋半塞着一只手帕；镀铬雕花装饰的手杖，有巴尔扎克笔下绅士的作派。

黄：您以前了解过他吗？

周：知道一些。马库斯·吕佩尔茨是世界级的艺术家，在德国很有影响。他出生于1941年，正是炮火纷飞的年代，也恰好是我参加八路军的时间。他早年随父母从捷克逃亡到西德，年轻时生活得很惨。做过矿工、筑路工和建筑工等工作，自嘲是"灾难弃儿"。曾先后入科利菲尔德艺术学校、杜塞尔多夫美术学院习画。作为一个典型的日耳曼人，吕佩尔茨先生早期的生活经历与体验，使他理所当然地成了"新"表现主义的领头羊。

黄：正如总策展人徐勇民所言："两位艺术家还在自己的少年时期就远走他乡，经历了人类历史迄今为止最残酷且改变历史进程的战争。东方与西方由此产生了翻天覆地的社会变革。"这次与吕佩尔茨有了纪念碑式的对话，您对接下来的双个展有什么期望？

周：过去我虽在不少国家举办多次画展，但无机遇同异国代表性画家进行面对面的艺术对话，这对传播中华文化也极为不利。近有朋友促成我与德国新表现主义代表性画家马库斯·吕佩尔茨先生举行对话画展，正合我意。虽然彼此文化根源不同，但同住一个地球村，我们应平等相待，友好互惠。文化交流是人类不可缺少的精神互补。

黄：您如何看吕佩尔茨的作品？

周：尽管我和吕佩尔茨分属东方和西方绘画，但艺术观点有相通之处。他的作品中对战争的反思、对民族文化的理解比战前的表现主义更为深刻，他的作品有深度和力量，色彩肯定、不繁琐。同时，吕佩尔茨对西方当代艺术非常反感，他觉得欧洲的古希腊延续而来的文化传统相当浓郁，而当代艺术却显示出某种无知，这一点也让我想起了中国传统……

黄：9月12日，"心智地图的异像——马库斯·吕佩尔茨在中国"和"俯仰天地——周韶华"双个展在湖北美术学院美术馆盛大开幕。您在开幕式发表了致辞，讲了些什么？

2017年9月10日，周韶华与马库斯·吕佩尔茨在美丽的东湖相遇（张建军摄）

周：从二十世纪八十年代末到九十年代，我曾多次访问德国，并在德国举办画展。我在德国惊奇地发现，德国人对二战灾难深刻反思的深度与真诚，更为惊奇地发现，反思后，德国新表现主义对人类文化精神的表现有了更深刻的理解，又饱含哲思，这引起我对德国新表现主义代表人物的敬仰与尊重。他们非常尊重主观能动性是艺术创作的源动力，具体反映在文化精神上，他们对人性关怀的表现，具有忠贞不二的信仰。在二十世纪七八十年代，吕佩尔茨与伊门多夫、巴塞利茨、彭克等人以非凡的创造力创立了"新表现主义"，改变了西方美术史的地形图，因此我对德国新表现主义充满了敬意。对吕佩尔茨先生来中国办画展，到湖北武汉与我并肩办画展，与我面对面地文化交流，深感惬意，因此表示真诚的欢迎。

黄：马库斯·吕佩尔茨也发表热情洋溢的致辞。这里不妨引用他的原话："首先我要向我在中国的同事周韶华先生致敬！我昨天参观了周韶华先生的展览，我很激动，我没有想到周先生的创作还有这么多的活力，那么多新的事物在里面，他给大家做了很好的典范，是现代艺术如何源于历史、源于传统，而又可以创新的一种新的典范。我非常荣幸能和周韶华先生在同一个展厅展览，我感谢所有来宾们，而且有很多嘉宾是远道而来，我感谢他们的到来。"可见，他也非常喜欢您的作品。

周：我陪同他一起看我的作品，他看得很认真很仔细，有时在一张画前看很久。他对中国画充满好奇，并就中国画材料的使用和色彩的表达请教我，我们不时交换彼此的创作方法和艺术态度，当太多的艺术观点不谋而合，甚至惺惺相惜时，吕佩尔茨兴奋地感叹："我们真的是才见面的吗？我们像是认识了很久了！"

黄：看得出来，吕佩尔茨很欣赏您的作品和您本人？

周：对于我的作品，吕佩尔茨也提到了"传统"，他认为，只有源于传统

吕佩尔茨在周韶华作品前认真观赏（张建军摄）

才能有更好的生发。他说："周先生以中国最传统的水墨手法，完成最现代的表达，色彩、构图都是最恰当的呈现，有让人再往下看的冲动。"

黄：随后你们一起到您的艺术中心去喝茶？

周：是的，他很兴奋，很随意，也很幽默。

黄：你们交谈甚欢，像久违的老朋友，总有聊不完的话题。您还送给他一套毛笔？

周：对，他说要回去练习中国画。

黄：他邀您明年去德国办展览？

周：是，双方约定明年在德国再对话。

黄：在当今国际多元文化和全球经济一体化环境中，您认为如何突出自己的民族文化身份？

周：我觉得以下两个文化身份是当代艺术家都必须解决的大问题：第一，在批判的阅读中，博览、研究、理解、选择和运用丰厚的历史文化资源。为保持和拓展中国书画艺术的深厚传统，我是以上下五千年的文化视野，不仅从经典作品中，而且从民间实用器物中，包括仰韶陶文符号、崖画图腾符号、甲骨文、金文、汉简、汉魏碑版到晋唐以降至今的书法宝库中，去感悟和理解古人的艺术理念和它所包含的形而上文化精神。诸如："画乃吾自画，书乃吾自书"；"画为心书，书为心画"；"画外求画，书外求书"；"思接千载，视通万里"；"至大无外，至小无内"；"笔墨当随时代，风神骨气为上"，等等。真是玄之又玄，众妙之门。这是用之不竭的传统文化精神。简而言之，民族文化身份是我们的立足点。只有在这个基础上，以现代人的眼光去重新认识和阐释传统，借古开今，并以我们的文化优势与国际对话，才能真正完成具有艺术史意义的革命。

　　第二，创新，还必须吸收新的文化资源，必须用精心挑选与组织的新的符号系统去表达对现实的立场与关怀。艺术变革不但要在"视觉效果"上创造神奇，拓展传统艺术的审美境界，而且要以当代文化内涵表达新的审美感觉，以当代文化价值进入百姓生活方式。这里要强调的是，构成作品现代感与现代性的并不只限于作品的形式，而主要是看艺术家在作品中呈现出来的主体观念与当代人文精神。所谓当代文化身份，就是要站在当代先进文化的发展前沿。检验画家的是作品，作品就是话语权，一切都在作品的不言中。

黄：画家要创作出好作品，就必须要深入生活，要感悟其内在精神，不然创作的作品就是很表面化的。

周：没错。在观察自然时，不要忘记它是人与自然的交流与对话，是人通过自然在观照自身。因此，要从自然中领悟出天地人和的艺术哲理来，创作主体的心灵要与自然界神交，找到契合点，才有迁想妙

周韶华向吕佩尔茨介绍毛笔的性能（张建军摄）

得可言。因为我们追求的绝不是自然的复制品，所追求的是自然与人的艺术灵魂，故要悟出自然美的属性与人的心灵相和谐的那种关系。根本问题在于吃透这些关系，画感受、画想象、画幻觉。譬如我画黄河是以黄河的性格和灵魂画黄河，以黄河的精神气概去画黄河。即使画的是一点一线，黄河精神自然生；不悟此理，虽然画的是壶口、龙门，也是徒有躯壳，黄河精神安在？我的全部"大河寻源"的作品统统都由黄河精神率领和塑造，故而所有的作品都具黄河气象，就是体验的结果。

黄：看来，要想成为一个艺术家，除了深入生活，观照历史，还必须具有文化素养和感悟力。

周：对。中国画是一个文化载体，是讲文以载道，讲诗情画意的；是讲迁想妙得，讲意境的，是写意文化。同时，艺术是生命与存在的最终表现形式和最高表现形式，艺术的终极目的在于表现和证明自己的独特的存在。艺术是艺术家对生命与存在的独特直觉把握的最自在的倾诉，它与媚俗、麻木、冷漠是格格不入的。这个也就是自己的精神境界，民族的精神境界，这个东西没有，画里头就会干巴巴的，就会显得没有文化底蕴，这是一个非常严重的问题。我们要从一个大的时代背景看，面对当前中国画的再发展、对大传统的再继承来应对这一紧迫问题。传统是上下五千年中华文明的内在精神，这个里头丰厚无比，沉雄博大，不能把它萎缩在一个狭小的圈子里去论传统。

黄：有人说，周韶华的高度已不在中国画坛上，他是二十一世纪新时期中国文化的启蒙者。对此，您怎么看？

周：不敢领受。不过，艺术是社会变革的先导，一个民族的文化复兴，艺术必然是它的亮点。西方的艺术从文艺复兴起，就担负着领导时代潮流的责任，艺术能够唤醒民众，教化民众。因而宗教、政党都会利用艺术的这种呼唤、教化作用来引导民众。文艺复兴这个火炬的核心是提倡人性解放，但真正放出火花的是艺术，艺术方面出现了几位巨匠，使历史出现跨越式的进步。当代中国文化正处在全球范围的国际性文化交流的大环境中，人类精神文化的广泛性和深刻性与民族文化的优势互补关系已显而易见，一个民族的艺术要想得到振兴发展，必须吸收其他文化先进的、科学的、有益的成分，经过异质同构，使民族艺术获得新生命，关起门来自成一家的思想只能使艺术僵化，对民族艺术的发展是不利的。

黄：回顾您的艺术人生，什么让您最为珍视？

周：我认为最重要的是主体意识的觉醒。二十世纪七十年代中期以后，我把自己作为建构现代艺术的一员，全身心投入到建构新东方艺术形态的探索中而殚精竭虑。因而我的艺术追求，首先明确的是鲜明的文化针对性。一个当代画家要想事业有成，必须明确自己的课题，扣住课题，解决课题，有一条合乎逻辑的推进轨迹，在艺术手段的运用上，保持某种一贯性，绝不游离于本当解决的课题之外。一旦文化定位了，不屈从于时尚的压力，也不分心去干扰别人，尽可能不与别人争论，各人搞各人的，咬定青山不放松。我的路就是这样一步一步地走过来的。从多维治艺到抱一治艺，力排功名利禄这些杂念，厚积薄发。宋代的陆九渊说："易简工夫终久大，支离事业竟浮沉。"老子说，"少则得，多则惑"，此即所谓"圣人抱一为天下式"，让欣赏者看到作品，瞬间就能"道击目存"，这大体上可以概括我的艺术观念与方法论。

黄：您将年届九十，回顾过去，什么让您最开心？

周：当小八路，开始了真正的人生；选择了美术事业，未虚度此生。我有幸活到现在，活到改革开放的年代，为新的高度文明建设服务，为建构盛世文化服务，实在是三生有幸。在思想解放、社会转型期，能站在时代前沿，对中国画领域最敏感问题的探索，用我的生命直观体验对中国画新发展的追问，秉承着极强的使命感把传承与革新的双重任务担当起来，为中国画的新发展，进行了数十年的艰难探索。抓住这一历史机遇，不仅仅是对个人艺术风格变化范畴的探索，也是对整个新时期中国画发展的关注，对东方绘画美学作出新的解释。追问时代与历史，追问生命与艺术，追问人类文化与社会种种解答的大融合。这一切都涉及对当代国画界关于中国画革新的回答——革新无止境，永远在路上。

黄：您现在的身体状况和精神状态怎么样？

周：借用曹孟德的话："老骥伏枥，志在千里。"

黄：您对未来的中国画艺术有什么样的期待？

周：从十九世纪到二十世纪，西方艺术占据了世界的空间。跨入二十一世纪，历史正在揭开新的篇章。我们正在走向知识经济和信息高速时代，理应把中国文化放在与全球文化的交流中去建构新的东方艺术大风格，不但具有凝聚民族心灵的向心力，而且要有播散全球的辐射力，推动中国艺术的国际化进程。相信中国画艺术会伴随中华民族伟大复兴而走向辉煌！

附　录

周韶华《铁壁江山》（局部）

附录一：

横向移植与隔代遗传

——1985年1月31日在香港中文大学的演讲

周韶华

先生们、同学们：

你们好！我同你们的心情一样，都很关注当代中国艺术的现代建构。在这方面我们有许多共识。以现代中国水墨画的创新而论，我以为这首先是在当代意识烛照下的革新。当代意识就是开放、变革、包容、传承、创新、自主，既要与传统一脉相承，又要除旧布新同西方互补，这样才能建成新的东方艺术体系。起初由蔡元培先生倡导，由林风眠先生主持的国立杭州艺专，其一翼是搞传统的很传统，另一翼是搞现代的很现代，两翼并飞，走出来好几位艺术大师，就是开放包容的最有力的佐证。这是一种大视野、大格局思维的结果。一切有创意的画家，都不是千人一面，他们都必须有各自的解题方案，找到各自与传统勾连的线索，选准东方与西方融合的具体接合部位。这是最核心的关系到艺术本体的问题。艺术上的创新与突破，要在前所未有的艺术空白点上进行，要有文化针对性地进行，要拟定出文化进取的目标，去做前人没有做或前人未达到之事，这样变革才能生效。

我的创新选择有两条：一条是上接传统，下连现代，反对近亲繁殖，主张隔代遗传，上溯汉唐以远；另一条是在东西方之间跨越，主张移花接木，横向移植，又不倾倒于西方，是择优交融。遗传也好，移植也好，都必须在艺术本体上解决勾连与融合（的问题）。无非是图式换型、语言转换，解题方案不能离开艺术本体语言这个基本点，这是我自己始终守住的最根本的立足点。

我一贯怀有这样的信念：任何东西都不能代替创造，作品就是力量，画家要通过作品来实现自己的革新诺言。因为作品不但是作者的修养的结晶，是他的审美观念的体现，而且作者与读者也是通过创造意识和接受意识共同作用于作品的价值。无疑这同画家要学者化有关，画家不能不学无术。只有艺术实践与理论研究双轨同步，才能引导自己上下五千年、纵横数万里地对待艺术，（才）能够贯通古今，融汇中西，把民族精神与时代契合起来，这其中最需要的是独立自主精神和独创性的创造意识。在这个基础上才有实质性的革新创造。

我常常听到人们议论说，某人是本世纪画坛的天才，某人是巨匠，某人是大师云云。巨匠大师是后人认可的，是由历史筛选出来的。因为后人不受人际关系的影响，只有他们的创作和对美术史所做的贡献，经过几代人有口皆碑来认定。创造性是这些艺术家的基本特征，自主性是这些艺术家的灵魂。

然而，几乎所有的艺术家在他还没有成气候以前，最紧要的问题还是夯实好基础，养成实力，而这又取决于他们把已经积累的经验能吸收综合到什么发力点上。因为传统与创新怎样勾连，东方与西方艺术如何融合，不但困扰着所有的艺术家，并且也是每个后学者必须回答的问题。要么是不可避免地经受根深蒂固的传统模式的影响，要么就在西方文化冲击下沉浮。如何在传统精神与现代精神之间找到契合点，如何把东方与西方的艺术语言综合起来，在吸收东西方文化精华的基础上开辟自己的新路，当代画家无一例外地都面临这一挑战。

那么，当代中国绘画艺术应该向何处发展？是仍然滞留在固有的传统躯壳之中，或是全盘西化，抑或是把古代与现代、东方与西方、具象与抽象进行新的综合、交融呢？这些问题，从五四新文化运动以来，即各执一词，众说纷纭。新文化运动的最大功绩是搅动了封建文化的一潭死水，使凝固不变的保守观念受到冲击，推动了现代艺术的不断发展。现在回眸这段历史，仍然不失其现实意义。

二十世纪中国画的发展变革，是在列强的军舰大炮打开中国国门声中，在外患内乱声中拉开帷幕的。鸦片战争、甲午海战、辛亥革命、五四新文化运动、北洋军阀混战、九一八事变、卢沟桥事变，这些事件都牵动着中国的社会变革，催动着中国向现代转型，美术也不例外。由于这个大背景的种种作用，中国画坛分化为"古今情结"和"中西情结"两大翼。"古今情结"坚持借古开今，继往开来，主义（张）十分明确；"中西情结"坚持"中西融汇"，坚持中国画从古典形态转变为现代形态，这一翼的旗帜也十分鲜明。

前者以陈师曾为导论，吴昌硕、齐白石、黄宾虹、潘天寿为代表；后者以康有为、陈独秀为导论，高剑父、徐悲鸿、林风眠为代表，两大脉络分道扬镳，都为振兴中国画做出了卓越的贡献。

坚持中西融汇、中西之变、借它山之石攻玉的，是"戊戌变法"的揭竿人物康有为。他率先揭起批判传统文人画的大旗，猛烈抨击"王画"（四王），批判明清复古作风，张扬西方古典主义写实画风，推崇拉斐尔，认为未来的中国画"当以郎世宁为太祖"。康有为此举的进步性在于敲开了大一统的封闭大门，鼓吹引进。但他是个政治上的代表人物，对于美术是个"老外"，全盘抹杀中国画的传统精华，把艺术引向误区，其负面效应（主张）有较长时间的消极影响。

1918年，《新青年》发表了由李澄（吕澄）致函陈独秀作答的《美术革命》檄文，把声讨传统文人画推上了高峰。陈独秀说："若想把中国画改良，首先要革王画的命。因为改良中国画，断不能不有用洋画的写实精神。"陈独秀推动美术革命，是其发动新文化运动的必然逻辑。他以反对封建主义文化思想为背景，对推进中国文化走向现代功不可没。但是他着眼于政治，将艺术问题简单化，也有全盘西化的误导。

五四新文化运动的革命风暴席卷美术界，在二十世纪三十年代前叶。中国画因新旧对立、中西对立，（使得主张）改造中国画的价值观和（主张）维护中国画的正宗本位（的派别），两翼相对，各走各的路。当时为"美术革命"鸣锣开道的文化人都是声望很高的，继康有为、陈独秀之后的还有梁启超、蔡元培、鲁迅等，他们都大声疾呼，站在新兴美术一边。但真正能深入艺术本体、分析到位并能兼容并蓄的是徐悲鸿和林风眠，他们开创了中国画的新风貌，并且已经看出其发展远景是乐观的。

针对贬斥文人画为"恶画"，"衰败"之风甚烈的情况，陈师曾起而反驳，他写了一篇针锋相对的很有说服力的文章《文人画之价值》。这篇文章对文人画的艺术本质进行了阐发，着眼于艺术规律，对艺术批评的价值标准也有指导意义。陈文认为，"绘画在本质上是性灵的，是思想的，是活动的，不是机械的"，说明绘画是以抒写"性灵感想"为宗旨的。他上溯老庄盛行的六朝，说："当时文化含有超世界之思想，欲脱离物质之束缚，发挥自由之情致，寄托高旷清静之境"，由是创造借物抒情的文人画，岂能任意抹杀？陈师曾不仅是大画家，而且也是史论家，他对魏晋新风，对当时最富于感性、真正抒情的"纯"艺术有很深的理解，从理论上树起了中国画借古开今的旗帜，为中国画在传统基础上向前推进提供了理论基础。

在吴昌硕和齐白石之后，成就卓然的是黄宾虹先生。他在全面整理中国画史、画论的基础上，独尊笔墨为中国画的本体和准则，视笔墨为中国画的神经和骨肉。他一以贯之，锲而不舍，在绘画中，把线的艺术高度纯粹化，一味在笔墨中见功力、见风神。他虽不尚造型结构，然情态风骨完全渗透在笔墨之中，把饶有生命的线条作为中国画特有的造型手段和基础。中国画的笔墨，其实既是形式语言，又是审美内容；既是艺术技巧，又是画家人格力量或个性的反映，是艺术语言长期进化的结晶。他主张笔墨就是中国画的本体，认为"国画民族性，非笔墨之中无所见"，"穷笔墨之微奥……此大家之画也"。他一生坚持在"笔墨"二字上打江山，终于打下一方天地，成为二十世纪一位极有实力的巨匠。

潘天寿先生与吴昌硕、齐白石、黄宾虹既相近又不相似，他的不同处是：不但能连接历史，也能注重现在和未来。他针对古典文人画气质柔弱、逃遁现实的弊病，背反阴柔美学体系，高扬阳刚美学主张，把传统的文人画推向现代，以大格局的艺术思维，恢宏的民族气魄，综合性的艺术才能，具有铸造力的手笔，"力屈万夫，韵高千古"的气度非凡的情思，给水墨画注入时代的风神，是文人画在二十世纪的最后一位登峰造极的巨人。

从二十世纪初到九十年代，有关中西画关系的不同意见之争从来没有停止过。据有关方面提供的资料，最典型的是1947年国立北平艺专几位中国画教授与校长徐悲鸿的公开对抗。从五十年代潘天寿先生主持浙江美术学院后对中国画自身传统的强调上看，可以说潘先生是这一时期对抗中国画西化倾向的主帅。在潘先生的心目中，中西画各有其自身产生的社会背景与历史条件，各有自己的最高成就，不能互相取代，它们"就像两大高峰，对峙于欧亚两大陆之间"，两者之间尽可以互取所长，以为两峰增加高度和宽度，但两者"不能随随便便吸收，否则，非但不能增加两峰的高度与宽度，反而可能减去自己的高阔，将两峰拉平，失去了各自的独特风格……中国绘画如果画得同西洋画差不多，实无异于中国画的自我取消"。基于他的识见与决定，浙江美术学院改变了以素描为唯一造型基础课的方针，不再套用西画教学模式，而按人物、山水、花鸟三大类分科设教，从而在实际上形成了与徐悲鸿奠基的中央美术学院中国画系在学术上的对峙局面。有意思的是，浙江美术学院是"借古开今"与"中西融汇"两种体系的交汇点，先由林风眠在这里播下"中西融汇"的种子，后由潘天寿在这里张扬传统文化精神，二者合流，在该校生根开花结果，培养出像李可染、赵无极、熊秉明、朱德群、董希文、彦涵、吴冠中等一批有影响的新型大画家。这本身就胜于雄辩地证明"交融"与"传承"在分道扬镳中推进了二十世纪中国画的发展。

回顾二十世纪中国画坛（它）的最大特点是两翼并进，相辅相成，互为促动，有得有失，失中有得。此中的经验与教训对我思考艺术变革都是宝贵的精神财富。

为什么提出横向移植与隔代遗传？依我的孤陋之见，在当代中国画坛上，凡能独树一帜的，都兼有中西两个方面的文化修养，并能把古代传统与现代精神结合起来，进行直的和横的立体合成，把东西方艺术熔铸一炉并统一于民族美学基础之上，他们凭此而出人头地。这个经验是十分值得重视的。所以说当代艺术不仅要以未来意识作支配，同时也是联结在传统之上的和东西方优势互补的结果，短了哪一条腿都有片面性。不过，必须要强调另一点，即一切艺术的观照都要受到民族性的制约，中国画的审美观照的民族性，是艺术生命的本原。中国画的民族性是艺术生成的母胎。中国画的民族性是在长期的历史环境中积淀和孕育的，是在中国人的社会实践和审美实践中发展起来的，它有自己独立的民族品格，是民族精神的火炬。我们要以开阔的视野和现代人的精神去认识和运用传统，不以陈腐的观念来保守传统。要提倡新的发展观，开辟新思路，创造新方法、新样式。

在我们中国，还有一个不可忽略的事实，那就是由于清王朝的腐败，（中华民族）近百年来沦为一个长期受压迫受歧视的民族，中国文化在国际上的传播受到了严重的压抑。这里有西方人的偏见，他们甚至认为中国没有系统的美学，对中国艺术不甚了解。这种不公正的状况使一切有爱国心的中国人都无法忍受。民族自尊心在呼唤我们的责任心，唤起我们振兴中华、使中华民族艺术屹立于世界民族之林的抱负。然而，我们也不可因此而变得气量狭窄，更不可有民族片面性心理，以为中国传统的一切都好。封建宗法残余思想、保守思想就很不好！宗法思想决不容忍"标新立异"。保守思想也是一个超封闭的视界，他们的视界是一个僵硬的视界，把一切看成是凝固不变的东西。宗法思想、保守思想把大一统的追求视为中华文化的至高无上的标准，不能容忍另辟蹊径、别开生面者。我们是现代中国人，要有大胸襟，要有大视野，不抱成见地去取人之长，补己之短，谁好就学谁，以优化自身的文化构成，拓展自身文化精神的疆界。从汉唐开辟丝绸之路以来，外来艺术对中国就有若干次较大的冲击，结果是好得很，不是糟得很，给中国艺术注入了新鲜血液。所以，比起古人来，我们现代人更应有胆有识，不管是哪个民族，凡是人类创造的优秀文化都应去吸收，从宏观的角度思考和寻求有利于中国现代艺术发展的道路，把目光注向未来。我们要敢于承认，在五四（新文化）运动中，美术是滞后的，几乎是默默无闻的。尽管蔡元培先生曾大声疾呼

"文化运动不要忘了美育"，但事实正像他后来所说的，"我曾经很费了些心血去写过些文章，提倡人民对于美育的注意，当时很多人加以讨论，结果无非是纸上空谈"。美术之所以没有产生像欧洲文艺复兴时期那种势头，远远不及新文学运动的影响，我想主要是因为当时的美术界的思想还处在昏睡未醒的状态，传统文化包袱背得太重，缺乏振臂一呼的先驱或代表人物，现代审美意识还未形成，一个超稳定的封闭系统还未（被）真正触动。

有鉴于此，放眼未来，追求审美意识的不断更新，是天经地义的和理所当然的。借鉴西方无疑是件好事，"它山之石，可以攻玉"嘛！当然一切吸收都是为了创造自己的艺术，模仿西洋新的不能代替继承中国旧的，任何模仿都不能代替创造，借鉴西方也不应走向否定自己的文化传统。未来与传统、东方与西方不是不可沟通的。诸位可以想一想，现代有哪一位大画家不是兼容并蓄的？西方的画家已把视野延伸到东方和南方，中国的前辈飘洋过海，留学西方，才出现了绘画的现代浪潮。不论是排斥传统还是排斥西方，不论是食古不化还是盲目崇洋，都会使当代艺术出现断裂。怎样保持未来与传统、东方与西方艺术既联结渗透又分化独立，是民族的但不守旧，是现代的又不变为洋相，这是当代艺术家都要面对的挑战。

朋友们，我们应充分尊重各个艺术家的自由选择和艺术创作的自由，鼓励艺术的多样性和艺术个性的发展。有比赛，有竞争，有不同的学派，才会有进步。你可以不喜欢某种学派，但无权反对别人尊崇这一学派。比方说，有人硬是要反其道而行之，有的人坚持要在传统的基础上翻新出奇，有的人坚持对西方艺术先引进后消化，有的则坚持中西合璧而又沿着民族精神的轨迹创新，有的坚持固守传统，都无不可，让社会自然选择，各有其生存发展的空间。不论是以书法为基础，或以素描为基础，或以色彩为基础，还是以新材料、新技术为基础，一切探索都有一个演进生成过程，不可求全责备，不妨并立包容。不可企图用大一统的模式排斥和压制另一种方式，搞一花独放，唯我独尊。不论个人在艺术上选择哪一条路，我们都应从整体上包容多种可能性，站在历史高度去思考中国艺术的发展前途，以创造既拥有民族传统又富于时代精神的中国现代艺术新体系，个人都以创造个人的艺术风格为目标。我认为，优生学的基本理念，物种遗传和变异对我们是很有启发意义的。直系遗传和近亲繁殖，会使物种退化。在同一个学校中，老师的老师和学生的学生共处一堂不是件好事，艺术上的直接继承和彼此过于接近，就会相互淹没，互相吃掉，会变得千篇一律，面目雷同。如前所述，为使未来与传统不致断裂、不致僵化的最大张力是横向移植与隔代遗传。

所谓隔代遗传，就是指把传统的与现代的做间隔跳跃连接，这就是要跳过元明清以近的传统，把借鉴的触角伸向宋、唐和晋魏六朝以远，驰骋于汉、秦、楚、周、殷，直至仰韶文化的活水源头，把传统文化的精华与现代精神结合起来。这是一个丰厚无比的、更加辉煌的大传统，更值得挖掘和弘扬的文化资源。它对于陈陈相因的弊病是能够产生巨大冲击力的。这里不是说文人画不好，不需要再继承了，而是大家在大一统的模式里重复了几百年，同走一根独木桥，它的负面效应已显而易见。近800年文人画的势头如此之大，以致席卷了一切试图创新超越的思想，走到了它的极端。什么事情到了尽头，到了顶点，就应思考"山外有山，天外有天"，开辟更为广阔的多条路线。只有咬破文人画的茧子，张开双翅，才能飞向含弘光大的蓝天。

所谓横向移植，即不单考虑到当代艺术越是民族的越有世界意义，而且还考虑到越有世界性的东西就越应用全人类的智慧来丰富充实民族性，闭关自守不利于民族艺术的再生发展。我所指的把东西方艺术的两条线要接上头，进行移花接木和杂交、渗透，当然不是简单化地在中国画中注入西洋画的某些因素，还包括吸收全人类的智慧，把（利用）各种姐妹艺术的多种因素和民间艺术因素，包括现代科学技术给予我们的启示以及新材料、新工具可能提供的一切手段。麦克鲁汉说："在一种媒体之中装上另一种媒体时，不但有更大的传达效果，同时对于人类的感觉亦有其根本的益处。"一种技巧的创造，将预示着艺术家的新的自我发现和自我确立，也可能是艺术家风格形成的基础。创作作品和判断作品都是从语言基础结构开始的，世界有多么丰富和复杂，语言就有多么丰富而复杂，关键是要从横向去寻觅，去开发，这样才能把道路拓展得很开阔。举例来说，清末民初中国京剧作为集大成的艺术，是吸收了汉戏、徽波子、昆曲、梆子等艺术特点而形成的。而发明照相技术以后，进而发明创造了电影艺术和电视这些划时代的艺术样式，把电子技术引进乐器产生了电子乐器，使音乐得到了深广的普及，无疑这是一场革命。还有，把书法领域的理论和实践方法转移到中国画中，也丰富了文人画的写意精神和笔墨神韵，最典型的是吴昌硕把古篆石鼓文引进中国画，发展了减笔大写意。中西绘画两种不同造型观的差异，经过交融就有可能产生更大突破。把科学技术以及新的工具媒材渗透到艺术中来，必将开拓意想不到的新领域。自创的技巧更能适应艺术家自身精神生活的表现，艺术技巧是画家特有的"嗓音"和自己设计的唱腔。因之可以说艺术风格也是艺术技巧成熟的结晶。各门造型艺术的技巧是永远也开发不完的，如果以为开发完了，那这门艺术也就停止了生命活力，这时它也就成为历史的陈迹。我们就是要自觉地把东方的点线结构与西方的团块结构，把东方的心灵情感性内涵与西方的理性特质加以融合，并且纳入精神和情感的强烈表现之中，物化为新的样式，这很可能成为当代中国艺术发展的一股大潮。艺术的发展大体上是沿着纵横交叉，既综合混交又分化独立的复合结构进行的。它总是以真知卓识和创造性为动力，车轮滚滚地向前发展。

二十一世纪，将是开发创造的世纪，只有创造才有可能成为东方的世纪。

（依据）种种理由，可以认为二十一世纪三十年代前后，中国将会以一个现代化的强国崛起于世界。伴随着中国的现代化，新的文艺复兴也会水到渠成。不管我是否能看到，一个具有新东方文化形态的艺术，肯定会以其划时代的风姿呈现于后来人的面前。处在跨世纪时期的我们这一代画家，任重道远，在宏观上要考虑新的东方文化形态、新艺术图式的建构，为新的文艺复兴准备好条件，在微观上要为自身的发展打下雄厚的基础。我们这一代人要做的事，从总体上说，就是要站在跨世纪的高处，承前启后，继往开来，发时代之先声，用现代形态的作品说话，为建构新的东方艺术而添砖加瓦。

祝大家事业有成。谢谢各位！

本文原载于《美术思潮》1985年6月第3期，2005年元月重校附录二：

再论全方位观照①

周韶华

　　人的创造才能是不可限量的，但是惯性定势的约束却是朝气蓬勃的创造力的最大杀手。艺术家只有在发现中、在创造中、在追求中才能刷新自己的思维，开阔自己的视野，迈出前进的步伐，实现生命的价值。因此，原创性最可贵，在艺术史上能迈出第一步的人是最伟大的。

　　世界上第一个把眼睛叫作"心灵之窗"的先哲是画家达·芬奇。从十五世纪到现在，科学技术发生了历史性的飞跃，射电望远镜已把人的肉眼视力向外延伸到百亿光年之外，向内窥见了生命的基因结构；电脑把人脑的部分功率扩大了数亿倍，并且开始代替人的部分智能活动。人创造发展了自身的机制，人也必然会能动地改变自己偏狭的艺术观，从惯性的种种束缚中解脱出来，创造出更加晶莹的智慧之果。"双眼自将秋水洗，一生不受古人欺。"倘要超然邈出，而又能提挈一画的全篇，潜入深处，洞察入微，又能提炼出一画之眼，那就得深入研究艺术掌握世界的方式，包括图式转型、语言翻新，最大限度地高扬主体功能。

上篇（指《全方位观照简论》，以下称《简论》）主要是从宏观上讲，艺术创造要有大格局思维，一是接通天、地、人的整体关系，一画能通向大宇宙；二是能综合古今中外。本篇侧重从微观上讲，要扣住艺术本体，解决图式换型、语言转换，把中国画从古典形态转变为现代形态，强调艺术的个性化与独创性。上下篇的这两个侧重点是"全方位观照"要解决的基本课题。

在直面未来社会的赛跑中，我们是多么需要学识渊博、胸怀宽广、见闻广博、认识透彻的艺术家啊！有了这样的艺术家群体，才会真正出现本质意义上的现代文艺复兴。如果只把我们的目光局限在五尺身躯左右，斤斤于不到三寸长的笔头之上，不是放眼于现代化，不是着眼于全局，视线长度没有超出于几十里的大气层以外，那么，我们就无法从狭隘的、封闭的和极端浅陋的境地中解脱出来。在现代化的社会中，艺术家极其需要把自己的感官窗户都打开，以发展接收最新信息的机能，让感觉力、记忆力、思考力、决断力、想象力，在领略世界奥妙和揭开世界秘密上显示自己的机智，充分发挥精神上的那种超脱的和飞跃的能力。因此，很有必要对艺术掌握世界的方式进行深入的反思和探讨，以适应艺术结构不断更新的趋势，创造更加灿烂的社会主义艺术。

艺术品既然是创造力的产物，那么，对于一切想要创新的探索者来说，突破点就在空白点上。就应在前人未曾考虑过的边沿问题上大做文章，努力探索人没有走过的道路，或者说在他们没有达到终点的路上，运用想象力把新的元素渗透进去。这样，才会在未来出现一系列意想不到的新发展，迎来社会主义艺术的黄金时代。

但是，艺术上得失互相抵消的状况是令人厌烦的。例如，以往的师承关系是老师与学生之间的相互抵消，重复的无效性，牺牲还不够惨重吗？这不但淹没了老师艺术创造的光彩，而且也埋没了学生自立的品格。艺术创造就像广阔天地能使人心情舒畅，精神放松一样，而拥挤的空间，大家都重复着说同样的话，就会使人疲劳和感觉麻木。还有，一个人一旦成了名，他不是把已经达到的目标看作是正在消失的环节，不把自我否定看作是新的肯定的起点，而是出于某种考虑，恐怕丢掉什么，于是就包装自己或不断地自我重复。毋庸讳言，这也是一种自我抵消。这种种现象同充满着创造活力的我们这个时代，是根本不相容的。

抛开其他原因不说，我觉得这种现象的存在，最根本的还是没有把自己从封闭的惯性系统里解放出来，没有从更深的层次上想一想。艺术的生命力就在于创造，在于有个性、有特色，在于有艺术品格的独立性。要创造，就要用自己的慧眼看世界，用自己的头脑想问题，用自己的艺术方式去把握世界。如果画家不对自己采取"塑我毁我"，既肯定又否定的辩证态度，安于守成，习惯于既成的模式，不正视当代审美意识的深刻变革，那就难免被不断更新的艺术洪流所淹没。

仅以艺术掌握世界的方法而论，我们是不是老是在既成的体系中打转转，而缺乏与现代世界相适应的开拓性的、扩展性的、多层次的、展望更大更远的一种宏观的时空观念呢？应该承认，把自己的视角仅仅局限在三度空间的范围内，只看到和想到与画内有关的事物与事物之间的距离、方向、比例关系上，极其忽略与画外的联系，忽略主体观照的能动性，这至少是缺乏现代意识吧。

人类对空间和时间的观念和认识发展到何种程度，在艺术上就要相应把握到什么程度。空间展望的可能性，将日益变为空间占有的现实性。这里所说的空间，是指艺术的真空空间、艺术的边沿地带、艺术创新的处女地。

　　宇宙是深邃的、无边无际的，时间的长度也是无始无终的。我们就是生活在这样一个永恒的世界中，它在本质上是运动的、无限的。艺术空间还是很多很多，也是无限的，大家不必拥挤在一个狭小的角落里，都走一根独木桥。怎样把宇宙意识、时空观念化为潜意识，并且把它渗透到绘画中去，这就接触到创造心理学的精髓和核心的问题，也是我近几年常在思考的课题之一。随着人化自然环境的日益扩大，人们对空间的亲切感将与日俱增。从广义上说，世界上没有不在空间和时间中运动的物质，也没有离开物质运动的空间和时间，作为物质存在形式的空间和时间是无限的，时间和空间也是不可分离的。如同恩格斯所说："一切存在的基本形式是空间和时间。"从狭义上说，每一个具体对象在空间和时间上又都是有限的，可以直观的。无限的宇宙空间和时间又是由这种无数有限的空间和时间所构成的。一切生命又都是物质、能量、信息的一种特殊的组合形态。宏观与微观、主体和客体、内在世界和外在世界之间，有一种比历史更原始的同构对应关系。在如此广袤无垠的空间中，画家可以找到许多异质同构关系，有多少选择性就有多少创造性，有多少创造性就有多少可能性。

　　在绘画艺术的创造过程中，如何把握人的自我创造、自我肯定，这是远比眼前所见的物象更为高级的形态。因此，我们应想到肉眼看不见的那些东西，并在笔下渗透其意念，绝对不应忘记天、地、人是一个统一整体，天、地、人要呼应交通。马克思说："自然就它本身不是人的身体而言，是人的无机的身体。人靠自然界生活。这就是说，自然界是人为了不致死亡而必须与之形影不离的身体。说人的物质生活和精神生活同自然界不可分离，这就等于说，自然界同自己本身不可分离，因为人是自然界的一部分。"人作为有生命力的自然存在物，不但不能脱离自然这一无所不包的对象世界，而且要依赖它表现和证实自己的本质力量。"人只有凭借现实的、感性的对象才能表现自己的生命。"（马克思语）在大宇宙中，潜藏着揭示人的本质力量的无限可能性，大宇宙是创造美的无限可能性的母胎。"美必须是被发现的"，这话说得不错。但是对美的更高层次的掌握，只有通过空间结构和时间结构、物体结构和心灵结构才能体现出来，并且也只有借助于天、地、人的整体联系才能圆满地实现。进而言之，艺术家只有在对形象的把握和创造过程中观照自己，认识自己，肯定自己，才能发现人的本质力量，才能找到物我内在联系的统一性。虽然我们画的是个别事物，是眼前景物经过选择的分离切面，表现的是具体对象的特性，是物体固有色或光反射和光干扰所形成的效应，不论是具象的还是意象的，它们都不能自处于或分离于宇宙时空，即使画的是一点一线、一草一木，也都应通向大宇宙心灵。

画家掌握世界的特点，是在审美体验的基础上，以绘画表现的眼光在对象世界中看到了由点、线、面或色彩构成的美的形象，触发了诗情画意的灵感，感受意象化、生活艺术化，即美感心理物态化。他不仅发现了美的内容，而且获得了最适合于表现的艺术形式和传达手段。凡是与艺术表现挂不起钩来的生活感受，就没有进入审美感受的殿堂，因而也就难以按照美的规律去创造。

虽然文人画曾给予我很深的恩惠，但是冷静一想，大家都跻身于文人画这个圈子，就难免过于拥挤，在狭小的空间里互相碰撞。难道中国画就只有此路一条吗？有道是："真工不囿方原则，大道时逢左右源。"有鉴于此，我便产生隔代遗传和横向移植的念头。

前面讲过，西安是我的一个起步点，它有半坡的仰韶文化、商周文化、秦汉文化以及十三朝古都遗迹。我从1980年至1983年，曾先后4次去西安做穿越漫长历史年代的旅行。在上下五千年的西行考察中，我深深地被古代艺术宝库所显示的创造力所震撼。东方人的艺术思维和艺术方法，自古以来就是宇宙大思维、天人合一的整观思维，"全方位观照"的思维，所以说西安是对我改变艺术掌握世界方式的唤醒。

人类突破远古鸿蒙进入文明初期的仰韶彩陶，线条的流动如云似水、回旋不已，显示出人类童年的浑朴、天真，具有一种不可复现的美。青铜时代所展示的方圆世界，则以数学和力学般的崇高，象征着天地人的威严。如何让这些凝结着奇异天真、浑莽威猛和充满自豪的古代智慧同现代审美观衔接起来，与表现现代思想情感相吻合，创造我们社会主义时代的新的中国画？这就不能不考虑当代艺术把握世界应取什么方式。西行寻源不仅是要创作《大河寻源》组画，也是去寻找掌握世界的方式，找到创作与理论思考这一双轨同步、绘画语言与艺术精神双向推进的轨迹，古代与现代接头的线索。它是"全方位观照"论产生与形成的源头活水。

当原始先民和动物还没有自觉区分开来的这一混沌时期，天、地、人和"鬼"、兽、禽是纷然共处的。在这种原始生态条件下，只能产生最原始的浑然一片的空间观念。在氏族社会，只会有以氏族历史为长度的时间观念。只是由于生产的发展，人们才从二度空间冲出来，从此确立了以人为中心，从人的群居地点这个中心向四方开发。只有在这个时候才能产生多层次的空间观念——五方观念（前、后、左、右、中）。对空间的分割和对三度空间的认识，无疑只有在生产不断发展和科技进步的基础上才有可能。

我们正处在向现代化的信息社会腾飞的社会主义时代，人类已开始在宇宙空间紧张地进行各项科研活动，探索宇宙奥秘和生命起源，不断开辟科学研究的新疆域，这是在更高级的层次上认识空间和时间的统一。人类的这一巨大进步，必将推动艺术在掌握世界的方式上有更大的突破。我国艺术与西方艺术不同的地方，表现在一个重"心"、重"我"，一个重"物"、重"理"。我国艺术的生成是与民族的审美意识、民族心理有着血缘关系的。它讲究心领神会，讲画外之旨、弦外之音，不在形似而求传神，认为心灵世界是远比皮相的真实更为深刻的生活，表现心灵世界是艺术的更高目的，认为心灵的节奏与自然环境有着密切的关系。所以，我们在提倡认识论和反映论的同时，还要认真研究东方艺术的表现论，依据艺术自身的特殊规律，高扬主体功能的力度和强度。如《易经》所云："形而上者谓之道，形而下者谓之器。"

我在上文（《简论》）中已经提到，再现生活并不是艺术的真正目的，艺术创造是精神生活的需要，艺术的最高表现是生命与精神。我们可以运用审美功能去实现功利目的，然而美育是更深层次的道德规范，不认识审美功能的深远意义，就会沦为题材的奴隶。艺术表现是人类最复杂的情感的凝聚、高级智慧的结晶，是人的自我创造的高级形态。艺术美感是其他知识和思维所不能代替的和无与伦比的精神享受。这不是一般意义上的精神享受，不是一般的赏心悦目、陶冶性情、调节心理与生理的平衡，而是对于生命力的追求，是人的生命力的升华，是追求高尚的情操，是对人生价值的肯定。艺术美感是人在对象世界中直观自身的强烈要求，表现自己的对象化的本质力量。在这个范畴里，艺术美感具有比思想更深刻的意义，可以说"美是真理的光辉"。因此，艺术的巨大感染力将作为艺术家毕生追求的目标，艺术价值将升格，审美要求的领域将不断扩大。不仅对艺术品，而且还包括对工业产品、生活环境等各个方面，都会要求美术社会化、美术实用化。美术要覆盖整个社会生活，社会生活的一切方面都应按照美的规律去创造，全社会就是一个"大美术"。

时空把握当然包括历史的把握。作为全方位观照的纵的方面，必须确立宏伟的历史观。自从到西安瞻仰了碑林，特别是看了霍去病墓等古迹，（我）激动得心潮难平。我觉得艺术的最高境界，是其深邃的历史感和哲理性，再没有比这更能发人深思，让人回味的了。绘画不仅要画那些让人看得见的东西，而且应该暗示出引人品味的想得到的东西，具有虽然看不见但可意会得到的画外广延性。我到生活中去，一是注意对客观对象的比较，例如，看泰山就与华山相比较，以找出这一个与那一个各自不同的特征，注意表现强化它们各自不同的性格特征；二是注意做历史的考察，以便窥见隐藏在对象底层的含义。当然，这些都还是比较偏重于理性的观察把握，而审美的体验的重要问题是去解决情与景的交融、意与境的沟通，从历史的宏观上寻求主观世界与时代精神的更深契合。侧重点是注重审美感受，画感受，而不是被动地去图解生活、说明事件，把艺术降低为某种概念的符号。

我还觉得，作为一个现代的中国画家，他的观察思维方式应当是思接千载、视通万里、气包洪荒的开放型的崭新的系统。尤其重要的是，要有现代人的审美意识和世界观，能从整体上把握世界，领会自然的气势和力量，从本质上把握和体现民族精神和时代豪情。如同上文（《简论》）所述，全方位观照，"其基本含义就是天、地、人融贯一体，过去、现在、未来联成一片，把对整体的宏观把握渗透到形象底蕴的精微表现上，把纵向、横向和多层次的观察与想象联结起来，表现生命与灵气，呈现物我的精神之光，揭示我们时代的动力，激发人民创造历史的主动精神"。这是时代的召唤，也是中国画创新的根本问题。

全方位观照的落脚点是开发创作主体的创新冲动和燃烧的激情，是对生命运动和对意象神韵的把握。以书法为基础的中国画的空间构造和韵律观，具有永久的艺术魅力。如果我们再加以敢于大胆借鉴外国艺术的现代语言，那么，中国画就必将以更新的面貌高耸于世界艺术之林。这就要看个人的综合能力了。

注：①在《大河寻源记》里，我曾初步勾画了"全方位观照"的轮廓。1983年在荆州"楚文化审美特征"美学讨论会上又做了进一步发挥。1984年为《江苏画刊》写成《全方位观照简论》，本文就是在原来的基础上，又做了一些增补，故称"再论"。

本文于1984年12月1日写成，1985年发表于《美术思潮》试刊号，2005年元月重新校订

附录三:

周韶华艺术年表

黄诚忠　编撰

1929年　（己巳）1岁

【时代背景】

蒋桂战争爆发。

中国左翼美术家联盟在上海成立。

齐白石65岁、傅抱石25岁、石鲁10岁、吴冠中10岁、马蒂斯60岁、毕加索48岁。

●10月，出生于山东荣成一个贫苦的渔民家庭，原名周景治。

●是年父亲周业茂去朝鲜谋生，生死不明。

1937年　（丁丑）8岁

【时代背景】

卢沟桥事变，全民族抗日战争爆发。

第二届全国美术展在南京举行。

●夏，母亲张玉镯病逝。

1940年 （庚辰）11岁
【时代背景】

八路军在华北地区向日军发起百团大战。

●春，逃荒到大连西岗蛋糕厂当童工。

军旅生涯（1929—1949）

1941年 （辛巳）12岁
【时代背景】

太平洋战争爆发。

●1月，参加八路军山东纵队第五支队二团；次年开始从事战地美术宣传工作。

1946年 （丙戌）17岁
【时代背景】

蒋介石发动内战。

吴冠中通过本年度留学生考试。

●加入中国共产党；改名周韶华。

1947年 （丁亥）18岁
【时代背景】

刘邓野战军挺进中原。

徐悲鸿在北平发表演讲《世界艺术之没落与中国艺术之复兴》。

●8月，因在诱敌深入作战中机智勇敢，荣立一等功。

1948年　（戊子）19岁

【时代背景】

中国人民解放军取得辽沈、淮海、平津三大战役的胜利。

12月30日，毛泽东为新华社撰写新年献词《将革命进行到底》。

●秋，进入中原大学新闻系学习。

●是年，创作的第一件作品《买辣椒》发表在当时的《新华画报》上。

1949年　（己丑）20岁

【时代背景】

10月1日，中华人民共和国成立。

中华全国文学艺术界联合会成立。

中华全国美术工作者协会（简称全国美协）成立。

●夏，武汉解放，先就职于中南局宣传部出版科美术组；后被推荐到中原大学美术系学习。

艺术苦旅（1950—1979）

1950年　（庚寅）21岁

【时代背景】

土地改革、镇压反革命运动在全国开展。

国立北平艺专与华北大学三部合并为中央美术学院，徐悲鸿任院长。

吴冠中从法国回到中国，在中央美术学院预科教素描。

● 从中原大学美术系毕业，分配到湖北省文学艺术界联合会任秘书、美术组长。

1954年 （甲午）25岁

【时代背景】

全国人大一次会议通过《中华人民共和国宪法》。

《美术》杂志创刊。全国首次国画展在北京举行。

● 担任湖北省美术工作室（湖北省美术家协会前身）副主任，主要从事水彩画创作。

● 是年，与王秉华结婚。

1956年 （丙申）27岁

【时代背景】

4月，毛泽东提出"在艺术上百花齐放，学术上百家争鸣"的方针。

《人民日报》发表社论《发展国画艺术》。

第二届全国国画展览会在北京举行。

● 以笔名海啸在《美术》1956年第11期发表《为美术工作者呼吁》一文。

● 协助师群筹建武汉美术家协会（1982年改为中国美协湖北分会，1993年改为湖北省美术家协会）。

1957年 （丁酉）28岁

【时代背景】

北京中国画院成立。

反右派斗争在全国展开。

德国艺术家在杜塞尔多夫组成"零社"。

● 任武汉美术家协会副秘书长、会员工作部主任。
● 是年，在反右派斗争中受到批判。

1958年 （戊戌）29岁
【时代背景】
中国第一座新石器时代文化遗址博物馆（西安半坡村遗址文物）开放。
5月，中共中央向全国发出"大跃进"号召，开展全民大炼钢铁运动。

● 与张善平、徐松安合作完成中国画《全民动员大炼钢铁》《就地取材》等，其中，《全民动员大炼钢铁》入选庆祝新中国成立十周年全国美展；《就地取材》发表在《美术》1960年第1期。

1961年 （辛丑）32岁
【时代背景】
中共八届九中全会以后，农业生产得到恢复与发展。
中宣部颁布《关于当前文学艺术工作的意见》，即"文艺八条"。
"山河新貌——江苏中国画家写生作品展览"在北京举行。

● 创作水彩画《茶山之歌》和水粉画《暮上巴峡》等作品，其中《茶山之歌》作为代表作品，发表在《美术》1962年第1期。

1962年 （壬寅）33岁
【时代背景】
敦煌艺术展览会在上海举行。

沃霍尔作《玛丽莲·梦露》系列。

●是年，创作了中国画《满载落霞归渔村》，标志着正式转入中国画创作。

1963年　（癸卯）34岁
【时代背景】

"日本现代现实主义绘画展览"在北京举行；后移至上海展出。

马丁·路德·金在林肯纪念堂前发表《我有一个梦想》的演说。

●与刘纲纪合作文章《略论中国画的笔墨与推陈出新》，在《美术》1963年第2期和第3期发表。

1966年　（丙午）37岁
【时代背景】

《美术》杂志停刊。

赵无极在欧洲举办回顾展，瓦萨列里、莱莉等人作光效应绘画。

●被打入"牛棚"，集中在黄陂兵营搞"斗、批、改"。

1970年　（庚戌）41岁
【时代背景】

"长征一号"运载火箭成功发射。

吴冠中下放到河北获鹿县李村接受"再教育"，参加劳动。

●下放到湖北郧阳地区锻炼。在此期间，拍照片、画速写，积累素材。
●得知李可染在丹江口干校劳动改造，偷偷跑去看望，被军代表挡在门外。

1971年　（辛亥）42岁

【时代背景】

中国成功发射第一颗科学实验人造卫星"实践一号"。

● 担任郧阳地委宣传部副部长、文教卫党委书记。
● 是年秋，接到湖北省革委会文化组通知，为纪念毛主席《在延安文艺座谈会上的讲话》发表30周年创作重大主题作品；当即到郧县百泉公社铁佛寺模范民兵哨所采风，构思创作《高山红哨》。

1972年　（壬子）43岁

【时代背景】

西汉早期墓葬在湖南长沙市郊的马王堆出土。

美国总统尼克松访华。

● 是年春，作品《高山红哨》以郧阳地区工农兵美术创作组的名义参加了"湖北省纪念毛主席《在延安文艺座谈会上的讲话》发表30周年美术作品展览"，也是"文革"十年间唯一一张参展作品。

1977年　（丁巳）48岁

【时代背景】

全国恢复高考制度。

吴冠中为中国革命历史博物馆创作油画《长江三峡》。

● 借调中国美协，在《美术》杂志社当编辑。

1978年 （戊午）49岁

【时代背景】

中共中央召开十一届三中全会。

中国文联恢复工作，各协会筹备组成立。

《罗丹艺术论》出版。

● 调回武汉，任湖北省美术院院长。

● 当选中国美术家协会武汉分会副主席，兼任秘书长。

1979年 （己未）50岁

【时代背景】

中华人民共和国与美利坚合众国建交。

"珂勒惠支版画展览"在北京举行。

● 春，与何溶同志肯定和发表了吴冠中的文章《绘画的形式美》（《美术》1979年第5期），在全国美术界引起很大震动，具有转折性历史意义。

● 10月，出席在北京召开的文艺工作者第四次全国代表大会，邓小平代表党中央、国务院致辞。

● 11月，在中国美术家协会第三次会员代表大会上当选为理事。

新潮激荡（1980—1989）

1980年 （庚申）51岁

【时代背景】

两伊战争爆发。

庆祝中华人民共和国成立30周年全国美展开幕。

● 开始酝酿创作"大河寻源"组画。这一创作的初衷是呼唤民族大灵魂，以示对改革开放的拥护。

【相关链接】

秋季，开始第一次黄河万里行，从武汉途经郑州、西安、临汾、吉县、龙门、壶口、咸阳、绥德、佳县、榆林等地，往返于晋陕峡谷。在西安重点参观了碑林博物馆和霍去病墓石雕，深受震撼，孕育出"大河寻源"的母题。

1981年 （辛酉）52岁

【时代背景】

长江葛洲坝水利枢纽工程——大江截流胜利完成。

"波士顿博物馆美国名画原作展"在中国美术馆展出。

● 文章《前事不忘，后事之师》发表在《美术》1981年第1期。
● 夏秋之交，开始第二次黄河万里行。
● 策划组织"湖北十人中国画联展"，在成都、西安、北京、天津等地展出。
● 人民美术出版社出版《周韶华画辑》。

【相关链接】

第二次黄河万里行。从武汉途经郑州、东平，直至黄河入海口，然后折回西安、华山、芮城永乐宫、永济、运城、韩城、吉县、宜川、黄陵、延安、吴堡、绥德、米脂、佳县、榆林、河曲等地，在晋陕峡谷重点考察黄河人文景观和自然景观，重点放在对黄河文化的考察。

1982年 （壬戌）53岁

【时代背景】

"美国哈默藏画500年名画原作展览"在中国美术馆开幕。

"法国250年（1620—1870）绘画展览"在北京开幕。

●春，与何溶一同发现并推荐发表了彭德的《审美是美术的唯一功能》，在全国美术界引起很大震动。

●6月，邀请何溶、叶朗、沈鹏、贾方舟、彭德、陈云岗、茹桂、陈博萍、鲁慕迅、陈方既、皮道坚等在湖北神农架举行美术创作研讨会。这是"文革"后全国美术理论界的首次集结。

●夏季，第三次黄河万里行。深入体会仰韶文化、汉魏唐文化。其革新中国画的主张受到美术界的关注。

●是年，创作《黄河魂》《古观星台》等作品。

【相关链接】

第三次黄河万里行，从武汉途经西安、宝鸡、西宁、青海湖、玛多、鄂陵湖、雅拉达泽山、共和、湟中、循化、西宁、武威、张掖、酒泉、玉门、刘家峡、炳灵寺、银川、包头、呼和浩特、大同、云冈、太原、北京、山海关等地。

1983年 （癸亥）54岁

【时代背景】

毕加索绘画原作展览、张大千画展、赵无极画展先后在中国美术馆举行。

●春，与秦征、李可染、刘秉江等出访日本。

●春夏之交，第四次黄河寻源。

●7月，"大河寻源——周韶华画展"在北京中国美术馆展出，在中国画坛引起轰动。随后转至南京、郑州、武汉，此展成为中国画创新的一个新起点，也由此掀起了中国画创新浪潮。

【相关链接】

周韶华第四次黄河万里行，从武汉途经郑州、龙门、壶口、三门峡等地。中央电视台和湖北电视台播出专题片《周韶华与大河寻源》，获全国银奖，并向国际上作了宣传。

1984年　（甲子）55岁

【时代背景】

"德国绘画杰作展"（19世纪末至20世纪初）在北京展出。

第六届全国美术作品展览，分画种在九个展区同时开幕。

● 任第六届全国美展评委，参加评选国画作品。

● 6月，撰写的《全方位观照简论》刊登于《江苏画刊》1984年第6期，并被《新华文摘》评为年度六大新论。

● 夏，国画《黄河魂》获第六届湖北省美展金奖；（10月）全国美展铜奖。

● 10月，策划并组织的"中西美学与艺术比较讨论会"在汉阳晴川饭店开幕，会议由中华全国美学学会、湖北省美学学会、湖北省文学艺术界联合会、武汉大学、华中师范学院和武汉建材学院联合举办，周韶华主持，刘纲纪致开幕词。参加开幕式的还有王朝闻、蒋孔阳、伍蠡甫、洪毅然、李尔重、石川，以及武汉地区的美学工作者等100多人。此举是为美术创新寻找理论基础。

1985年　（乙丑）56岁

【时代背景】

"'85新空间"展览在浙江美术学院陈列馆开幕。

● 策划创办理论刊物《美术思潮》正式出版发行；撰写的《再论全方位观照》发表于《美术思潮》试刊号。

●在香港中文大学作《横向移植与隔代遗传》演讲（发表于《美术思潮》第3期）。

●5月，在中国美术家协会第四次会员代表大会上当选为常务理事。

●策划组织举办"湖北中国画新作邀请展"，成为改革开放后首次全国性的中国画创新集中展示。

1986年 （丙寅）57岁

【时代背景】

国家实施"863"计划，即国家高技术研究发展计划。

"全国美术理论会"在山东烟台召开。

●5—7月，第二次长江万里行。

●策划组织举办"湖北青年艺术节"，在28个场地同时开幕，盛况空前；武汉因此成为"'85美术新潮"的"震源重镇"。

●楚迟、周韶华《横断山行答客问》在《美术》1986年11期发表。

【相关链接】

周韶华第二次长江万里行，从武汉途经长沙、贵阳、昆明、路南石林、楚雄、大理、洱海、丽江到金沙江、虎跳峡、剑川、大研镇、泸沽湖、玉龙雪山和哈巴山、中甸、德钦、泸水、腾冲、畹町、瑞丽、西盟、澜沧江、孟连、阿瓦山、景洪、思茅、个旧、文山等地回到昆明。此次横断山之行，与邵学海、景高地等合拍电视文化评论片《横断山的启示》。此片在中央电视台首播，并获得全国新时期十年改革题材优秀电视节目专题片二等奖。

1988年　（戊辰）59岁

【时代背景】

中国画研究院、中国美协主办北京国际水墨画展及学术研讨会。

- 1月，"周韶华水墨画展"在台北三原色艺术中心展出。
- 9月，"周韶华画展"在德国汉堡展出，并作《创新之路》演讲。
- 11月，"周韶华画展"在瑞士日内瓦展出。
- 文章《自主选择与自我完善》在《美术》第11期和第12期发表。

风云再起（1990—1999）

1990年　（庚午）61岁

【时代背景】

南非政府无条件释放曼德拉。

全国美协工作会议在北京召开。

- 在故乡山东荣城市举办个人画展，并向荣城市人民政府捐赠84幅作品。

1993年　（癸酉）64岁

【时代背景】

"法国罗丹艺术大展"在中国美术馆进行。

"第45届国际威尼斯双年展"在意大利威尼斯举行。

- 2月，组织、主持、参加北京国际艺苑"'93之春水墨观摹展"。
- 7月，应邀赴奥地利参加第三届国际艺术节，是亚洲唯一被邀请去举办个展的画家，作品被誉为"新东方象征主义"。

1994年 （甲戌）65岁

【时代背景】

三峡工程正式开工。

"马克·夏加尔画展"在中国美术馆举行。

●5月，"世纪风第二回展"在合肥、南京巡展。

●夏季，西行帕米尔高原，从武汉途径兰州、嘉峪关、哈密、吐鲁番到乌鲁木齐，然后分南疆、北疆深入，横跨塔克拉玛干和古尔班通古特大沙漠，南至塔什库尔干的红其拉甫，北至阿勒泰的喀纳斯湖，西至阿拉山口。总行程20000公里。

1995年 （乙亥）66岁

【时代背景】

京九铁路全线铺通。

●5—6月，"世纪风第二回展"在北京中国美术馆展出，后在青岛等地巡展。

●11月，到印尼万隆举办"周韶华画展"；访问新加坡以及中国香港、中国澳门地区。

《美术文献——周韶华专辑》（1985年第5期）由湖北美术出版社出版。

1996年 （丙子）67岁

【时代背景】

董建华当选首任香港特别行政区行政长官。

"德国收藏家路德维希捐赠国际艺术品展览"在中国美术馆开幕。

●7月，到中国台北举办"周韶华现代水墨画展"。

●11月，赴日本名古屋艺术大学洋画系授课。

1998年　（戊寅）69岁

【时代背景】

长江发生全流域性特大洪水。

"上海国际水墨画双年展"；"第一届深圳水墨双年展"。

● 4—6月，"周韶华从艺50周年回顾展"先后在深圳、武汉、济南展出。

●《周韶华画选》由山东美术出版社出版。

1999年　（已卯）70岁

【时代背景】

中国政府对澳门恢复行使主权，建立澳门特别行政区。

"中华文明五千年艺术展"在美国纽约所罗门古根海姆博物馆展出。

● 6月，妻子王秉华因病去世。

● 8月，到波兰彼得库夫出席第三届国际美术创作会。

● 11月，参加吴冠中艺术研讨会，发言盛赞吴冠中，发言稿被刊登在《光明日报》上。

世纪华采（2000—2009）

2000年　（庚辰）71岁

【时代背景】

上海举行"海上—上海"双年展。

深圳举办"水墨都市——第二届深圳国际水墨双年展"。

● 4月，在成都四川省美术馆举办个展。

● 5月，在兰州举办个展，并在西北师大举办讲座；后到甘南、尕海、玛曲等地采风。

● 6月，在西安举办"周韶华现代水墨画新作展"，在西安美术学院举办讲座；后去银川举办个展，并到贺兰山、西夏陵园等地采风。9月，在烟台美术馆举办个展。

● 是年，创作中国画《征服大漠》系列（2007年后更名为《大漠浩歌》系列，8尺7幅）。

2001年 （辛巳）72岁

【时代背景】

9月11日，美国世贸中心遭遇恐怖袭击。

"百年中国画展"在中国美术馆举行。

● 1月，随文化部组团访问欧洲八国（法国、意大利、荷兰、比利时、卢森堡、摩洛哥、德国、梵蒂冈），并在联合国教科文组织总部举办画展。

● 2月，创作《大山大河》系列。

● 3月，"周韶华60年艺术探索展"在武汉开展，随后到广州、上海、沈阳、北京等地巡展。

● 3月，《周韶华艺术探索集》出版。

2002年 （壬午）73岁

【时代背景】

上海赢得2010年世博会主办权。

● 4月，举办"周韶华书法艺术展"；《周韶华书法艺术集》由河南美术出版社出版。

● 9月，为家乡山东荣成市博物馆"周韶华艺术馆"无偿捐赠精品力作39件。

● 10月，在美国旧金山举办"周韶华艺术展"。马克·海都曼市长授予周韶华荣誉市民证书。

2003年 （癸未）74岁

【时代背景】

WHO发布SARS（严重急性呼吸综合征）全球警报。

伊拉克战争爆发。

●1月，《中国近现代名家画集·周韶华》由人民美术出版社出版。

●4月，成立"周韶华艺术工作室"。

●5月，《周韶华·梦溯仰韶画集》出版。

●7月，在江苏常州刘海粟美术馆举办"梦溯仰韶·山河壮丽"画展。

●9月，在韩国首尔举办"周韶华画展"。

2004年 （甲申）75岁

【时代背景】

西气东输工程全线建成并正式运营。

●2月，在中科大举办"周韶华当代水墨探索展"，同月，第一期中国画高级研修班在中科大开班。

●3月，"梦溯仰韶——周韶华画展"在北京炎黄艺术馆展出，随后到汕头、厦门、深圳巡展。

●是年，创作中国画"汉唐雄风"系列作品，完成大幅作品20余件，小幅作品30余件。

2005年 （乙酉）76岁

【时代背景】

"2005毕加索北京艺术大展暨毕加索时尚艺术季"在北京皇城艺术馆开幕。

●1月，开始筹备"汉唐雄风——周韶华新作巡回展"，先后在武汉、南京、杭州、上海、成都、西安、石家庄、北京、济南巡展。

●4月，《周韶华汉唐雄风画集》由湖北美术出版社出版。

●9月，率湖北画家代表团赴韩国举行"中韩美术交流展"。

●12月，在北京举办"汉唐雄风暨周韶华捐赠作品展"，向中国美术馆捐赠作品46件。

2006年　（丙戌）77岁

【时代背景】

三峡大坝全线建成。

中国画研究院正式更名为中国国家画院。

●1月，赴湖北省博物馆、荆州博物馆、荆门博物馆、湖南省博物馆收集楚文化素材，为创作"荆楚狂歌"做准备。

●4月，被聘为北京大学艺术学院驻校艺术家。

●9月，受聘国家画院院委，成立周韶华山水画工作室。

●10月，"77抒怀——周韶华画展"先后在威海、泰安展出。

●11月，"荆楚狂歌——周韶华画展"在北京国家博物馆展出；《荆楚狂歌——2006周韶华新作集》由人民美术出版社出版。

2007年　（丁亥）78岁

【时代背景】

世界夏季特殊奥林匹克运动会在上海举行。

第52届威尼斯双年展开幕。

●1月，"77抒怀——周韶华画展"在湖北美术学院美术馆展出。

●4月，"山河交响——周韶华新水墨画展"在湖南省美术馆展出。

●7月，赴威海刘公岛封闭式创作"大海之子"系列作品。

●11月，"荆楚狂歌——周韶华画展"作为第八届中国艺术节展示项目，在湖北省美术馆展出。

2008年　（戊子）79岁

【时代背景】

北京举办2008夏季奥运会。

改革开放30周年。

●2月，获湖北省人民政府授予"终身成就艺术家"称号。

●10月，"黄河·长江·大海——周韶华艺术三部曲"在湖北省美术馆展出。

2009年　（已丑）80岁

【时代背景】

中华人民共和国成立60周年。

●6月，《周韶华全集》编委会成立，刘骁纯任总主编，鲁虹任执行主编。

●12月，"大风吹宇宙"画展在武汉美术馆展出。

韶华不老（2010至今）

2010年　（庚寅）81岁

【时代背景】

中国2010年上海世界博览会开园仪式在上海世博中心举行。

吴冠中在北京逝世，享年91岁。

●3月，在江西景德镇和婺源召开《周韶华全集》编委会第二次会议，商定了有关编辑计划。

●4月，在中国台北举办"山河呼唤——周韶华画展"。

●12月，《周韶华全集》由湖北美术出版社出版。

2011年 （辛卯）82岁

【时代背景】

中国共产党成立90周年。

辛亥革命100周年。

●4月，中央电视台《大家》栏目播出《周韶华·浩气写大美》。

●4月，在北京国家图书馆举行《周韶华全集》（八卷）首发式与画展开幕式。

●夏秋，全力投入书法艺术创作。

●11月，正式办理离休手续。

2012年 （壬辰）83岁

【时代背景】

中国共产党第十八次全国代表大会在北京召开。

莫言获诺贝尔文学奖。

●1月，《天人交响——周韶华书法艺术》（上下卷）由湖北美术出版社出版。

●2月，"天人交响——周韶华书法艺术展"在湖北省美术馆展出。

●3月，周韶华艺术中心成立。

●5月，周韶华艺术中心正式启动，并举办了"与时互动——2012周韶华艺术展"。

●10月，"赤子情怀——周韶华新作欣赏会"在周韶华艺术中心举行。

●11月，参加文化部组织的"书画认知与管理"研讨会，并在湖南长沙举办画展。

2013年（癸巳）84岁

【时代背景】

中国（上海）自由贸易试验区正式开始运行。

● 9月，由中华人民共和国文化部、中国文学艺术界联合会、上海市人民政府、湖北省人民政府联合主办的"神游东方——周韶华艺术大展"在上海中华艺术宫举行，展出作品130余幅。

● 11月，向中国航天员科研训练中心捐赠作品《神游星空》，航天员聂海胜代表中心接受捐赠并向周韶华颁发收藏荣誉证书。

2014年 （甲午）85岁

【时代背景】

APEC会议领导人峰会在北京怀柔雁栖湖举行。

国家设立"南京大屠杀死难者国家公祭日"。

● 4月，受邀参加由中国美术家协会、中国国家画院主办的第四届"长安论坛"，并在论坛上讲话。

● 5月，应中央美术学院邀请，在中央美术学院举办《追寻大美》的学术讲座。

● 8月，湖北省人民政府新闻办公室举行周韶华、唐小禾先进事迹媒体采访会。

● 9月，"天人交响——周韶华作品展"在俄罗斯国立东方艺术博物馆举行。

● 12月，周韶华著《感悟中国画学体系》由湖北美术出版社出版。

2015年 （乙未）86岁

【时代背景】

中国北京、张家口获得2022年第24届冬季奥林匹克运动会主办权。

中国人民抗日战争暨世界反法西斯战争胜利70周年。

● 1月，赴京出席"百花迎春——中国文学艺术界2015春节大联欢"晚会。
● 10月，"国风归来——周韶华艺术作品展"在书画频道美术馆开展。

2016年 （丙申）87岁

【时代背景】

英国脱欧公投决定脱离欧盟。

首届丝绸之路（敦煌）国际文化博览会在敦煌举行。

● 3月，"大美山河——周韶华艺术精品展"在武汉博物馆开幕。
● 9月，"八八顽童——2016年周韶华新作展"在汤湖美术馆开幕。

2017年 （丁酉）88岁

【时代背景】

"一带一路"国际合作高峰论坛（BRF）在北京举行。

中国共产党第十九次全国代表大会在北京召开。

● 6月，向中国国家画院捐赠作品163幅。
● 7月，向湖北省博物馆捐赠"荆楚狂歌"系列作品55幅。
● 9月，湖北美术学院在武汉举行"周韶华与吕佩尔茨——东湖会"；并举办"心智地图的异像——吕佩尔茨在中国"与"俯仰天地——周韶华画展"双个展。

后记

　　一个杰出的艺术家往往也是备受争议的，有时候越是优秀越是被争议得厉害！因为他们是另辟蹊径，所呈现的陌生语言与图式会让一些习惯于公共化、常规化、习惯化艺术兴趣的人们，甚至使一些训练有素的评论家也不知所措，一时难以认同，而恰恰就是这些陌生的语言与图式引领一个新的时代审美。周韶华就是这样一位有影响且有争议的艺术家。自二十世纪八十年代初，他的"大河寻源"横空出世以来，学术界对他的关注和争论一直没有停止过，参与者与研究者更是数不胜数。在我看来，对于同样的事情，每个人都会有不同的解读，正如一千个读者就有一千个哈姆雷特一样。但我想做的，只是遵从自己的内心，做自己认为对的事情，不会因为别人的好恶而有所改变。

　　不错，是有很多美术评论家为周韶华撰写过文章，而这些文章多侧重于对周韶华某一时期或某一阶段画作的理论研究，对于周先生为什么要穷天极地的对道的观照，在荒无人烟处体味宇宙沧桑；为什么他对历史兴衰的忧患意识如此强烈，在体验人生的大甘大苦后仍能义无反顾地走艺术革新之路，如此等等，多半是浅尝辄止。我说这话是有依据的：我曾拜读过不少理论名家评论周韶华的文章，这些文章多是以专业艺术点评家的角度对周先生不同阶段画作的分析，非常技术化和专业化，缺失了一些我想看见的东西。我，甚至是读者，想要知道的不仅仅是一个画家怎么作画，还想知道他是从哪里来，要到哪里去，想知道他的生活阅历和心路历程，还想知道他是怎样不断地突破自我局限，又不断地开拓心灵世界，以及从小我世界跨越到大我世界并摸索出一套对艺术形式内涵的创造性转型的全过程。我想，这对每一个想了解周韶华或想从事艺术革新的朋友来说，都是具有启发意义的。所以，走近周韶华，感知他的思绪，聆听他的故事，体悟他的喜怒哀乐，既是一种好奇，更是一种幸运。对于读者来说，一个艺术大家的形象也会更加立体，其作品的艺术内涵也会更容易被濡化于心。

如今美术界有一个很奇特的现象：理论家知道的越来越宽博，研究的却越来越细节；而艺术家研究的越来越广泛，知道的却越来越浮浅。一些艺术家表面上看八面玲珑风光无限，其实思维和内心是封闭的，只专注于自己感兴趣的那一片天地，把看似无关的一切排除在外，从而失去了纵观全局的眼光，陶醉在狭小的自我世界里。一些理论家又多以西方理论来观照中国水墨，总是绕来绕去，却难以抓住问题的本质，即使受过良好教育的圈外人，也会被弄得一头雾水，对艺术的认识变得愈加困难。曾几何时，前所未有的收藏热潮引发的却是集体性无知的蔓延，缺少行业操守的管理者，在鱼龙混杂的艺术市场面前显得束手无策。这也难怪，国家的快速发展使不少人拥有了大量财富，他们就像是青少年遭遇突如其来的青春期一样心神不定，不知所措，在茫茫艺术市场里乱冲乱撞。于是我想，能否在艺术家与普罗大众之间架起一座桥梁，将艺术领域内的专业知识转化为通俗的表达方式，让普通民众听得懂、看得清，打破艺术门槛与需求之间的隔阂？这便是这本访谈录的出发点。

在这本访谈录中，我采用最直接的对话方式，力求多维度展现周韶华的艺术人生。周先生的一生是由涂鸦到爱好，由业余到专业，由水彩到水墨，由传统笔墨到革新转型构成的。年青时的周韶华和一般人没有大的区别，活泼好动，充满幻想。可自从他踏进专业门槛的那天起，就把艺术的事儿变成了人生的事儿，变成一种文化担当和提升精神境界的事儿。在中国艺术史中，没有哪一个艺术家像他那样执着，把对生命的思考、对历史的思考、对现实的思考、对民族复兴的思考，变成艺术革新唯一的主题。而且，为破解这个主题，从八十年代到九十年代，十数年间，他以每年平均行程数千公里的记录，把足迹留在了九百六十万平方公里的山山水水之中。从这千山万水中，他感悟到民族大灵魂的内在动力，把自己的思想情感交融在艺术生命的本体之中。在周韶华看来，走前人没有走过的路，走别人不愿意走或不敢走的路，在没有路的地方行走才是行路的宗旨，也是探索艺术的秘诀。面对险山恶水，周先生的投入无异于把生命交给喜怒无常的大自然。当然，他也在博大无比的造物主的胸襟中，寻找到民族与时代所推崇的浩然之气和艺术的活水源头，为中国画变革开辟了一条属于他自己也属于这个时代的创新途径。

与齐白石、黄宾虹、林风眠、徐悲鸿、傅抱石、潘天寿、李可染、吴冠中等先生不同，这些艺术大师们或成名于民国，或受教于西方，而周韶华则是土生土长的，是共和国自己培养出来的艺术家。我们从他的艺术人生中可以看出，一个杰出的艺术家是由多面支撑的：倘若没有苦难的童年经历，没有战争的烽火洗礼，没有生活的摔打磨砺，没有艰难的溯源跋涉，没有宿命的文化坚守，周先生的艺术人生可能会是另外一种样子。正是有了一般人没有的阅历，并在长期的隐忍和抗争中集聚能量，他的思想才如此的独立，他的使命才如此的强烈，他的艺术才如此的超群。回望中国现当代艺术史，周先生无疑是一位富有转折意义的艺术家，并以其独树一帜的艺术实践和艺术理论，确立了自己在中国画坛上的独立地位。他对中国美术的最大贡献是将传统中国画向现代水墨画转型，特别是将色彩引入到中国水墨画中——尽管不是第一个引入者——但绝对是运用色彩最为成功者之一——使单一的水墨有了无限的生机。周先生所创作的那一幅幅饱满、浓烈、响亮、大气逼人的意象世界，即使和西方印象派大师的作品放在一起也毫不逊色。

同时，周先生的为人处世也是超群的。在这个物欲横流的现实社会里，他不受外界的任何干扰，能够神定气闲，如入无人之境，在自己思想掘出的隧道里锐意前行，最终达到了将艺术和人生融为一体的境界。在行进过程中，来自体制内和体制外的各种干扰不断地袭扰他、质疑他和中伤他，但所有这些并没有把他扭曲成一个睚眦必报的凶神，相反，周先生面对质疑与不解，以及那些他曾经帮助过的对立者，表现得是那样轻松、那样温润、那样宽容。这让我们感受到他的品格力量，让我们看到了一种大美的境界，"它不在视觉的形式上，而在心灵的和谐上，在一种让生命活出了无滞无碍的圆融里"。

在此，我要向周韶华先生表达最诚挚的谢意，是他给了我访谈和受教育的机会，使我认识到何为博大与高尚。我要由衷地感谢张晓凌先生为本书作序，他那璧坐玑驰的文笔为拙作增辉添彩。感谢刘光霞、贾廷峰、黄筠、刘柱昌、胡书忏等好友的一路支持；感谢刘骁纯、殷双喜、鲁虹、张延风等先生的热情鼓励；感谢吴军和、张建军等为本书提供宝贵的文献资料；感谢邱蕊、熊冬城帮忙整理录音资料；感谢吴国全、何金菊为本书精美设计所付出的心血。还要感谢汪文中夫妇为我撰写初稿时所提供的优美环境和食宿；更要感谢我的家人一如既往的理解与支持，没有她们的辛勤付出，我是不可能完成这项工作的。

从《画坛大家——众家评说周韶华》到《吴冠中与周韶华——艺术作品比较鉴赏》，再到《问道——周韶华访谈录》，前后差不多用了六年时间。这六年间我心无旁骛，踏踏实实只做一件事情，那就是为同道们了解和研究周韶华艺术搭建一个基础平台。尽管囊橐萧瑟，困难重重，但我乐此不疲，无怨无悔，且能持之以恒。正如哈维尔所言：我们坚持一件事情，并不是因为这样做了会有效果，而是坚信，这样做是对的。仅此而已！

黄诚忠

2018年12月6日于简真堂